Gisela Baur

WIRTSCHAFTS-NACHRICHTEN

ENDLICH VERSTEHEN

Gisela Baur

WIRTSCHAFTS NACHRICHTEN ENDLICH VERSTEHEN

So entschlüsseln Sie Meldungen zu Konjunktur, Wirtschaftspolitik und den Finanzmärkten – von A wie Aktie bis Z wie Zentralbankgeld

FBV

Bibliografische Information der Deutschen Nationalbibliothek:
Die Deutsche Nationalbibliothek verzeichnet diese Publikation in der Deutschen Nationalbibliografie.
Detaillierte bibliografische Daten sind im Internet über http://d-nb.de abrufbar.

Für Fragen und Anregungen:
info@finanzbuchverlag.de

Originalausgabe, 1. Auflage 2021

Türkenstraße 89
80799 München
Tel.: 089 651285-0
Fax: 089 652096

Redaktion: Ulrich Wille
Korrektorat: Anne Horsten
Umschlaggestaltung: Catharina Aydemir
Umschlagabbildung: shutterstock / Nightman1965, Stanisic Vladimir, sebra, Rodrigo Garrido, Image-Flow, Funtap, Momentum Fotograh Rabanser; AdobeStock: Dan Race
Abbildung Seite 61: iconico, Macrovector, elenabsl.
Satz: Zerosoft, Timisoara
Druck: GGP Media GmbH, Pößneck
Printed in Germany

ISBN Print 978-3-95972-402-9
ISBN E-Book (PDF) 978-3-96092-747-1
ISBN E-Book (EPUB, Mobi) 978-3-96092-748-8

Weitere Informationen zum Verlag finden Sie unter
www.finanzbuchverlag.de
Beachten Sie auch unsere weiteren Verlage unter www.m-vg.de

Inhalt

Vorwort

Sie haben es also satt: Dass Ihr Chef Ihnen eine Gehaltserhöhung mit Hinweis auf die neue asiatische Freihandelszone ablehnt und Sie einfach nur sprachlos sind. Dass der Bankberater Ihnen etwas von Rendite, Einlagensicherungsfonds und indexgebundenen Geldanlagen erzählt und genauso gut über irgendwelche chemischen Formeln sprechen könnte, weil Sie kein Wort verstehen. Dass dieser oberdynamische Kerl auf der letzten Party so getan hat, als wären Sie echt von vorgestern und ein bisschen blöde, weil Sie nicht in Bitcoin investieren – und Sie hätten wirklich viel dafür gegeben, wenn Sie hätten antworten können. Und dass Sie das dumpfe Gefühl haben, der Politiker in der Talkshow hat gerade Müll über die neueste wirtschaftspolitische Maßnahme erzählt, aber Sie wissen einfach nicht, warum.

Sie wollen endlich verstehen, wie Wirtschaft funktioniert und was die Begriffe bedeuten, die in den Medien dauernd vorkommen. Und Sie wollen mitbekommen, was sich tut. Das finde ich super!

Schon mal vorab: Nein, Sie werden mit diesem Buch natürlich nicht reich, berühmt, glücklich und schlank, wie das so mancher amerikanische Ratgeber vielleicht verspricht. Aber Sie werden viel mehr verstehen, besser mitreden und vielleicht die eine oder andere bessere Entscheidung treffen können.

Vielleicht sind Meldungen über Unternehmen, Konjunktur und Börse bisher immer wieder mal einfach ein Rätsel für Sie. Was warum wichtig ist, scheint unklar, viele Meldungen unverständlich. Oder der Wirtschaftsteil der Nachrichten ist Ihnen sogar ein Graus. Genau die Stelle, an der Sie am liebsten weghören, ausschalten oder erst gar nicht lesen. So nach dem Motto: Wirtschaftsnachrichten – nein danke. Ist echt zu langweilig.

Der Gewinn der Firma XY ist stark gefallen? Schlecht für die. Die Regierung plant eine Verbesserung der Rentenleistungen? Das klingt doch eigentlich gut. Aber im Prinzip ist es Ihnen auch egal, wenn Sie nicht persönlich einen direkten Nutzen oder Schaden haben?

Nun, das ist ein großer Denkfehler. Denn Wirtschaft betrifft uns alle, jeden Tag und jeden Einzelnen. Sie ist ein essenzieller Teil jeder Gesellschaft. Und komplex. Jede Veränderung an einer Stelle bewirkt eine Kettenreaktion, die letztendlich auch bei Ihnen ankommen könnte. Firma XY könnte ein wichtiger Teil der Wirtschaftsstruktur in der Branche sein, von der Ihr Arbeitsplatz oder Ihre Auftragslage abhängt. Und die Rentenpolitik wird nicht erst in einigen Jahren Ihren eigenen Ruhestand prägen. Sie könnten allen einschneidenden Entschlüssen schon bald wiederbegegnen – bei den Rentenkassenbeiträgen auf Ihrer Lohnabrechnung.

Langweilig sind die Zahlen, Daten oder auch wirtschaftspolitischen Konzepte nur so lange, wie sie als einzelne Bruchstücke daherkommen. Sobald Sie eine Idee davon haben, wie die Mechanismen ablaufen, sind die Neuigkeiten ganz und gar nicht mehr dröge und anstrengend. Das ist ungefähr so, als ob Sie ein Gespräch über die Trennung von Peter und Eva mit anhören. Wenn Sie keine Ahnung haben, wer das ist, ist das unendlich ermüdend. Kennen Sie die beiden und vielleicht auch ihre bewegte Vorgeschichte, wird es interessant.

Nun ist es aber so, dass Ihre Zeit begrenzt ist. Sie haben einen Beruf, Familie, Hobbys und Freunde und wissen oft sowieso nicht, warum der Tag schon wieder rum ist. Stundenlanges Lesen oder Recherchieren ist einfach nicht drin. Und Ihr Vorhaben wird vermutlich grandios scheitern, wenn Sie Ihr Leben umkrempeln müssten – so eine große Rolle sollte das dann doch nicht spielen.

Sie müssen aber auch nicht zwei Stunden früher aufstehen, nur noch in Teilzeit arbeiten oder Ihre Mitgliedschaft im Tennisclub kündigen, damit Sie Zeit haben, systematisch Zeitungen und Onlinedienste durchzukämmen. Wir machen das anders:

1. Wir bleiben tiefenentspannt. Unser Mantra heißt: Wir müssen nicht alles wissen. Es ist nicht nötig, jede Inflationsrate auswendig zu lernen oder sämtliche Gewinnmeldungen aller Unternehmen zu verfolgen. Wirtschaft ist nämlich ohnehin dermaßen komplex, dass niemand je alles wissen kann.

Das ist aber auch nicht schlimm: Zu versuchen, jede Zahl und jede Meldung genau zu verstehen, ist ungefähr so sinnvoll, wie eine Landkarte im Maßstab eins zu eins zu zeichnen. Erstens schaffen Sie das einfach zeitlich nicht und zweitens haben Sie dann immer noch keinen Überblick.
Was wir aber brauchen, ist erst einmal ein grundlegendes Verständnis für die Abläufe. Nur wer weiß, warum Zentralbanken das tun, was sie nun mal so tun, kann neue Entwicklungen richtig einschätzen. Und zum Beispiel verstehen, dass die Meldung über eine Ausweitung der Anleihenkaufprogramme vielleicht ein Anlass sein sollte, doch mal über Aktien zur Altersvorsorge nachzudenken. (Was genau ein Anleihenkaufprogramm einer Zentralbank ist und wie es wirkt, werden Sie nach Seite 160 wissen.)

2. Wir tun das, was immer eine gute Idee ist, wenn es einen Berg an Aufgaben gibt: Wir lassen andere für uns arbeiten.
Vielleicht hilft es Ihnen, sich klarzumachen, dass es selbst in der Wirtschaftswelt niemanden gibt, der alles weiß. Die Themen sind in Unterthemen filetiert, und in Banken und Thinktanks, an Universitäten und in staatlichen Instituten beschäftigen sich brillante Köpfe mit kleinen Einzelteilen dieser Unterthemen – den ganzen Tag. Da können Sie nicht mithalten. Müssen Sie aber auch nicht, Sie sind Experte in Ihrem ganz eigenen, anderen Bereich, in dem Sie arbeiten.
Sie können die Arbeit der Wirtschaftsexperten aber immer dann für sich nutzen, wenn es für Sie relevant ist, indem Sie aus den Medien die wichtigsten Ergebnisse der Fachleute aufnehmen. Das kostet nicht viel Zeit.
Und es kommt noch besser: Welche der vielen Studien und Analysen gerade wirklich wichtig sind, müssen Sie auch nicht selber herausfinden – genauso wenig, welche neuesten Zahlen oder Entwicklungen beachtenswert sind. Auch das lassen Sie von anderen erledigen – von Redaktionen oder den Verfassern von Newslettern oder anderen Medien. Deren Job ist es nämlich, sich jeden Tag durch einen Berg von Daten, Meldungen und Pressemitteilungen zu wühlen und das für Sie heraus zu sortieren, was wirklich einen Gedanken wert ist. Die Profi-

Wühler verkleinern den Maßstab Ihrer Wirtschaftslandkarte also, indem sie sich auf wesentliche Eckpunkte konzentrieren, unwichtigere Details aber weglassen.

Um mithilfe der Medien in Sachen Wirtschaft auf dem Laufenden zu bleiben, genügt es also im Prinzip, einfach nicht wegzuhören, auszuschalten oder umzublättern. Wenn Sie erst einmal wissen, wie der Hase läuft, ist es auch oft ausreichend, sich einfach die Schlagzeilen anzuschauen und Artikel nur anzulesen.

Suchen Sie sich also eine Gelegenheit, eine tägliche Dosis Wirtschaftsnachrichten in Ihren Alltag zu integrieren, ohne dass Sie viel umstellen müssen. Wenn Sie einen längeren Arbeitsweg haben, bietet es sich an, durch Online-Angebote zu scrollen oder eine gedruckte Tageszeitung oder Zeitschrift zu lesen. (Aber natürlich bitte nur, wenn Sie mit öffentlichen Verkehrsmitteln unterwegs sind und nicht ein Auto steuern. Ich möchte nicht für eine unerklärliche Serie an Unfällen im Berufsverkehr verantwortlich gemacht werden.) Als Autofahrer können Sie einen Nachrichtensender oder Podcast suchen, der Ihnen gefällt.

Nur wenn Sie vor einer großen Entscheidung stehen – weil Sie zum Beispiel eine Immobilie kaufen oder Ihre Altersvorsorge auf die Beine stellen wollen –, sollten Sie mehr tun. Räumen Sie sich dann ein, zwei Wochenenden frei und recherchieren Sie alles, was Sie zu dem Thema finden können, vielleicht kaufen Sie sich sogar ein Buch, das Sie durcharbeiten.

Sobald Sie Ihre kleine Lücke für die tägliche Portion Wirtschaftsnachrichten gefunden haben, bleibt noch die Frage: Welche Quellen wollen Sie benutzen? Ich bin natürlich ein Fan der professionellen Medien (in anderen Kreisen auch bekannt als »Lügenpresse«) – vor allem bei Wirtschaftsthemen. Denn außerhalb der Profi-Presse gibt es eine ganze Menge Menschen – nicht nur im Internet –, die weniger informieren als vielmehr manipulieren wollen. Zum Beispiel indem sie eine Geldanlage in den Himmel jubeln, an der sie dann mitverdienen. Die wollen also nur das Eine – an Ihren Geldbeutel.

Das wollen die etablierten Medien auch, allerdings gelingt ihnen das erfreulicherweise nur, wenn sie tatsächlich gute Leistungen für Sie erbringen. Denn nur dann können die Verlage und Sender über Abos, Einzelverkäufe oder Werbung Geld verdienen. (Und nein, die Werbetreibenden rufen die Chefredakteure nicht regelmäßig an, um Themen zu verhindern oder zu platzieren, und auch das Bundeskanzleramt schickt keine wöchentlichen Listen mit Vorgaben an Redaktionen, wie es so mancher Medien-Verschwörungstheoretiker gerne glauben will.)

Alle professionellen Medien – egal ob private Verlage oder öffentlich-rechtliche Sender haben zudem im Gegensatz zu Privatleuten ziemlich strenge Regeln – am strengsten sind die bei den öffentlich-rechtlichen Sendern. Da muss ordentlich recherchiert und ausgewogen berichtet werden, die Gegenseite angehört werden und vieles mehr. Wer dagegen verstößt, bekommt Ärger: Und glauben Sie mir, als Journalist wollen Sie keine Abmahnung vom Presserat kassieren – das fördert die Karriere nämlich nicht. Und als Chefredakteur wollen Sie keinen Widerruf abdrucken.

Welches Medium ist aber jetzt am besten? Das müssen Sie für sich herausfinden. Wenn Sie einfach in Sachen Politik und Wirtschaft mitreden wollen, brauchen Sie andere Medien, als wenn Sie zum Beispiel an den Börsen unterwegs sind. Jede Zeitung, jede Zeitschrift und jeder Sender hat zudem eine eigene Weltsicht und so was wie einen eigenen Charakter. Der *Spiegel* zum Beispiel ist für mich eine unverzichtbare Quelle, allerdings ist er nach wie vor ein sehr männlich geprägtes Medium. Das merkt man daran, dass die Politiker, Manager und andere Menschen in den Artikeln immer eines anstreben: mehr Macht und/oder mehr Geld – sachliche Argumente oder Überzeugungen gibt es in der *Spiegel*-Welt oft nicht wirklich, und das nervt manchmal.

Probieren Sie also ein bisschen herum, hören Sie verschiedene Nachrichtensender, schauen Sie mal wieder Fernsehen und lesen Sie möglichst verschiedene Zeitungen und Zeitschriften – egal ob auf Papier oder im Internet. Und finden Sie heraus, wer zu Ihnen passt.

Wissen sollten Sie allerdings, was Sie in den verschiedenen Kanälen finden können. Denn da gibt es durchaus Unterschiede zwischen Fernsehen, Print und Radio: Fernsehen funktioniert im Prinzip nämlich nur über Einzelschicksale und Beispiele, weil man abstrakte Gedanken und Statistiken einfach schlecht filmen kann. Achten Sie mal darauf: Auch in vielen kurzen Formaten wie einem Beitrag für die Nachrichten steht die handelnde oder eine betroffene Person im Vordergrund (die Bundeskanzlerin, der Zentralbankchef, die Familie, die von der Steuersenkung profitiert, und so weiter). Fakten und Zahlen werden vielleicht in einem Schaubild gezeigt, aber komplexere Zusammenhänge passen hier nicht hinein.

Personalisierte Geschichten haben den Vorteil, dass sie emotional und damit spannend sind. Und uns daran erinnern, dass es auch beim Thema Wirtschaft eigentlich um den Menschen geht. Dies färbt jedes Thema aber ein, denn das persönliche Schicksal und der spezielle Fall sind zwar anschaulich, aber eben doch individuell. Das kann irreführend sein.

Wenn Sie schwierigere Zusammenhänge verstehen wollen, ist ein Beitrag in einer Zeitung oder Zeitschrift also besser geeignet. Weil Sie das Tempo bestimmen, in dem Sie den Artikel lesen, können hier komplexere abstrakte Gedanken und Sachverhalte verständlich dargestellt werden.

Einer Figur werden Sie häufig begegnen – in allen Medien: dem Experten oder der Expertin. Das ist gerne eine Professorin für irgendwas oder ein Verbandspräsident und ordnet das Thema auf einer abstrakteren Ebene ein. Aber auch er oder sie ist eine Person und verfolgt eventuell Interessen. Ganz schräg kann das werden, wenn Sie im Internet Beiträge in den sozialen Medien aufrufen.

Fernsehen und Print haben also beide eigene Nachteile – und Radio und Podcast verbinden ausgerechnet die schlechten Seiten spielend (und sind trotzdem meine Lieblingsmedien). Weil man die handelnde Person nicht sieht, ist man ein Stück weiter weg, dafür ist es unmöglich, irgendetwas richtig Schwieriges bei gesprochenen Beiträgen gut unterzubringen. Aber: Etwas zu hören ist einfach unglaublich praktisch, denn das geht beim Autofahren oder Kochen oder Sport und lässt sich besser als alles andere in den Alltag integrieren – probieren Sie es.

Immer gut ist es übrigens, mehr als eine Quelle zu benutzen. Denn was immer Sie erfahren und denken, und selbst wenn Sie die grundlegenden Mechanismen der Wirtschaft im Griff haben: Sie und ich werden mit unseren Einschätzungen immer (und zwar wirklich IMMER) ein bisschen danebenliegen, egal wie viel Mühe wir uns geben. Das können Sie in diesem Buch schön nachvollziehen. Ich habe es im Herbst 2020 geschrieben. Als ich angefangen habe, war es Spätsommer, von der zweiten Corona-Welle noch keine Spur und Donald Trump siegesgewiss, dass er bei den anstehenden Wahlen eine weitere Amtszeit als US-Präsident gewinnen würde. Schon während ich geschrieben habe, hat sich alles geändert. Und wenn Sie das hier lesen, ist nur eines sicher: Manches sehe ich heute bestimmt ganz anders.

Denn es ist ja nicht nur so, dass wir nicht alles wissen können. Zudem wird unser Bild von der Wirklichkeit immer auch von unseren Hoffnungen, unseren politischen Grundüberzeugungen, der Auswahl der Nachrichten, die wir bewusst oder unbewusst treffen, und vielem anderen beeinflusst. Deshalb müssen wir bereit sein, uns ständig zu hinterfragen. Und dabei ist es hilfreich, Gegenargumente zu hören. Ich lese deshalb nicht nur die liberale *New York Times,* sondern gehe ab und an auch auf den (ehemaligen) Trump-Fan-Sender Fox News, und für wirtschaftspolitische Themen in Deutschland schaue ich auch schon mal in die als weit links geltende *taz.*

Okay, jetzt haben Sie aber genug. Sie haben sich dieses Buch ja nicht vorgenommen, weil Sie Genaueres über Medientheorie lernen wollten. Recht haben Sie. Lassen Sie uns dafür sorgen, dass Sie einen groben Plan von Wirtschaft bekommen. Und damit künftig mit Freude Wirtschaftsnachrichten konsumieren werden. Denn wie bei einer guten Fernsehserie gibt es immer wieder spannende Wendungen, neue Entwicklungen und interessante Figuren. Wenn Sie sich darauf einlassen, werden Sie feststellen: Wirtschaftsnachrichten können richtig Spaß machen.

Ach, apropos Spaß: Alles, was Zahlen oder Zusammenhänge oder Begriffe betrifft, habe ich in diesem Buch so korrekt, wie es mir möglich ist, wiedergegeben. Ich habe sogar zum Äußersten gegriffen und meinen ehemaligen Chefredakteur Hans G. Linder genötigt, das ganze Werk zu lesen und zu überprüfen. Ansonsten sollten Sie mich aber nicht immer ganz ernst nehmen: zum Beispiel wenn ich empfehle, irgendwelche volkswirtschaftlichen Zusammenhänge auf Partys zu erzählen. Ich möchte keine Beschwerden hören, dass Sie wegen nerviger Vorträge ausgerechnet dann von der Gästeliste von lustigen Events gestrichen wurden, als es nach Corona endlich wieder welche gegeben hat.

Teil I
Die reale Wirtschaftswelt

Wer das System versteht, nach dem Wirtschaft funktioniert, hat schon halb gewonnen. Aktuelle Ereignisse, Entscheidungen und Entwicklungen sind dann leicht richtig – und vielleicht sogar gewinnbringend – einzuordnen.

Wirtschaft kann verwirrend sein, und das gilt besonders, wenn es Prognosen angeht. Immer wieder werden Sie ganz verschiedene Szenarien für die nahe oder ferne Zukunft lesen – und das hilft Ihnen natürlich nur bedingt weiter. Ganz besonders heftig war das im wilden Corona-Jahr 2020. Fast jeden Tag gab es Schlagzeilen zwischen Himmel und Hölle wie die Folgenden aus dem *Handelsblatt* und der *Zeit*:

24. Juni 2020

IWF fürchtet eine Dauerkrise der Weltwirtschaft

Donata Riedel; *handelsblatt.com*[1]

1. Juli 2020

Ifo-Institut erwartet starkes Wirtschaftswachstum

dpa, AFP, als; *zeit.de*[2]

Was denn nun? Weltwirtschaftskrise oder starkes Wachstum? Um es klar zu sagen, auch Experten wissen das nicht mit Sicherheit. Denn das Ganze ist einfach unglaublich komplex.

Vielleicht hilft es Ihnen, sich die Wirtschaft wie eine riesige Maschine vorzustellen, die Lollis produziert, also Lutschbonbons am Stiel. Je nachdem, wie sie eingestellt ist, kommen kleine, schlichte, graue oder riesige, schillernde, mehrfarbige Lollis heraus. Das Problem ist aber: Vorherzusagen, wie die Lutscher genau aussehen werden, ist schwierig. Denn die Maschine hat Hunderte von Zahnrädchen, die ineinandergreifen, und zahllose Schalter und Schrauben.

Und es kommt noch schlimmer: Irgendwie ist ein Wirrkopf in die Produktionshalle geraten, der ständig an der Maschine herumschraubt. Er legt Schalter um und gibt einzelnen Zahnrädern einen Zusatzschubs oder bremst sie ab. Sein Name: Effekt, Herr Externer Effekt, und ja, er benimmt sich so, als tränke er relativ viel gerührten Martini.

Zufällig heißt er also genauso, wie Volkswirte alle unvorhersehbaren äußeren Ereignisse nennen, die den Ablauf der Wirtschaft durcheinanderbringen: Ernteausfälle, Explosionen in Werkshallen oder einen plötzlichen Nachfrageschub wie bei der deutschen Wiedervereinigung. Ab und zu fällt ihm auch was ganz Großes ein – wie ein Krieg oder zuletzt die Covid-19-Pandemie. Sein Vorrat an sehr grausamen oder originellen Ideen scheint unbegrenzt.

Und dass er durchaus sportlich ist und in der Lage, alles auf einmal zu verstellen, wissen wir spätestens seit der Corona-Krise. In solchen Fällen, in denen es ihm gelingt, so gut wie alles auf einmal abzubremsen, sagt unser Wirrkopf gerne stolz: »Mein Name ist Schock, Externer Schock.«

Welchen Durchmesser und welche Farbe der nächste Lolli genau hat, kann daher niemand genau vorhersagen. Sie können aber ungefähr abschätzen, wohin die Reise geht, wenn Sie die großen Zahnräder und die wichtigsten Schalter im Auge behalten. Welche das sind und wie man sich über sie auf dem Laufenden halten kann, besprechen wir im Folgenden.

Wenn Sie dann das Gefühl haben, die wichtigsten Zusammenhänge zu verstehen, könnten Sie doch ein persönliches Ratespiel aus der Sache machen. Versuchen Sie sich als Wirtschaftsprognostiker und bilden Sie sich eine Meinung aus dem, was Sie Tag für Tag lesen oder hören. Sie werden dazu eine gute Portion gesunden Menschenverstand und etwas Übung brauchen, aber es schult ungemein, auf die wichtigen Dinge zu achten. Und seien Sie auf keinen Fall streng mit sich: So gut wie niemand (die Autorin dieses Buches eingeschlossen) hat immer richtiggelegen.

Von nationalen und internationalen Systemen

Wie ist unser Wirtschaftssystem aufgebaut? Wie funktioniert die Weltwirtschaft? Und was verändert sich gerade alles? So können Sie die großen Trends verfolgen.

Fangen wir doch einfach damit an, dass wir uns einmal den groben Aufbau unserer Lolli-Maschine genauer ansehen. Wie funktioniert sie grundsätzlich, welche Teile sind wo? Und welches Zahnrad greift in welches? Und wer hat welche Möglichkeiten, die Einstellungen zu verändern? Der Staat? Unternehmer? Die Arbeitnehmer?

Zu Deutsch: Wir stellen die Systemfrage. Und da scheint sich mit der Corona-Krise ja einiges verändert zu haben, wie der folgende Meinungsartikel von Thomas Straubhaar aus der *Welt* zeigt:

Willkommen in der sozialen Staatswirtschaft!

Bürokraten in Berlin und Brüssel zersetzen mit billionenschweren Rettungspaketen den Leistungswillen. Der Unmut wird gären, die Steuermoral schwinden, das Verständnis fürs große Ganze verloren gehen. Und: Wie weit kann die Großzügigkeit künftig gehen?

Von Thomas Straubhaar

Die soziale Staatswirtschaft hat das Kommando übernommen. Kompromisslos hat sie Marktwirtschaft und Kapitalismus außer Betrieb gesetzt. Bürokraten in Berlin oder Brüssel haben das Sagen.

> Sie und nicht mehr Kunden vor Ort entscheiden heutzutage, welche Unternehmen überleben, wer mit welchen Liquiditätsspritzen gerettet und wer sich selbst überlassen wird.
>
> Sie bestimmen, wer systemrelevant sei, und nicht etwa die Bereitschaft der Verbraucher, für Güter und (Dienst-)Leistungen kostendeckende Preise zu bezahlen …
>
> Was erschüttert, ist, mit wie viel Gleichmut und Gleichgültigkeit sich die Gesellschaft damit abfindet, dass im Zuge der Pandemie die Fundamente der sozialen Marktwirtschaft zertrümmert werden.
>
> 25.06. 2020; *welt.de*[3]

Um zu verstehen, was Thomas Straubhaar in seinem Kommentar meint, müssen wir erst ein ganz bisschen theoretisch werden: Wir sehen uns erst einmal den Aufbau einer idealen marktwirtschaftlichen Maschine an und dann das, was die Corona-Maßnahmen der Regierung daran vielleicht verändert haben. Übrigens ist Straubhaar ein sehr renommierter Professor der Volkswirtschaft und ehemaliger Leiter eines der wichtigen Wirtschaftsforschungsinstitute in Deutschland. Seine Meinung ist also sicher wert, gehört zu werden – anderer Ansicht können Sie dann immer noch sein.

»Alles läuft heute von allein«

Wie Marktwirtschaft und soziale Marktwirtschaft funktionieren und was Sie darüber wissen sollten.

In einer rein marktwirtschaftlichen Ordnung werden alle Zahnrädchen und Schalter immer von den Gleichen eingestellt: nämlich von niemandem, oder besser: von allen. Außer natürlich von Herrn Externer Effekt: Der verstellt weiter fröhlich alles Mögliche.

Gesteuert wird die Maschine nämlich nicht von einer Person oder Gruppe, sondern von einem Leitungssystem, durch das Geld fließt. Dort, wo mehr Geld hinkommt, wird ein Zahnrad beschleunigt. Herrscht Dürre, bremst es ab. Diesen Geldfluss lenken alle zusammen: Jeder Konsument, der ein Gut kauft, jeder Unternehmer, der Investitionsgüter oder auch nur einen Stapel Papier bestellt: Immer wird eine gewisse Summe Geld in eine ganz bestimmte Leitung gepumpt. Und dann wird die Produktion von Papier oder Investitionsgütern eben angekurbelt.

Das Gute an dem System: Es ist schnell und flexibel, und die Wirtschaft produziert genau das, was die Menschen wollen. Denn jede Nachfrage nach einem Gut kommt bei dem entsprechenden Unternehmer an, der dann die Produktion anwirft. Ist die Nachfrage hoch, wird er also Sorge tragen, das Angebot schnell auszuweiten.

Angeber-Wissen für die nächste Party:

Die »unsichtbare Hand« von Adam Smith und der Egoismus
Nutzen Sie Ihr neu erworbenes Wissen und beeindrucken Sie Ihr Gegenüber auf der nächsten Party mit Details aus der Geschichte der Wirtschaftstheorie: Sprechen Sie über Adam Smith, einen Schotten, der im 18. Jahrhundert gelebt hat. Der Professor für Logik und Moralphilosophie war nämlich einer der Ersten, der mit einer geschlossenen Theorie darüber aufwarten konnte, wie die Wirtschaft funktioniert. Und die enthält so viel Allgemeingültiges, dass er noch heute als »Vater der Wirtschaftswissenschaften« gilt – auch wenn Kritiker behaupten, er habe einfach die Ideen vieler anderer zusammengefasst.

Smith erklärte, warum die Wirtschaft eigentlich von selber läuft – am Beispiel eines Bäckers. Unser Bäcker fertigt seine Brötchen nämlich nicht aus Menschenliebe, sondern weil er damit Geld verdienen will – und trägt dennoch damit zur Ernährung aller bei. Der eigentlich eigennützige Bäcker wird also »von einer unsichtbaren Hand geleitet, um einen Zweck zu fördern, den zu erfüllen er in keiner Weise beabsichtigt hat«.[4] Unser Menschenfreund wider Willen wird sich zudem bemühen, bessere Brötchen herzustellen als die Konkurrenz, um mehr Umsatz und Gewinn zu erzielen – auch das ist auf Dauer gut für die Konsumenten.

Smiths grundsätzliche Ideen zur Funktionsweise der Marktwirtschaft gelten bis heute. Und viele Turbokapitalisten berufen sich gerne auf Adam Smith und wollen sich in ihrem Tun ganz und gar nicht einschränken lassen – so nach dem Motto: Mein Egoismus ist doch gut für uns alle, oder?

Das ist natürlich Quatsch. Adam Smiths Theorie ist alles andere als der Ruf nach einem ungehemmten Kapitalismus und dem Recht des Stärkeren. Der Staat kommt für Smith durchaus vor. Seiner Meinung nach braucht es definitiv Regeln, eine moralisch gute Grundhaltung von allen und: die Abwesenheit von Armut. Zudem stellt Smith heraus, dass die »unsichtbare Hand« nur greift, wenn jeder langfristig denkt. Wenn unser Bäcker nämlich auswandern und noch mal schnell möglichst hohe Gewinne machen will, könnte der Anteil an Sägemehl in seinen Brötchen richtig hoch werden. So hoch, dass es dem Gemeinwohl eben nicht mehr nützt, sondern die Gesundheit gefährdet.

Vermutlich steckt das hinter dem Geheimnis, warum die Marktwirtschaft so gut funktioniert und bisher allen anderen Wirtschaftssystemen in Sachen Produktivität und Effizienz überlegen ist. Sie ist nicht darauf aufgebaut, dass Menschen sich gemäß irgendeinem Ideal verhalten. Innerhalb der Regeln muss keiner seinen Egoismus unterdrücken und ein edler, zum Beispiel guter sozialistischer Mensch sein.

Stattdessen wird es mit Geld belohnt, wenn jemand genau die Güter herstellt, die gebraucht werden. Mit einer gefragten Innovation oder einer gelungenen Unternehmensgründung kann man in der Marktwirtschaft sogar ziemlich reich werden. Und die Aussicht auf ein Haus, ein Boot und ein Flugzeug lässt Menschen richtig zupacken.

Lange Zeit – bis zum Ende der Sowjetunion und der DDR – galt die Marktwirtschaft nur als eines von zwei möglichen Wirtschaftssystemen. Doch das Gegenmodell – die Planwirtschaft – scheiterte. Die fehlende Aussicht auf ein Haus, ein Boot oder ein Flugzeug, die Menschen dazu bringt, ihren Job möglichst gut zu machen, gilt vielen als einer der Gründe dafür, dass das große Experiment Planwirtschaft gescheitert ist.

Das ist aber nur die halbe Wahrheit. Denn eine weitere Schwäche der Planwirtschaft war es sicher, dass ein Gremium in einem Wirtschaftsplan festgelegt hat, welcher Betrieb was genau herstellen soll. Damit entschied in der Regel eine Riege alter Männer, was die Konsumenten wollten – und die waren wohl nicht unbedingt prädestiniert, neue Trends zu erahnen.

Wenn dagegen die Geldströme die Wirtschaft lenken, entscheidet niemand, was wann wo produziert wird – das ergibt sich von allein. Und dann kann sich auch niemand kolossal irren.

Ist die Marktwirtschaft also das genialste System überhaupt? Definitiv: jein. Die Marktwirtschaft ist spitze, solange es um die Bereitstellung von möglichst vielen Gütern und Dienstleistungen geht. Aber sie ist miserabel, was die gerechte Verteilung von Geld anbelangt. Sie neigt dazu, Monopole zu schaffen: Das beste Unternehmen bekommt nach einer Weile alles ab, weil es die anderen verdrängt. Sie stellt keine sogenannten öffentlichen Güter bereit, wie zum Beispiel eine Armee zur Landesverteidigung oder auch nur den Park um die Ecke. Denn hiervon können auch all die profitieren, die nichts dafür zahlen, und genau das werden dann alle tun. Und von alleine bestraft sie keinen, der mit seiner Produktion die Allgemeinheit schädigt, zum Beispiel weil er die Umwelt mit Abwasser belastet. Zu Deutsch: Die Marktwirtschaft kümmert sich um die Wirtschaft, alle anderen wichtigen gesellschaftlichen Ziele sind ihr vollkommen egal.

Hier kommt also der Staat ins Spiel und mit ihm das Wörtchen »sozial« vor die »Marktwirtschaft«. »Die zentrale Idee der sozialen Marktwirtschaft besteht darin, die Freiheit der Wirtschaft und einen funktionierenden Wettbewerb zu schützen und gleichzeitig Wohlstand und soziale Sicherheit in unserem Land zu fördern«, schreibt das Bundesministerium für Wirtschaft.[5] Mit anderen Worten: Wir hätten bitte gerne die Vorteile einer Steuerung über Geldströme erhalten, wollen aber die Nachteile vor allem in Sachen Verteilungsgerechtigkeit weghaben.

Angeber-Wissen für die nächste Party:

Ludwig Erhard ist nur einer der Väter der sozialen Marktwirtschaft

Das gehört sozusagen zum kollektiven Wissen der Deutschen: Unseren Wohlstand verdanken wir dem ehemaligen Wirtschaftsminister und Bundeskanzler Ludwig Erhard (1897–1977). Unter seiner Verantwortung erlebte Deutschland das Wirtschaftswunder nach dem Zweiten Weltkrieg. Wenn Sie wirklich groß auftreten wollen, werden Sie damit also kaum Punkte ernten. Dazu müssen Sie schon ein paar weitergehende Hintergrundfakten zu Erhard parat haben.

Sie stimmen also erst einmal zu, dass Einführung und Ausgestaltung der sozialen Marktwirtschaft ohne Frage eine immense Leistung von Ludwig Erhard war, erwähnen dann aber gleich, dass er dabei ja auch einigen Rückenwind hatte: Da die alten politischen Strukturen zerstört waren, konnte er etwas Neues aufbauen, ohne auf allzu viel Widerstand zu stoßen. Weniger zerstört waren dagegen die Industrieanlagen und das technische Know-how vieler Unternehmen und Arbeitnehmer, die Wirtschaft konnte daher schnell wieder hochfahren.[6] Zudem stützten die Alliierten den Wiederaufbau massiv – zumindest ab dem Zeitpunkt, ab dem der Westen stärker sein wollte als der neue Feind Sowjetunion. Und die boomende Weltkonjunktur sorgte dafür, dass Erhards Pläne schnell Erfolge zeitigten.

Auftrumpfen können Sie dann mit der Tatsache, dass Erhard die soziale Marktwirtschaft gar nicht erfunden hat – zumindest nicht alleine. Er entwickelte die theoretischen Grundlagen gemeinsam mit dem Ökonomen und Staatssekretär im Wirtschaftsministerium Alfred Müller-Armack, und beide verwendeten eine bereits bekannte Wirtschaftstheorie, die vor allem von dem Nationalökonomen Walter Eucken entwickelt worden war. Es gibt also mehrere Väter der »sozialen Marktwirtschaft«, und den Namen für das Kind fand auch ein anderer als Erhard: nämlich Alfred Müller-Armack.[7]

Um soziale oder andere Ziele zu erreichen, schraubt der Staat ständig an unserer Wirtschaftsmaschine herum: Er zapft so gut wie alle Geldleitungen mit Steuern an und lenkt einen Teil des Geldflusses durch Sozialabgaben und staatliche Aufträge um. Er verhindert Schäden durch regulierende Auflagen. Er beschleunigt Zahnrädchen durch Subventionen. Und er sorgt dafür, dass alle fair spielen und die Regeln einhalten. Wie er das genau macht, schauen wir uns ab Seite 109 an.

Dabei muss er immer darauf achten, das Gleichgewicht zwischen »sozial« und »Marktwirtschaft« nicht zu verlieren. Und das ist ein ständiger Streitpunkt zwischen Wissenschaftlern, Parteien und allen anderen – und ein Dauerthema in den Medien. Die einen fürchten um die Funktionsfähigkeit der Geldstrom-Steuerung, die anderen warnen vor einer Aushöhlung des Sozialstaates.

Darauf sollten Sie achten

Als Wähler, aber auch als Arbeitnehmer, Steuerzahler, Unternehmer oder Sozialhilfeempfänger sollten Sie verfolgen, welche »Ideal-Maschine« die wichtigen deutschen Parteien im Kopf haben. Wenn eine Partei Regierungsverantwortung übernimmt, wird sie die meisten aller Gesetze und Initiativen dann danach gestalten, diesem Ideal näher zu kommen. Und das hat Auswirkungen auf Wachstum, Beschäftigung und Wohlstand. Wenn Steuern sinken oder steigen, Regionen gefördert oder vernachlässigt werden, die Immobilienbranche neue Regeln bekommt oder Branchen mit Auflagen belegt werden, betrifft Sie das oft ganz persönlich.

Traditionell steht die FDP seit Jahrzehnten für eine möglichst freie Marktwirtschaft mit möglichst wenig Einfluss der Regierenden. Das wird auch gerne ein »schlanker Staat« genannt. Die Union legt etwas mehr Wert auf den Marktwirtschaftsteil des Ausdrucks »soziale Marktwirtschaft«, bei der SPD ist es andersherum. Die Grünen hätten gerne noch ein Wörtchen hinzugefügt, nämlich »nachhaltig«. Das heißt, sie wollen, dass der Staat nicht nur in Richtung gerechter Verteilung eingreift, sondern viel stärker auch auf die Umweltfolgen der Wirtschaft achtet und hier entscheidende Hebel umstellt. Die Linke findet einen Weg Richtung Sozialismus gut, also sehr viel mehr staatlichen Einfluss auf Produktion und Verteilung. Für welches System die AfD ganz genau steht, ist noch nicht ganz klar. Allerdings verfolgt sie gerne alles, was die internationale Verknüpfung der Wirtschaft einschränkt.

So weit, so klar. Doch die Ausrichtung der Parteien ist natürlich nicht in Stein gemeißelt. So hat die SPD unter Bundeskanzler Gerhard Schröder das »Soziale« zugunsten der »Marktwirtschaft« stark beschnitten und die staatlichen Leistungen für Arbeitslose im Rahmen von Hartz IV stark eingeschränkt. So gut wie alle Parteien haben seit einer Weile das Thema Umwelt für sich entdeckt und die SPD jetzt wieder einen Schwenk Richtung sozial vollzogen. Bleiben Sie dran! Auch hier genügt es meist, Schlagzeilen zu scannen, um mitzubekommen, wann es sich lohnt, die Entwicklung genauer zu verfolgen. Hier ein paar Beispiele aus der *Neuen Zürcher Zeitung (NZZ)*, dem *Handelsblatt* und der *Berliner Morgenpost*:

26. April 2019

Deutschland: Die neue CSU ist grün und geschmeidig

Wolfgang Bok; *NZZ.ch*[8]

26. Februar 2020

Lindner genießt den Rückhalt der FDP – doch es stehen schwere Richtungsdebatten bevor

Gregor Waschinski; *handelsblatt.com*[9]

8. September 2020

SPD will Ende von Hartz IV – und Sozialstaat ausbauen

Tim Braune; *morgenpost.de* [10]

Weil alle im Dauerstreit um das richtige System um Aufmerksamkeit buhlen, werden oft drastische Begriffe verwendet. »Sozialismus« etwa, ein Begriff, der im US-Wahlkampf 2020 von Donald Trump für so gut wie jede vorgeschlagene Sozialmaßnahme seiner Gegner gebraucht wurde. Oder der Begriff »Staatswirtschaft«, wie er von Thomas Straubhaar verwendet wird. Oder ist der vielleicht derzeit doch passend?

Schauen Sie doch noch mal den Artikel auf Seite 18 an. Vielleicht haben Sie ja Zeit, ihn im Internet aufzurufen und ganz zu lesen, denn die These dahinter ist durchaus interessant. Sie lautet im Prinzip: In der Corona-Krise will der Staat an unserer Maschine Geldströme umlenken, um Unternehmen und Menschen vor dem wirtschaftlichen Niedergang zu retten. Und das ist laut Straubhaar auch seine Aufgabe. Der schiere Umfang der Maßnahmen könnte dabei aber ungewollt die komplette Maschine kaputtmachen.

Tatsächlich ist der Grat zwischen »Konjunkturhilfe« und »Systemumbau« schmal. Vor allem wenn der Staat nicht alle Bereiche gleichmäßig behandelt, wie Sie folgenden Schlagzeilen aus der *Zeit* und der *B.Z.* entnehmen können:

6. September 2020

Autoindustrie: Söder fordert schnelle Förderungen von Bund und Ländern

dpa, msk; *zeit.de* [11]

19. August 2020

Müller ignoriert den Hilferuf der Kultur-Wirtschaft

Gunnar Schupelius, *bz-berlin.de*[12]

Der amtierende bayerische Ministerpräsident fordert also – mit guten Gründen – für die eine Branche Staatshilfen. Der amtierende Bundesminister für Wirtschaft lehnt gleichzeitig – auch mit guten Gründen – jede Unterstützung einer anderen Branche ab. Hier entscheidet also nicht mehr der von allen gespeiste Geldstrom, wer wirtschaftlich überleben darf und wer nicht. Sondern einige wenige Politiker. Und im Geplänkel der Parteien könnte die eine oder andere Maßnahme auch andere als ökonomische Gründe haben – ein Kompromiss in einer Koalition etwa oder eine besonders erfolgreiche Lobbyarbeit irgendeines Wirtschaftsverbandes. Könnte es also sein, dass die Corona-Hilfen langfristig unser System aus dem Lot bringen? Was meinen Sie? Bilden Sie sich eine Meinung und bleiben Sie dran!

Weltweite Beziehungen

Warum die Weltwirtschaft so wichtig für uns ist und wie Sie die Entwicklungen verfolgen können.

Wenn Sie froh sind, dass Sie unsere Wirtschaftsmaschine endlich nicht mehr ganz so grausam verwirrend finden, dann müssen Sie jetzt ganz stark sein. Wir haben sie bisher nämlich nur von vorne angeschaut und gehen jetzt einmal gemeinsam auf die Rückseite. Hier sieht es wüst aus. Unzählige Leitungen und Rohre laufen kreuz und quer zu anderen Maschinen, die wir in der Ferne im Dunst erkennen können. Genau gesagt sind es rund 200 andere Maschinen – so viele Länder und damit Volkswirtschaften gibt es auf der Erde.

Mit den allermeisten davon ist unsere Wirtschaft verbunden – mit einigen sogar mit richtig dicken Leitungen. Alle Maschinen sind zudem untereinander verkabelt. Und um das Ganze noch unübersichtlicher zu machen, entdecken wir, dass unser Herr Externer Effekt offensichtlich aus einem riesigen Clan stammt. Überall springen Figuren wie er herum und schrauben und verstellen, was das Zeug hält. (Manche der Figuren sehen dem US-Präsidenten Donald Trump oder Großbritanniens Premierminister Boris Johnson und anderen einflussreichen Politikern übrigens verwirrend ähnlich).

Halt, stopp! Nicht das Buch zuklappen. Wir kriegen das geordnet. Indem wir Kabel bündeln und uns auf die für Sie wichtigen anderen Maschinen konzentrieren und dann die entscheidenden Zusammenhänge anschauen. Sie werden sehen: Es ist unglaublich spannend, die Auswirkungen von Ereignissen in einer der anderen Maschinen über das gesamte System vorherzusagen, sobald man die Zusammenhänge verstanden hat. Wer einmal geistig durchgespielt hat, was eine Mehrwertsteuererhöhung in Maschine 127 für einen internationalen Lebensmittelkonzern in Maschine 26 bedeutet, kann das auch für andere Ereignisse und andere Länder. Das kann Spaß machen (vor allem, wenn man immer öfter richtigliegt) und nebenbei bei der Geldanlage sehr gewinnbringend sein.

Lassen Sie uns ganz pragmatisch vorgehen und zwei Dinge ansehen. Erstens: Welche Sorte Kabel gibt es von und nach Deutschland, und welche davon sind die dicksten? Und zweitens: Welche anderen Maschinen sind die größten?

Fangen wir mit den Leitungen an: Zu jedem Land gibt es ein Rohr, durch das Güter und Dienstleistungen fließen, und eine Leitung für Geldströme. Wir kümmern uns erst einmal um das Warenstromrohr. Hier gehen alle Exporte und Importe durch, die von Deutschland aus in die ganze Welt gehen und aus aller Herren Länder kommen. Auf Deutsch heißen sie »Aus- und Einfuhren«. Ob etwas ein Ex- oder Import ist, ist ganz einfach zu klären: Bezahlt ein Ausländer eine Rechnung an einen Inländer, haben wir es mit einem Export zu tun; andersherum ist es ein Import.

Angeber-Wissen für die nächste Party:

Kein Land ist so von offenen Weltmärkten abhängig wie Deutschland

Darauf sollten Sie vorbereitet sein: Irgendwann könnten Sie auf eine deutsche Version des »*America-First*«-Politikers Donald Trump treffen. Auch wenn er oder sie ganz anders aussehen wird, jünger vielleicht und wahrscheinlich mit einer anderen Frisur. Die Thesen, die Ihr Gegenüber lautstark zum Besten gibt, erinnern aber stark an den ehemaligen US-Präsidenten: Vermutlich ausgehend von der Knappheit von Atemschutzmasken in der Corona-Pandemie zeigt der »Deutschland-zuerst«-Fan seine Verachtung für alles Internationale im Allgemeinen und den Handel im Speziellen. Zunächst fordert er lautstark, wieder mehr in Deutschland zu produzieren, dann eine Einschränkung des internationalen Handels und schließlich am besten auch noch den sofortigen Austritt Deutschlands aus der EU. Selbstbewusst schließt er seine Ausführungen damit, dass wir dadurch hier wieder mehr Arbeitsplätze, mehr Einkommen und mehr Wohlstand hätten.

Spätestens jetzt sollten Sie sich einklinken. Vielleicht macht es Ihnen Spaß, mit dem Schlaumeier erst einmal ein bisschen über die real existierenden Probleme der EU-Bürokratie zu schimpfen und sich über die Qualität von chinesischem Plastikspielzeug zu empören. Immerhin nervt Sie das eine oder andere schon lange. Kontra geben sollten Sie aber unbedingt, wenn es an die wirtschaftlichen Auswirkungen geht: Die deutsche Wirtschaft würde unter einer Einschränkung des Handels mit anderen Ländern extrem leiden. Und unser Wohlstand wäre dann erst einmal Geschichte.

Bombardieren Sie Ihr zunehmend erstauntes Gegenüber doch einfach mit ein paar Fakten:[13]

- ❐ 1.328 Milliarden Euro (1.328.000.000.000 Euro) verdienten deutsche Unternehmen, Selbstständige und Betriebe vor der Corona-Krise 2019 mit Exporten ins Ausland.

- Das ist knapp die Hälfte dessen, was in Deutschland insgesamt erwirtschaftet wird. 2018 machte der Export 47,4 Prozent der Wirtschaftsleistung aus.
- Im Gegenzug importierten wir Waren im Wert von 1.105 Milliarden Euro. Vieles wird zwar als Vorprodukt in Gütern verarbeitet, die dann das Land wieder verlassen (das machen aber Arbeitskräfte in Deutschland, die sonst keinen Job mehr hätten). Aber immer noch mehr als ein Fünftel des Endverbrauchs wird in Deutschland mit ausländischen Waren bedient – und nur einen Teil davon könnte man zu vernünftigen Preisen auch im Inland herstellen. Es gibt hierzulande nun mal kaum Erdölvorkommen und zum Beispiel auch keine wesentliche Bekleidungsindustrie mehr: Die Lohnkosten, die in dieser Branche eine große Rolle spielen, sind hier eben viel höher als anderswo.
- Rund 28 Prozent der Arbeitsplätze hängen direkt oder indirekt vom Außenhandel ab. Im verarbeitenden Gewerbe sind es sogar 56 Prozent.
- Wenige Länder der Welt haben einen höheren »Offenheitsgrad« (das ist das Verhältnis von Export plus Import zur gesamten Wirtschaftsleistung). Der liegt in Deutschland bei 87 Prozent. Zu Deutsch: Würden wir den Welthandel morgen abschaffen, würden 87 Prozent unser Wirtschaftsaktivitäten irgendwelche Liefer- oder Absatz-Probleme haben. Eine Idee, was das bedeutet, konnten wir im Frühjahr 2020 während der Corona-Krise erhaschen, als viele Warenströme plötzlich abrissen.

Vor allem mit Blick auf die Umweltschäden ist eine kritische Haltung zum Welthandel legitim. Und auch politisch darf man natürlich weniger Abhängigkeiten zum Beispiel von China wollen. Wirtschaftlich sollte man besser nicht argumentieren.

Okay, die Sache mit den Ex- und Importen und der Handelsbilanz haben wir jetzt also im Griff. Doch da fällt Ihr Auge auf eine Meldung aus *finanzen.net*:

18. September 2020

Defizit in der US-Leistungsbilanz im zweiten Quartal kräftig gestiegen

Dow Jones, *finanzen.net*[14]

Hey, werden Sie jetzt denken, was soll das schon wieder? Wieso heißt das jetzt plötzlich »Leistungsbilanz« und nicht »Handelsbilanz«? Ganz einfach: Weil es eben nicht nur Waren und Dienstleistungen sind, die zwischen den einzelnen Volkswirtschaften hin- und hergeschickt werden. Daneben gibt es jeweils eine Leitung, durch die Geld strömt. Klar, denn wenn jemand etwas im Ausland bestellt, sollte er auch bezahlen. Erstaunlicherweise ist die Geldleitung regelmäßig aber viel dicker, als sie allein aufgrund der Rechnungen aus Ex- und Import sein dürfte.

Denn Geld fließt zwischen Volkswirtschaften aus den verschiedensten Gründen: Das Hotelzimmer, das ein chinesischer Tourist in der Pension nebenan bezahlt, löst genauso eine internationale Zahlung aus wie die Policen, die eine schweizerische Versicherung Ihnen aufgeschwätzt hat. Dann gibt es auch Überweisungen quasi einfach so, also ohne Gegenleistungen: Wenn ein ausländischer Arbeitnehmer seiner Familie daheim etwas zukommen lässt oder wenn Entwicklungs- oder Aufbauhilfe in Krisengebiete geht. Da sind Mieten, Zinszahlungen und Gewinnanteile, die die ausländischen Besitzer von Wertpapieren, Unternehmen oder Immobilien ausgezahlt bekommen. Und es gibt Gebühren für Lizenzen und Patente, die von einem Land zum anderen wandern.

Stellen Sie sich eine Volkswirtschaft einfach als Familie vor, nennen wir sie Familie Musterland. Sie lebt auf einem schönen alten Bauernhof, der allerdings nicht mehr bewirtschaftet wird. Mutter Eva betreibt eine erfolgreiche kleine Schmuckwerkstatt. Sie bestellt also regelmäßig Rohmaterial und Werkzeug (Import) und verkauft fertige Stücke (Export). Genau wie Großvater Ernst sein Obst von der Streuwiese jeden Herbst an einen Bioladen verkauft (mehr Export). Weil alle aber regelmäßig Klamotten, Lebensmittel und anderes einkaufen gehen (viel mehr Import), weist die Handelsbilanz von Familie Musterland ein Defizit auf.

Wären da nicht die anderen Geldströme, würde das natürlich nicht lange gut gehen.

Die Familie vermietet zwei Zimmer an Touristen (Dienstleistungsexport), dafür hilft ab und zu die Nachbarin bei der Reinigung (Arbeitsentgelt, Abfluss). Vater Paul Musterland geht in Teilzeit arbeiten und bekommt Lohn (Arbeitsentgelt, Zufluss). Tochter Lina bekommt einen regelmäßigen Zuschuss von Ihrer Patentante (Übertragung: Entwicklungshilfe, Zufluss). Großvater Ernst hat zudem ein paar ganz alte Wertpapiere, für die er einmal im Jahr Zinsen kassiert (Vermögenseinkommen, Zufluss).

Auf der anderen Seite fließt auch Geld ab: Oma Clara ist eine gute Seele und spendet regelmäßig an das örtliche Tierheim (Übertragung, Abfluss). Und die Familie hat natürlich verschiedene Versicherungen und geht ab und zu zum Friseur (Dienstleistung, Abfluss).

Die jährliche Leistungsbilanz von Familie Musterland sieht aus wie folgt (alles, was abfließt, ist als Minus aufgeführt):

	Position	Betrag	Saldo
Handelsbilanz			**–21.000 €**
Exporte	Fertiger Schmuck	25.000 €	
	Obst	3.000 €	
Importe	Material, Werkzeuge	–9.000 €	
	Sonstige Einkäufe	–40.000 €	
Dienstleistungsbilanz			**6.700 €**
Zufluss	Einnahmen Fremdenzimmer	8.000 €	
Abfluss	Versicherungen	–800 €	
	Friseur	–500 €	
Bilanz der Erwerbs- und Vermögenseinkommen			**18.800 €**
Zufluss	Arbeitslohn Vater	20.000 €	
	Zinseinkommen Opa	300 €	
Abfluss	Arbeitslohn Nachbarin	–1.500 €	
Transferbilanz			**900 €**
Zufluss	Zuschuss der Tante für Lina	1.200 €	
Abfluss	Spenden Tierheim	–300 €	
LEISTUNGSBILANZ			**5.400 €**

Übertragen auf Länder heißt das: Die Handelsbilanz eines Landes kann zwar negativ sein. Das heißt aber noch nicht, dass das Land in Schwierigkeiten steckt, denn andere Positionen können das wieder ausgleichen. Oft sind das Einnahmen aus dem Tourismus, wie folgende Headline von *tagesschau.de* aus dem Jahr 2014 zeigt:

> 19. Februar 2014
>
> **Erste positive Leistungsbilanz seit 1948: Touristen bringen Griechen Überschuss**
>
> *tagesschau.de*[15]

Übrigens war die Leistungsbilanz in Griechenland nur ein paar Quartale lang positiv, hat also einen Überschuss ausgewiesen. Im Gesamtjahr 2014 und seither ist sie wieder im Minus.[16] Aber was heißt das dann? Angenommen, Papa Musterland wird gefeuert, und es fehlen damit 20.000 Euro Zufluss in der Leistungsbilanz. Damit wäre der Saldo – als die Differenz zwischen Zuflüssen und Abflüssen – stark negativ (minus 14.600), und das wäre auf Dauer ein echtes Problem.

Die Musterlands würden vermutlich versuchen, die Ausgaben zu reduzieren und irgendwie die Einnahmen zu steigern. Sollte das nicht ausreichend gelingen, müsste die Familie dann entweder Kredite aufnehmen (wenn sie jemanden findet, der ihr etwas leiht, obwohl ihre finanzielle Situation nicht gerade prickelnd ist). Oder sie verkauft Stück für Stück ihren Hof oder andere Wertgegenstände. Oder sie leistet irgendwann einen Offenbarungseid.

Da geht es den Ländern nicht anders als den Familien. Die meisten von uns werden sich noch gut an die Schuldenkrise Griechenlands vor rund einem Jahrzehnt erinnern: Die griechische Regierung hatte über Jahre zu wenig Geld eingenommen und zu viel ausgegeben. Dafür musste sie Schulden machen. Das ist also in etwa so, als würde Oma Musterland regelmäßig Geschenke für die ganze Familie kaufen – auf Kredit.

Das machen viele Länder, doch das Problem in Griechenland war: Im Inland war kein Kapital übrig, denn die Wirtschaft hatte eine negative

Leistungsbilanz. Unter dem Strich brauchten die Griechen also richtig viel Geld aus dem Ausland: einerseits um die Staatsschulden zu finanzieren, andererseits um das Leistungsbilanzdefizit abzudecken.

Das lief lange gut, weil Griechenland ja einige Jahre vorher neu in den Euro-Raum aufgenommen worden war. Viele Anleger hofften auf einen riesigen Aufschwung und investierten in griechische Wertpapiere oder gaben Kredite an die griechische Regierung oder an griechische Banken oder Unternehmen. Bis irgendwem auffiel, dass die Schulden dadurch gigantisch groß geworden waren, wie folgende *Spiegel*-Schlagzeile aus dem Jahr 2009 zeigt:

> 28. Januar 2009
>
> **Folgen der Finanzkrise: Griechenland droht die Schuldenfalle**
>
> Gerd Höhler; *spiegel.de*[17]

Nachdem die Finanzkrise und die Pleite der Investmentbank Lehman Brothers in den USA 2008 alle Anleger nervös gemacht hatten, wollte niemand mehr sein Geld nach Griechenland schicken. Im Gegenteil: Immer mehr Anleger forderten ihr Kapital zurück. Denn allen fiel plötzlich auf, dass das Land unter dem Strich ja kein Geld im Ausland verdiente – die Leistungsbilanz war eben negativ. Und das hieß dann auch, dass das Land keine Einnahmen hatte, um Schulden zu bedienen – wie es auch Familie Musterland ginge, wenn ihre Leistungsbilanz negativ wäre. Bei Geldgebern setzt dann manchmal plötzlich die Panik ein, und alle ziehen auf einmal ihr Geld zurück. So etwas nennen Volkswirte oder auch Journalisten dann »Kapitalflucht«.

Ein solcher Vorgang zieht dann auch immer die Geier an. Auch damals in der Euro-Krise: Spekulanten wetteten gegen das angeschlagene Griechenland und verschärften die Misere, bis das Land kurz vor dem Kollaps stand. Wie das übrigens mit den Spekulanten genau funktioniert, schauen wir uns in Kapitel »Die Welt der Finanzmärkte« noch genauer an (ab Seite 169).

Darauf sollten Sie achten

Wenn Sie sich für die wirtschaftliche Lage in einem Land interessieren, sollten Sie sich unbedingt anschauen, wie die Leistungsbilanz so steht und vor allem in welche Richtung sie sich entwickelt. Eine negative Leistungsbilanz ist ein Warnsignal. Denn sie zeigt, dass das Land dauerhaft auf Kapitalimporte angewiesen ist. Schiefgehen muss das aber nicht unbedingt.

Schauen Sie sich noch einmal die Schlagzeile auf Seite 31 an. Dort geht es um die USA und ihr Leistungsbilanzdefizit. Und das ist gewaltig, seit Jahrzehnten – genau wie der amerikanische Staat auch ständig neue Rekordschulden aufnimmt. 2018 betrug das Leistungsbilanzdefizit der USA 449.694 Milliarden US-Dollar. Klar, die USA sind ein großes Land, aber selbst im Verhältnis zur Wirtschaftsleistung ist das Minus beeindruckend:

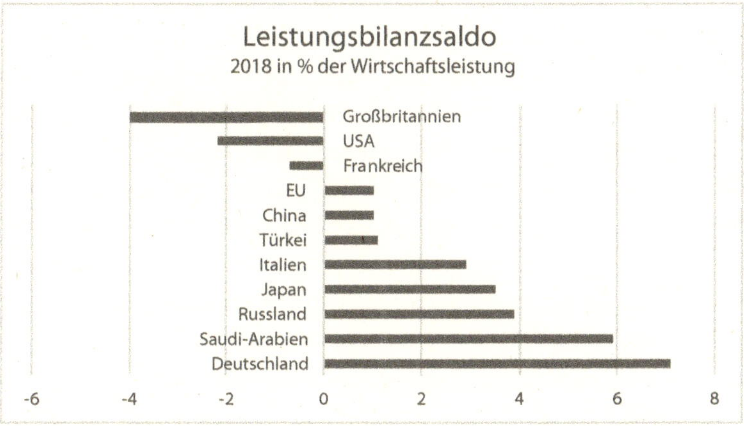

Quelle: OECD[18]

Die Grafik zeigt die Leistungsbilanzsalden einiger Volkswirtschaften plus die EU-Bilanz im Jahr 2018. Schauen Sie sich das mal genauer an, denn es ist wirklich interessant. Deutschland ist Leistungsbilanzweltmeister – übrigens nicht nur im Verhältnis zur Wirtschaftsleistung, sondern auch absolut in Dollar. Großbritannien hat ein Problem. Und Saudi-Arabien und Russland stehen gut da, dank ihres Öls, das die Handelsbilanz ordentlich im Plus hält.

Auch die Türkei sieht gut aus. Wirklich? Was ist dann das?

11. September 2020

Defizit beim türkischen Leistungsbilanzsaldo

Andreas Neubrand; *Hürriyet.de* [19]

Ein Ausrutscher? Nein, denn die Daten in der Grafik (siehe Seite 35) sind von 2018, und seither hat sich der Wind für die Türkei gedreht. Das zeigt Ihnen, dass Sie tatsächlich dranbleiben müssen.

Zurück aber zur Frage, warum manche Länder mit einem hohen Leistungsbilanzdefizit in die Krise rutschen, andere wie die USA aber nicht. Ganz einfach: weil eine negative Leistungsbilanz so lange gut geht, wie Sie jemanden finden, der Ihnen den Fehlbetrag finanziert. Und die USA haben keinerlei Probleme, Gläubiger für ihre Schulden in der ganzen Welt zu finden. Denn eine Anlage in den USA gilt immer noch als Premiumklasse für Investoren und der US-Dollar als sicherer Hafen für turbulente Zeiten.

Einen negativen Leistungsbilanzsaldo finden Sie auch oft bei aufstrebenden Volkswirtschaften: Um eine leistungsfähige Wirtschaft aufzubauen, brauchen die erst einmal ziemlich viel Input von außen. Maschinen, Vorprodukte, Lizenzen und so weiter. Das drückt die Leistungsbilanz erst mal ins Minus, bevor sie im günstigsten Fall durch Exporte wieder ins Lot gerät. Und das geht gut, solange es eben Kreditgeber gibt und keine Kapitalflucht einsetzt.

Globale Ordnungshüter

Welche Weltorganisationen die globale Wirtschaft beeinflussen, und was sich gerade ändert.

Das kennen Sie: Oma hat es in ihren Urlauben früher gerade mal bis ins bayerische Garmisch geschafft, die Eltern waren bereits regelmäßig in ganz Südeuropa unterwegs. Der Sohnemann hat aber schon während seines Studiums mit dem Rucksack vier Kontinente bereist. Die Welt ist kleiner geworden, und mit ihr die Verbindungen zwischen den einzelnen Ländern.

Das gilt auch wirtschaftlich: Der Welthandel, also alle Exporte und Importe auf dem gesamten Globus, wächst seit dem Zweiten Weltkrieg rasant, stärker als die Wirtschaft selber. Das bedeutet, dass ein immer höherer Anteil von Gütern in so gut wie allen Ländern nicht mehr im Inland produziert wird, sondern von Unternehmen geliefert wird, die aus dem jeweiligen Ausland kommen. Wenn jemand von »Globalisierung« spricht, meint er unter anderem genau diese Tatsache. Und auch die, dass auch alles andere, wie Kapital, Dienstleistungen und sogar Arbeitskräfte, immer stärker zwischen den Ländern hin- und herwandert.

Die wirtschaftliche Globalisierung hat wie vieles im Leben zwei Gesichter. Eines, das viele Nachteile zeigt: Sie bringt in so gut wie allen Ländern einen Strukturwandel hervor, bei dem in Industriestaaten oft ganze Branchen verschwinden. Denn vieles ist im Ausland einfach billiger herzustellen, heimische Betriebe können da im Wettbewerb nicht überleben. Die Globalisierung schafft so Arbeitslosigkeit und produziert Verlierer. Zudem verschlingt sie immense Ressourcen für Transport und Lagerung und belastet die Umwelt. Und eine Kontrolle, ob Waren unter ethischen Aspekten und fairen Bedingungen hergestellt werden, ist fast unmöglich.

Aber auch das andere Gesicht der Globalisierung ist real. Das, das Wohlstand schafft, und zwar nicht nur bei uns in Deutschland. Auch viele Länder zum Beispiel in Asien haben massiv profitiert. Einige von ihnen kämpften vor 50 Jahren noch mit Hunger, Konflikten und hoher Kindersterblichkeit. Inzwischen haben sie sich erfolgreich in den

Welthandel integriert und die Armut besiegt. Sie weisen hervorragende Bildungssysteme, eine vorbildliche medizinische Versorgung und vieles mehr auf, was das Leben von Menschen gut macht. Man muss kein Turbokapitalist sein, um diese Folgen der Globalisierung gutzuheißen.

Den Grundstein für die Globalisierung legten die Siegermächte nach dem Zweiten Weltkrieg – allen voran die USA. Sie gründeten nämlich eine Reihe von internationalen Institutionen, die den Handel und die Beziehungen zwischen den Staaten erleichtern sollten. Eine Art Überwachungs- und Wartungstruppe für das Zusammenspiel der Maschinen und das Kabelgewirr zwischen den verschiedenen Ländern. Heute gibt es drei wichtige Institutionen, die Sie sich merken sollten, weil sie Ihnen in den verschiedensten Artikeln und Beiträgen immer wieder begegnen werden. Und die drei Großen verfügen über einen riesigen Stab an Experten und umfangreiches Datenmaterial. Ihre Analysen und Prognosen sind daher hervorragend fundiert, werden oft in Medien aufgegriffen und sind durchaus lesenswert. Alle drei Organisationen sind Unterorganisationen der Vereinten Nationen (englisch »United Nation Organization«, abgekürzt »UN« oder »UNO«). Also schauen wir uns diese drei einmal genauer an:

Der Internationale Währungsfonds (IWF)

Der Internationale Währungsfonds (abgekürzt »IWF«; englisch »International Monetary Fund«, abgekürzt »IMF«) hat eine Reihe von wichtig klingenden Aufgaben, wie die Stabilität des internationalen Finanzsystems zu stärken oder das Wachstum des Welthandels zu erleichtern,[20] und dafür tut er auch einiges. Seine wichtigste Funktion ist aber die, die der reiche Onkel Karl in einer Großfamilie einnimmt. Wenn sich ein Mitglied der Familie in die Pleite geritten hat, kann es bei Karl vorsprechen und kriegt dort einen Kredit. Das macht allerdings niemand aus der Familie freiwillig, denn Karl ist ein strenger Gesell: Seine Kredite knüpft er an harsche Bedingungen. Er verlangt vom künftigen Schuldner, dass er alles Wertvolle verkauft (ja, auch die Plattensammlung, an der er echt hängt). Er besteht darauf, dass er alle ausstehenden Rechnungen eintreibt und einen höheren Lohn verlangt. Und er schaut akribisch die kompletten Ausgaben des künftigen Schuldners durch und streicht alles, was er für unnötig hält. Kneipenbesuche oder Urlaub sind dann erst mal nur noch eine schöne Erinnerung.

Im Fall des IWF treffen die Auflagen für Kredite für in Not geratene Staaten so gut wie immer die komplette Gesellschaft. Denn gestrichen werden meist Sozialausgaben, Rentenzahlungen und alle anderen staatlichen Leistungen für die Bürger. Oft werden zudem Steuern erhöht und Staatseigentum verkauft. Diejenigen, die vor einem Jahrzehnt schon bewusst Nachrichten verfolgt haben, erinnern sich sicher an das Drama um Griechenland. Auch hier war der IWF ein wichtiger Geldgeber, um die Pleite des Euro-Landes zu verhindern. Und Griechenland stöhnte unter den damit verbundenen Maßnahmen. Zur Nothilfe des IWF gibt es für die betroffenen Länder allerdings meist keine Alternative.

Mit der Corona-Krise wird die Bedeutung des IWF für die Weltwirtschaft sicher wieder steigen. Denn immer mehr schwächere Länder sind nun tatsächlich auf seine Hilfe angewiesen. Viele von ihnen sind von Rohstoffen, Konsumgüterexporten oder Tourismus abhängig, und mit alldem ist in einer Pandemie mit weltweitem Wirtschaftseinbruch schwer Geld zu verdienen. Zudem ziehen ausländische Kreditgeber und Investoren nun massiv ihr Geld ab, neue Kredite am freien Markt können diese Staaten also nicht aufnehmen. Bleibt nur der Gang zu Onkel Karl.

Und den treten immer mehr Länder an. Claus Hecking hat sehr lebendig für den *Spiegel* aufgeschrieben, wie sich die Corona-Krise auf die Arbeit des IWF auswirkt. Der Artikel ist übrigens ein sehr schönes Beispiel dafür, wie es Print-Journalisten gelingen kann, nüchterne Daten lebendig zu einem Gesamtbild zu verknüpfen. Und darum geht es uns ja.

Corona-Pandemie

Kapitalflucht aus Schwellenländern stärker als zur Weltfinanzkrise 2008

Produktion eingestellt, Milliarden abgezogen, Touristen weg: In Ländern wie Südafrika oder der Türkei bahnt sich eine Krise nach der Krise an …

Von Claus Hecking

Kristalina Georgiewa verteilt dieser Tage Dollar-Millionen, rund um die Welt: 442 Millionen für den Senegal, 174 Millionen für Albanien, 121 Millionen für Kirgisistan, eine Milliarde für Ghana, und, und, und. Einen Corona-Notkredit nach dem nächsten vergibt die Chefin des Internationalen Währungsfonds (IWF) in diesen Tagen. Sie muss noch eine lange Liste abarbeiten.
Mehr als 90 Schwellenländer haben den IWF um finanzielle Hilfe angesucht. Viele Staaten fürchten, bankrottzugehen. »Es ist die dunkelste Stunde der Menschheit, die ich miterlebt habe«, sagt Georgiewa. Jetzt komme es darauf an, »die Verwundbarsten auf diesem Planeten zu schützen«. Gerade hat der IWF 25 der ärmsten Staaten wie Afghanistan, Haiti oder Mali nun Schuldenerleichterungen gewährt; 500 Millionen Dollar stehen für das Programm bereit. …
16.04.2020, *Spiegel*[21]

Die Kredite an notleidende Länder finanziert der IWF seinerseits mit Schulden, die er selber an den Kapitalmärkten aufnimmt. Die Kosten für die Organisation und die Kreditausfälle sind dennoch hoch und werden von allen Mitgliedsländern (zurzeit rund 190 Staaten) durch Beiträge gedeckt. Dabei gilt: Je stärker die Finanzkraft eines Landes, desto höher fallen die Zahlungen an den IWF aus – weshalb die Industrieländer die Hauptlast tragen. Das tun sie aber nicht nur, um »die Verwundbarsten auf diesem Planeten zu schützen«, wie es IWF-Chefin Georgiewa in dem *Spiegel*-Artikel ausdrückt. Sondern auch aus purem Eigeninteresse. Gehen nämlich einzelne Maschinen in dem Geflecht der Volkswirtschaften kaputt, schlägt das über alle Leitungen auch auf die meisten anderen durch.

Die Weltbank

Der Schwerpunkt der Arbeit der Weltbank ist irgendwo zwischen Wirtschaft und humanitärer Hilfe angesiedelt. Bei ihrer Gründung nach dem Zweiten Weltkrieg sollte sie den Wiederaufbau fördern. Heute ist sie aber vor allem dafür zuständig, die Armut in der Welt zu bekämpfen. Das macht sie mit Krediten und Unterstützung jeder Art von Förderprogrammen: von Mikrokrediten über die Förderung von Schulbildung für Mädchen bis zum Wiederaufbauprogramm nach Naturkatastrophen[22]: Die Weltbank hilft – mit wirtschaftlichen Mitteln. Ähnlich wie der IWF knüpft die Weltbank ihre Hilfe mit Krediten an Auflagen, allerdings sind die in der Regel lange nicht so harsch. Und: Um einen Weltbank-Kredit zu bekommen, muss ein Land nicht vor dem finanziellen Chaos stehen. Analog zum IWF finanziert sich die Weltbank auch über eigene Schulden auf den Kapitalmärkten und über Mitgliedsbeiträge der beteiligten Länder.

Die Welthandelsorganisation WTO

Während IWF und Weltbank sich also auf ihre jeweilige Art mit einzelnen Maschinen beschäftigen, kümmert sich die Welthandelsorganisation (englisch: »World Trade Organization«, abgekürzt »WTO«) um das Kabel- und Rohrsystem zwischen den Volkswirtschaften. Sie soll dafür sorgen, dass keine nationale Regierung Leitungen blockiert oder manipuliert. Die WTO beschäftigt sich also mit der Regelung und Überwachung der weltweiten grenzüberschreitenden Handels- und Wirtschaftsbeziehungen.[23]

Möglichkeiten, zu manipulieren und zu tricksen, gibt es viele, und so gut wie alle sind irgendwann schon einmal von irgendwem ausprobiert worden: von Zolltarifen, die ausländische Güter unattraktiv teuer machen, bis hin zu einer breiten Palette an »nichttarifären

Handelshemmnissen« (was für ein schönes Wort!) – Maßnahmen also, die zwar kein Zoll sind, aber dennoch Importeure aus dem Land heraushalten oder sie zumindest viel Geld kosten. Ex- oder Importverbote gehören dazu, oder entsprechende Quoten. Beliebt sind auch ganz spezielle Vorschriften zur Beschaffenheit eines Gutes – zum Beispiel eine besondere technische Prüfung, die sich für kleinere Mengen, wie ausländische Firmen sie oft importieren wollen, nicht lohnt – oder Ähnliches.

Die WTO-Regeln schränken all diese Spielchen ein, und wer sich ungerecht behandelt fühlt, kann eine Beschwerde einreichen. Ein WTO-Gericht fällt dann ein Urteil, gegen das das angeschuldigte Land Berufung einlegen kann. Endgültig entscheidet dann ein siebenköpfiges Schiedsgericht.

Das hat lange Jahre ganz gut funktioniert, doch seit Ende 2019 entscheidet das WTO-Schiedsgericht gar nichts mehr. Denn natürlich fand US-Präsident Donald Trump die Vorschriften lästig. Immerhin gehörte die Androhung oder Durchsetzung von neuen Zöllen oder anderen Importbeschränkungen zum festen Bestandteil seiner Außenpolitik.

Ganz besonders gegenüber China hatte er so viele Maßnahmen ergriffen, dass Beobachter von einem Handelskrieg und einer Bedrohung des freien Welthandels sprechen. Und tatsächlich hat das WTO-Gericht im Herbst 2020 die Zölle von Trumps Regierung aus dem Jahr 2018 als unrechtmäßig verurteilt, wie viele Medien einschließlich der *Tagesschau* berichteten.

15. September 2020

Handelsstreit mit China: WTO erklärt US-Zölle für illegal

tagesschau.de[24]

Die USA haben also offiziell gegen WTO-Regeln verstoßen. Nun ist es nach den Regeln der WTO möglich, Berufung gegen ein Urteil einzulegen, und solange die Berufung nicht entschieden ist, gibt es keine Konsequenzen. Und genau das haben die USA getan, wie unter anderem die *Wirtschaftswoche* berichtete:

26. Oktober 2020

USA legen Berufung gegen WTO-Entscheidung zu China-Strafzöllen ein

dpa; *wiwo.de*[25]

Und damit müssen sich die USA derzeit vor keinerlei Konsequenzen fürchten. Warum? Donald Trump hatte einfach dafür gesorgt, dass der Fall beim Berufsgericht nicht verhandelt werden kann, weil das Gericht zu wenig Richter hat. Dazu haben die USA unter Trump einfach alle Neuernennungen blockiert – und ohne die Zustimmung der USA werden keine Nachfolger für ausscheidende Richter ernannt. Und jetzt ist einfach keiner mehr da, der den USA-China-Zoll-Fall entscheidet.

Schlicht, einfach, aber effektiv haben die USA so die WTO quasi abgeschafft, ohne irgendwelche Verhandlungen oder Verträge – und weitgehend unbemerkt von der Öffentlichkeit. Und so könnte die Ordnung der Weltwirtschaft nachhaltig verändert werden. Es bleibt spannend, wie es unter dem neuen US-Präsidenten Joe Biden hier weitergeht.

Angeber-Wissen für die nächste Party:

Tradition oder Handelstrick?

Der Einstieg zum Thema WTO-Schiedsgericht oder nichttarifäre Handelshemmnisse dürfte Ihnen auf einer typischen Party wirklich leichtfallen. Sie finden ihn nämlich leicht über: Bier. Besser gesagt über das deutsche Reinheitsgebot. Fast 500 Jahre – seit dem Jahr 1516 – gab es in Deutschland verschiedene Regelungen, die vorschrieben, dass Bier ausschließlich aus Wasser, Gerste, Hopfen und eventuell Hefe bestehen darf. Das diente ursprünglich dem Gesundheitsschutz, denn die mittelalterlichen Brauer taten wohl so einiges in ihr Gebräu, was da nicht hineingehört.

Ein paar Jahrhunderte lief das mit dem Reinheitsgebot gut und begründete den Weltruf der deutschen Brauereien – bis ausländische Brauereien in den 80er-Jahren des 20. Jahrhunderts auch ein Stück vom großen deutschen Biermarkt abhaben wollten und klagten. Das Reinheitsgebot sei ein nichttarifäres Handelshemmnis, weil es verhindere, dass sie ihr Bier samt zusätzlichen Stoffen nach Deutschland importieren dürften. 1987 gab ihnen der Europäische Gerichtshof recht, und seither sind hierzulande die wildesten Biersorten erhältlich.[26]

Das Reinheitsgebot hat dennoch überlebt: als eine Art Markenzeichen. Mehr als 95 Prozent der Biere werden hierzulande noch nach dem Reinheitsgebot gebraut, und das verkünden die Brauereien auch gerne stolz, laut und werbewirksam.

So, die großen weltweiten Organisationen haben wir jetzt also abgehakt. Leider sind wir damit aber noch nicht durch: Denn es gibt eine Vielzahl an Gruppierungen nicht unbedingt aller Länder, sondern auch einzelner Ländergruppen, die je nach Weltlage mal mehr und mal weniger Einfluss auf den Lauf der Wirtschaft haben. Da sollten Sie nicht verzweifelt wegblättern oder -hören, wenn diese in den Medien vorkommen.

Die Europäische Union

Wirtschaftlich sehr wichtig sind Freihandelszonen, und eine der größten davon kennen Sie sicher gut: die Europäische Union, kurz »EU«. Innerhalb einer Freihandelszone gibt es keine Zölle mehr und auch sämtliche nichttarifären Handelshemmnisse sind normalerweise verboten. Die EU ist übrigens nur ein Teil des EWR (Abkürzung für »Europäischer Wirtschaftsraum«) – einer Freihandelszone, der sich auch ein paar Nicht-EU-Länder wie Island, Liechtenstein und Norwegen angeschlossen haben. Sie ist zugleich mehr als nur eine Freihandelszone, sie versteht sich auch als politische Union.

Und da entsteht ein Großteil des Streites, den man ständig und dauernd aus Brüssel hört: über den Umgang mit Geflüchteten, die neue Agrarpolitik, die Antwort auf Aktionen von Autokraten wie Wladimir Putin oder Weißrusslands Präsident Lukaschenko: Alles und jedes wird jahrelang kontrovers diskutiert, und am Ende steht oft ein Kompromiss, der einige mehr oder weniger unzufrieden zurücklässt. Allerdings: Als Freihandelszone funktionieren die EU und der EWR prächtig, und Deutschland ist ein großer Profiteur davon – genau wie von der gemeinsamen Währung Euro.

Gut, dass es EU und EWR schon eine Weile gibt, denn eine neue Freihandelszone zu schaffen, ist ein politischer Albtraum: Eigentlich gibt es ja keine Beschränkungen für den Warenverkehr mehr. Außer natürlich solche für den Gesundheitsschutz oder andere Ausnahmen, die einzeln festgelegt werden müssen. Oft müssen sich alle auf irgendwelche technischen Standards einigen. Zudem gibt es so gut wie immer Sonderregeln für bestimmte Branchen. Im- oder Exportquoten zum Beispiel oder andere Ausnahmen vom grundsätzlichen freien Warenverkehr. Geregelt werden muss auch, wie die beteiligten Länder wiederum den Handel mit weiteren Staaten regeln. Denn jeder findige Unternehmer wird seine Waren über das Mitgliedsland in seiner Freihandelszone ex- oder importieren, das die besten Konditionen mit weiteren Handelspartnern bietet. Und so weiter – ein politischer Albtraum eben.

Angeber-Wissen für die nächste Party:

Zahlmeister der EU?

Der Donald-Boris-Trump-Johnson-Typ von vorher lässt sich nicht abschütteln. Jetzt hat er sich auf die Mitgliedschaft Deutschlands in der EU verstiegen und lobt den britischen Brexit. Deutschland, so sein Argument, hätte wesentlich bessere Gründe, aus der EU auszusteigen. Immerhin sind wir die Zahlmeister der Union und schicken regelmäßig Unmengen an Geld nach Brüssel. Hier steigen Sie ein, zum Beispiel mit der Frage: »Was verstehen Sie unter Unmengen?«

Deutschland ist in absoluten Zahlen der größte Nettozahler in der Europäischen Union. Das rechnet man aus, indem man von allen Beiträgen, die Deutschland überweist, direkte Zahlungen wie die EU-Agrarsubventionen abzieht, die aus Brüssel nach Deutschland zurückfließen. Je nach Konjunkturlage ergeben sich so etwa 10 bis 15 Milliarden Euro pro Jahr, die Deutschland netto an die EU zahlt.[27]

Setzen Sie die Zahl aber erst einmal ins Verhältnis: Für Arbeit und Soziales gab die Bundesrepublik 2018 (also vor der massenhaften Kurzarbeit in der Corona-Krise) rund 140 Milliarden Euro aus, für Verteidigung etwa 28 Milliarden, und sogar die Allgemeine Finanzverwaltung war mit knapp 19 Milliarden Euro teurer. Zudem sind wir ein großes Land. Pro Kopf gerechnet zahlen andere mehr oder zumindest ähnlich viel: je nach Konjunkturlage die Schweden, Luxemburger, Österreicher und Niederländer.

Und: Die Investitionen in die EU bekommt Deutschland locker über den Außenhandel zurück. 2018 exportierte die deutsche Wirtschaft Waren im Wert von 2,13 Billionen Euro in die EU. Nach Abzug der Importe (1,94 Billionen Euro) betrug der Überschuss des Außenhandels immer noch 190 Milliarden Euro.[28] Eine Abschaffung der EU würde die Zahlen drastisch nach unten schicken. Und damit würden dem Staat Milliardeneinnahmen wegbrechen: Die Staatsquote, also der Anteil, den die Regierung an allen wirtschaftlichen Aktivitäten einnimmt, liegt in Deutschland bei knapp 44 Prozent.[29]

Klingt also, als wären die EU-Beiträge ein gutes Geschäft für Deutschland. Wieder gilt: Wer politisch für eine Auflösung der EU eintritt, muss sich über den Preis klar sein, den das wirtschaftlich kosten wird. Wie hoch der ist, wird vermutlich nach dem Brexit in Großbritannien zu beobachten sein. Übrigens, lassen Sie sich besser noch nicht auf eine Diskussion über den Euro ein. Wechselkurse und ihre Auswirkungen besprechen wir erst ab Seite 206.

Die Erfahrung aus der Geschichte zeigt allerdings auch: Eine Freihandelszone setzt eine große wirtschaftliche Dynamik frei und nützt in der Regel allen beteiligten Ländern. Deshalb wollen so gut wie alle so etwas haben (außer Donald Trump und Boris Johnson natürlich), und es gibt heute ein paar Dutzend davon in unterschiedlich intensiver Ausprägung.

Manche haben nur die Zölle und einige nichttarifäre Handelshemmnisse abgeschafft, andere wie die EU haben tatsächlich einen gemeinsamen Binnenmarkt geschaffen – hier dürfen nicht nur Waren und Dienstleistungen, sondern auch Kapital und Arbeitnehmer frei hin- und herreisen.

Andere Freihandelszonen

Schauen wir uns also mal die wichtigsten Freihandelszonen der Welt an. Und nein, Sie müssen die ganzen Namen jetzt nicht auswendig lernen. Jeder anständige Journalist wird in einem Beitrag gleich am Anfang für seine Hörer oder Leser einen Hinweis einbauen, was die verwendete Abkürzung doch gleich wieder bedeutet, wie hier im *Kurier* aus Österreich:

Freihandelsabkommen USMCA ersetzt NAFTA

> *Der neue Vertrag löst das von Trump wiederholt kritisierte 1994 geschlossene NAFTA ab.*

Das neue Freihandelsabkommen zwischen den USA, Mexiko und Kanada ist am Mittwoch in Kraft getreten. Das Abkommen mit dem Namen »USMCA« ersetzt das 1994 geschlossene Nordamerikanische Freihandelsabkommen (NAFTA), das von US-Präsident Donald Trump immer wieder scharf kritisiert worden war.
Agenturen, mey; *kurier.at*[30]

Das **USMCA** (das *United States–Mexico–Canada Agreement*) ist also die Nachfolgeorganisation des NAFTA *(North American Free Trade Agreement)* und nach Bevölkerung und Wirtschaftskraft die größte Freihandelszone der Welt. Schon im Wahlkampf 2016 bezeichnete Donald Trump das NAFTA allerdings als »schlechtesten Deal aller Zeiten«[31] für die USA. Logisch, dass er bald nach seinem Amtsantritt 2017 eine Neuverhandlung des Freihandelsabkommens erzwang. Das neue ähnelt dem alten in vielem, und ob die USA von Trumps harscher Verhandlungsmethode auf Dauer tatsächlich profitieren werden, sei dahingestellt.

Für einige Wählergruppen von Trump ist das USMCA aber tatsächlich ein besserer Deal. So sieht es unter anderem für US-Farmer einen breiteren Zugang zu den Märkten vor allem in Kanada vor, beinhaltet neue Regelungen für den Schutz von geistigem Eigentum und den Handel mit digitalen Produkten und regelt die Ex- und Importe von Autos neu.[32] Der US-Präsident behielt sich nämlich vor, Zölle in Höhe von bis zu 25 Prozent auf Importe von Autos in die USA zu verhängen. Die aus Mexiko und Kanada bleiben aber auf jeden Fall weitgehend ausgenommen. Das USMCA sieht hier ein zollfreies Kontingent von 2,6 Millionen Pkw jährlich vor.[33]

»**Mercosur**« ist mal zur Abwechslung keine englische Abkürzung, sondern kommt aus dem Spanischen und steht für »Mercado Común del Sur« (»gemeinsamer Markt des Südens«; netterweise funktioniert das auch auf Portugiesisch halbwegs, das zum Beispiel im wichtigen Mitgliedsland Brasilien gesprochen wird. Hier heißt es »Mercado Comúm do Sul«.) Der Mercosur besteht seit 1991 und umfasst etwa die Hälfte der Fläche Südamerikas. Warum wir uns hier überhaupt damit beschäftigen? Sie werden dem Mercosur vermutlich in den Nachrichten immer wieder einmal begegnen, denn derzeit arbeiten er und die EU an einem Abkommen – Freihandel unter Freihandelszonen ist der Plan. Ob und wie schnell das kommt, weiß allerdings niemand – solche Verhandlungen sind wie gesagt ein Albtraum, weil eben so viele Interessen betroffen sind.

Und wie groß der Widerstand gerade in Europa ist, zeigte sich, als die EU mit den USA ein gemeinsames Abkommen anstrebte. Erinnern Sie sich an **TTIP**? Und die Diskussion darüber, ob ab dann US-Chlorhühnchen in deutschen Supermarktregalen landen werden? Die Verhandlungen zu TTIP pausieren übrigens seit 2017.[34] Weil? Sie ahnen es sicher: Donald Trump da als Präsident angetreten ist und die Sache natürlich nicht gut fand. Aber wer weiß, vielleicht kommt schon bald ein neuer Anlauf? Zumindest CDU-Generalsekretär Paul Ziemiak ist dafür, wie er in einem Gastbeitrag im *Tagesspiegel* schreibt:

Die USA und Europa – ein neues TTIP?

Vergesst die Chlorhühner, werden wir kühner!

Warum wir einen neuen Anlauf für ein Freihandelsabkommen mit den USA brauchen – und warum die Grünen mitmachen sollten.

von Paul Ziemiak

21.11.2020; *tagesspiegel.de*[35]

Ziemiaks Appell ist eine Reaktion auf eine neue Freihandelszone, die gerade in Asien entstanden ist: die **RCEP** (englisch für *»Regional Comprehensive Economic Partnership«*, also regionale, umfassende wirtschaftliche Partnerschaft). Initiiert von? Richtig: China, wie unter anderem der *Spiegel* berichtet:

15. November 2020

China schmiedet weltgrößte Freihandelszone

wal/dpa, *spiegel.de*[36]

Europa und die USA sind bei RCEP nicht dabei, und das ist durchaus ein Problem für die Exporteure und Importeure in den beiden westlichen Regionen. Und es markiert das grandiose Scheitern der China-Politik Trumps, der ja eigentlich den Einfluss des Reichs der Mitte eindämmen wollte.

Um das zu verstehen, müssen wir einen kleinen Ausflug in die Geschichte machen: Trumps Vorgänger im Amt, Barack Obama, hatte nämlich einen Plan. Er wollte sich mit einigen pazifischen Ländern zur **TPP** (abgekürzt für englisch: *»Trans-Pacific Partnership«*, also »Transpazifische Partnerschaft«) zusammenschließen. Geplant war, die TPP schrittweise bis 2020 zu einer gemeinsamen Freihandelszone weiterzuentwickeln.

US-Präsident Donald Trump stoppte das Vorhaben aber am ersten Tag seiner Amtszeit. Und damit erreicht Trump, der ja den Aufstieg

Chinas ausbremsen wollte, genau das Gegenteil: TPP wäre nämlich eine Veranstaltung ohne China gewesen und hätte die Abhängigkeit der Mitgliedsländer von dem Riesenreich etwas gebrochen. Stattdessen sind nun aber viele Länder wirtschaftlich (und damit immer auch politisch) wesentlich stärker auf das Reich der Mitte angewiesen. Denn China hat das Vakuum genutzt, das Trump mit dem Ende von TPP geschaffen hat.

Die neue Freihandelszone RCEP ist gigantisch: Sie umfasst 14 Länder in Asien und am Pazifik, 2,2 Milliarden Menschen und rund ein Drittel der Weltwirtschaftsleistung. Von der RCEP werden Sie sicher noch viel hören, wenn Sie Wirtschaftsnachrichten anschauen.

Natürlich gibt es noch weitere Freihandelszonen auf der Welt, in Afrika, unter den Staaten aus der ehemaligen Sowjetunion und so weiter. Die Namen zählen wir hier nicht alle auf. Wie gesagt, ein guter Journalist wird Ihnen die Abkürzungen nicht einfach um die Ohren hauen, sondern sie erklären. Und was ein Freihandelsabkommen ist, wissen Sie ja jetzt.

Weitere internationale Organisationen

So, jetzt müssen wir uns nur noch die Organisationen ansehen, die es sonst noch in Sachen Wirtschaft gibt und die sich speziellen Themen widmen. Auch von denen sollten Sie schon mal gehört haben, damit Sie Wirtschaftsnachrichten schmerzfrei verfolgen können. Ihnen langt es aber jetzt? Okay, das verstehe ich. Wir machen das jetzt einfach so: Hier kommt eine Liste der wichtigsten Organisationen mit jeweils einer ganz kurzen Beschreibung. Sie fliegen einmal drüber und lesen nur das, was Sie nicht ohnehin schon wussten. Geordnet ist das Ganze alphabetisch, denn eine Reihenfolge nach Wichtigkeit ist nicht möglich. Jede Organisation ist in ihrem Bereich wichtig.

Die Asiatisch-Pazifische Wirtschaftsgemeinschaft **APEC** (englisch: Asia-Pacific Economic Cooperation) ist ein Zusammenschluss von 21 Ländern, darunter China, Australien, die USA und Russland. Die APEC umfasst etwa die Hälfte der Weltbevölkerung und der Weltwirtschaftsleistung. Unter Donald Trumps Blockadepolitik für alle internationalen

Kooperationen ist die APEC vom einst potenziell wichtigsten Wirtschaftsverband der Welt eher zu einem weiteren internationalen Debattier- und Streitclub geworden – zumindest was die Beziehungen zwischen den USA und Asien angeht. Auch hier bleibt es spannend, zu sehen, ob Präsident Biden die Kooperation neu beleben kann.

Die Bank für Internationalen Zahlungsausgleich **BIZ** ist so etwas wie der Country-Club der Zentralbanken (mehr zu Zentralbanken und Geldpolitik ab Seite 141). Sie soll die internationale Zusammenarbeit in Sachen Geldpolitik fördern, und sie führt die Konten für die Zentralbanken, wenn die sich mal untereinander etwas überweisen müssen. Weil die BIZ sich auch als Forschungseinrichtung sieht, kommen von hier oft ganz interessante Studien und Daten.

Zur **G7** gehören die sieben wichtigsten Wirtschaftsnationen der Welt –zumindest die, die nach dem Zweiten Weltkrieg wichtig waren, denn China zum Beispiel ist nicht dabei. Die G7 sind eigentlich keine Institution, sondern so etwas wie ein jährlicher Stammtisch der Regierungschefs aus Deutschland, Frankreich, Großbritannien, Italien, Japan, Kanada und den USA plus dem EU-Chef. Immer abwechselnd lädt einer alle anderen ein. Geredet wird hier über alles Mögliche: Kriege, Konflikte, Gemeinsamkeiten und Streitpunkte, aber eben auch über die Wirtschaft. Die Themen und die Ansammlung von Macht sorgen dafür, dass kaum eine andere Veranstaltung so zuverlässig zu Ausschreitungen und Protesten führt.

Nach den Gesprächen gibt es in der Regel eine Abschlusserklärung, die dann von den Medien analysiert wird. 1998 hatten die G7-Länder übrigens Russland mit aufgenommen und wurden ein paar Jahre lang zu den G8. Nach der Annexion der Krim haben die anderen Länder diesen Schritt aber rückgängig gemacht, und jetzt gibt es eben wieder die G7.

Die **G20** verdanken ihre Existenz einem wichtigen und berechtigten Kritikpunkt an den G7-Treffen. Denn hier kungeln sieben ohnehin schon mächtige Industriestaaten, ohne dass kleinere Länder oder die sogenannten *Emerging Markets*, also die aufstrebenden Länder aus Asien, Lateinamerika oder anderswo, mitreden oder auch nur zuhören dürfen.

Seit 2008 gibt es also einen weiteren Stammtisch mit mehr Teilnehmern, der sich einmal im Jahr trifft. Dabei sind Argentinien, Australien,

Brasilien, China, Deutschland, Frankreich, Großbritannien, Indien, Indonesien, Italien, Japan, Kanada, Mexiko, Russland, Saudi-Arabien, Südafrika, Südkorea, die Türkei, die USA und ein Vertreter der EU.[37] Als besondere Gäste dürfen auch Vertreter großer Organisationen wie IWF oder WTO teilnehmen. Zudem werden noch wechselnde Gäste eingeladen, zum Beispiel Vertreter der Afrikanischen Union. 2009 beschlossen die Staats- und Regierungschefs auf dem G20-Gipfel von Pittsburgh, dass die G20 künftig »das zentrale Forum für die internationale wirtschaftliche Zusammenarbeit« seien, wie die Bundesregierung schreibt.[38] Klingt gut, für so manche Themen scheint der kleinere G7-Stammtisch aber immer noch wichtiger.

Die Industrieländer haben ein weiteres Forum, dem Sie immer wieder in Medien begegnen werden: die Organisation für wirtschaftliche Zusammenarbeit und Entwicklung **OECD** (»Organisation for Economic Cooperation and Development«). Das ist so etwas wie der Verband der vereinigten Industrieländer, und er hat derzeit 34 Mitglieder aus Europa, Asien und Nordamerika. Politischen Einfluss nimmt die OECD selten, sie taucht in den Medien vor allem mit ihren regelmäßigen Prognosen zu den Wirtschaftsaussichten auf.

Die **OPEC+** (Organisation erdölexportierender Länder, kurz »OPEC«, englisch »Organization of the Petroleum Exporting Countries«) hat gerade ihren 60. Geburtstag gefeiert und gleichzeitig ihre bedeutendsten Zeiten wohl hinter sich. Im vergangenen Jahrhundert lehrten die 15 überwiegend arabischen Mitgliedsstaaten die Industrieländer noch das Fürchten, wenn sie den Ölhahn zudrehten. Heute ist die OPEC zahnloser geworden, und das liegt an zwei Faktoren: Zum einen wird in mehr Staaten Öl gefördert. Unter anderem sind die USA mit ihrem Fracking-Geschäft einer der wichtigsten Ölproduzenten der Welt geworden. Obwohl die OPEC seit 2016 unter dem Label »OPEC+« mit weiteren elf Ölländern wie Russland zusammenarbeitet, kann sie alleine das Ölangebot nicht mehr so dominieren wie in den guten alten Zeiten. Zum anderen ist die Abhängigkeit der Weltwirtschaft vom Öl geringer geworden – und das wird in Zeiten des Klimawandels (hoffentlich) noch weiter zunehmen.

Eine neue Ordnung?

Die Strukturen, die seit dem Zweiten Weltkrieg bestanden haben, zerbröckeln.

Deutschland ist Leistungsbilanzweltmeister, wir leben vom internationalen Austausch – das wissen wir jetzt. Daher sollte Sie folgender Artikel aus der *idowa* (dem Internetportal der Mediengruppe *Straubinger Tagblatt / Landshuter Zeitung* aus Niederbayern) zum Nachdenken bringen:

Chefvolkswirte verkünden Ende der Globalisierung

von Ralf Müller

Deutschland wird seinen Wohlstand in Zukunft nicht mehr in dem Maße wie bisher aus dem Export beziehen können. Zu diesem Ergebnis kommen übereinstimmend die Chefvolkswirte der Bayerischen Landesbank (BayernLB) und des Beratungsunternehmens Prognos AG.

Schon vor der Krise habe sich die Globalisierung deutlich abgeschwächt, sagten Jürgen Michaels (BayernLB) und Michael Böhmer (Prognos AG) am Donnerstag in München. Die deutsche Volkswirtschaft werde in der jetzt angebrochenen Dekade deutlich mehr vom Binnenmarkt leben müssen.

10. September 2020, *idowa.de*[39]

Auslöser für diese Entwicklung, die »Deglobalisierung« genannt wird, gibt es einige. Zum einen auf Regierungsebene: Wenn jemand – wie Deutschland – nämlich extrem viel ans Ausland verkauft, schnappt er anderen die Kunden weg. Die haben dann weniger Arbeitsplätze und Wertschöpfung im eigenen Land. Und das bleibt natürlich nicht ohne Widerstand, und der brodelt schon eine ganze Weile. Die folgenden Schlagzeilen über die Beschwerden von Handelspartnern über Deutschland aus der *Zeit*, dem *Handelsblatt* und der *Tagesschau* sind teilweise über zehn Jahre alt:

25. März 2010

Kritik an der Exportnation: Prügel für den Streber

T. Fischermann, P. Pinzler, M. Schieritz, G. von Randow, F. Sieren, C. Tatje; *zeit.de*[40]

22. Mai 2017

EU-Kommission: Erneute Kritik am deutschen Exportüberschuss

Handelsblatt[41]

19. Januar 2018

Lagarde im ARD-Interview: »Deutschland soll Teamplayer sein«

Interview von Markus Gürne, *tagesschau.de*[42]

Lagarde ist übrigens Christine Lagarde, seit November 2019 Chefin der Europäischen Zentralbank. Zum Zeitpunkt des Interviews war die Französin aber noch Direktorin des Internationalen Währungsfonds IWF (siehe Seite 38).

Vor allem die Politik des US-Präsidenten Donald Trump zielt seit seinem Amtsantritt 2017 auf eine Beschränkung des Welthandels ab – mit neuen Zöllen und einem heftigen Handelsstreit mit China, dem größten Lieferanten von Waren in die USA. Aber eben auch gegen die EU und vor allem Deutschland.

Zum anderen denken auch immer mehr Unternehmen darüber nach, ob die unbegrenzte Globalisierung wirklich die beste aller Lösungen ist. Denn wenn Vorprodukte aus dem Ausland kommen, die wiederum auf pünktliche Lieferungen von Vorprodukten aus einem ganz anderen Land angewiesen sind, die wiederum Rohstoffe aus drei weiteren Ländern brauchen, wird es kompliziert. Und es kann gewaltig viel schiefgehen. Wieder hat die Corona-Krise wie ein Brennglas die Aufmerksamkeit auf dieses Problem gelenkt und das Umdenken wohl erheblich beschleunigt. Denn so einige Unternehmen und Händler konnten ihre Produktion während der umfangreichen Lockdowns in vielen Ländern nicht weiterführen, weil Vorprodukte oder Waren aus dem Ausland fehlten, wie unter anderem die *Automobilwoche* berichtete:

12. März 2020

Folge des Coronavirus: Lieferengpässe in Industrie und Handel

Carsten Hoefer, Christof Rührmair, dpa/mer; *automobilwoche.de*[43]

Die Globalisierung könnte also ihre Grenzen erreicht haben und der Trend eher zur Verkürzung von Lieferketten gehen. Das sollten Sie im Hinterkopf behalten und verfolgen, denn das wird einiges verändern. Vermutlich ist es Ihnen schon auf die Nerven gegangen, wie oft der Name »Donald Trump« bisher schon aufgetaucht ist. Er ist aber tatsächlich die treibende Kraft hinter den Bemühungen, eine neue Weltordnung für die Wirtschaft zu schaffen — oder zumindest die alte zu zerstören. In seiner Amtszeit griff Trump so gut wie alle Strukturen und Organisationen an, die seit dem Zweiten Weltkrieg für ein bisschen Ordnung im internationalen Geflecht gesorgt haben. Die folgende Schlagzeile aus dem *Tagesspiegel* fasst die aktuelle Lage gut zusammen:

6. August 2019

Donald Trump und die Krisen: Die Trümmer der alten Weltordnung

Malte Lehming; *tagesspiegel.de*[44]

Was aus den Trümmern eventuell irgendwann wieder zusammengesetzt wird und was endgültig Geschichte ist, ist noch nicht klar. Eines ist aber sicher: Eins zu eins wird das Alte nicht wiederkommen – auch nicht unter einem neuen US-Präsidenten Biden. Sie haben sich also zum richtigen Zeitpunkt entschieden, mehr über Wirtschaft zu erfahren. Denn es wird viel Neues entstehen müssen. Es war lange nicht so spannend wie gerade jetzt.

Boom und Bust: in Kreisen denken

Auch wenn das System sich nicht verändert: Die Wirtschaft läuft in Zyklen. Wie Sie das Auf und Ab der Konjunktur verfolgen und mithilfe von Nachrichten richtig einschätzen können, wohin die Reise geht.

Stellen Sie sich folgendes Szenario vor (und es wäre günstig, wenn Sie dafür *Harry Potter* gelesen hätten). Es ist abends, die Dämmerung kriecht in unsere Maschinenhalle. Da schleicht ein Schatten heran. Es ist ein Mensch, er trägt einen schwarzen Umhang mit Kapuze. Aus dem weiten, langen Ärmel ragt ein Zauberstab. Die Gestalt stellt sich breitbeinig vor die Maschine, schwingt den Arm mit dem Zauberstab und ruft laut: »*Ceteris paribus!*«

Der komplette Clan aller Externen Effekte verharrt wie versteinert, alle Bewegungen stoppen. Auch sämtliche Staaten, die gerade am Leitungssystem ihrer Maschinen herumgewerkelt haben, sind bewegungslos. Nur die Maschine selber läuft weiter.

Unsere Gestalt geht nun darauf zu. Sie sieht sich die Zahnräder und Hebel genau an, es scheint, als würde sie eines sorgfältig auswählen wollen. Dann hat sie sich offensichtlich entschlossen. Mit einer geschickten Bewegung legt sie genau einen Hebel um.

Anschließend tritt sie zurück und setzt sich vor die Maschine. Sie beobachtet. Dann zückt sie einen Notizblock und notiert immer wieder eifrig lange Reihen von Zahlen. Und schließlich sammelt sie die Lutscher ein und vermisst sie genau.

Was ist passiert? Nun, ein Volkswirt hat die Szenerie betreten und tut genau das, was Volkswirte nun einmal tun. Ihr Job ist es, die Funktionsweise der Maschine genau zu untersuchen. Das geht am besten, wenn man die Wirkung einzelner Effekte isoliert ansieht, und dafür schließen Volkswirte alle anderen Ereignisse aus. Die Methode ist weitverbreitet in der Wissenschaft. Das Prinzip »*Ceteris paribus*«, also »unter sonst gleichen Bedingungen«, wird in den verschiedensten Disziplinen angewandt.

Das leuchtet auch ein. Denn was hilft es, zu beobachten, dass die Wirtschaft nach einer Steuererhöhung besser gelaufen ist, wenn gleichzeitig ein Nachfrageboom aus dem Ausland, eine nie dagewesene Steigerung von Arbeitseinkommen plus eine dicke Rentenerhöhung stattgefunden hat? Eine Schlussfolgerung, ob und wie sehr die Steuern geschadet haben, oder gar eine Handlungsanweisung für die Zukunft kann man so nicht ableiten.

Angeber-Wissen für die nächste Party:

Die Grenzen der traditionellen Wirtschaftswissenschaften
»*Ceteris paribus*« klingt einfach zu schön, als dass Sie es bei nächster Gelegenheit nicht in den Raum stellen sollten, oder? Bauen Sie den Begriff ganz selbstverständlich in eine grundlegende Kritik an den traditionellen Wirtschaftswissenschaften ein. Die Methode hat nämlich einen gewaltigen Haken: Sie vernachlässigt Wechselwirkungen zwischen verschiedenen Effekten und kommt daher immer wieder mal zu falschen Ergebnissen.

Zudem machen Volkswirte eine weitere wichtige Annahme, die hoch umstritten ist: den »*Homo oeconomicus*« (der ist auch schön, oder?). Der *Homo oeconomicus* (aus dem Lateinischen: »Wirtschaftsmensch«) ist ein hoch unsympathischer Typ. Er entscheidet alles, was er wirtschaftlich unternimmt, alleine nach einem Kriterium: Mehre ich meinen Nutzen? Und den misst er ausschließlich in Geldeinheiten. Er vergleicht also Angebote aus dem Supermarkt und kauft nur dort, wo es am billigsten ist, er arbeitet nur für das höchste Gehalt – egal was. Und er verkauft seinen Hund, sobald er ein Angebot bekommt, für das er zwei neue kaufen kann. Er kennt kein Mitleid, keine Kundentreue, keine Solidarität, kein ökologisches Gewissen und keinen Altruismus – und es gibt ihn nicht (Gott sei Dank). Weil sein Verhalten bei vielen Theorien aber vorausgesetzt wird, stimmen die eben oft nicht.

An dieser Stelle sollten Sie einräumen, dass uns die Wirtschaftswissenschaften viele Erkenntnisse gebracht haben. Aber gleichzeitig sollten Sie darauf hinweisen, dass nicht jede ihrer Ideen immer hilfreich war. So gelten die Lockerungen der Regeln für die Banken und andere Geldhäuser vor der Finanzkrise auch als Folge falscher wissenschaftlicher Empfehlungen.

Immer öfter wenden sich Wissenschaftler daher von den alten Methoden ab und neuen zu. Die neuen Wirtschaftswissenschaften verstehen sich nicht mehr als exakte Naturwissenschaft, sondern verorten sich in den Sozialwissenschaften. Damit müssen sich aber auch die Methoden der Disziplin ändern: weniger mathematische Modelle und mehr Befragungen als Grundlage für Rückschlüsse.

Sie erläutern dann, dass das durchaus Erfolge zeigt – auch für die Wissenschaftler. Bundeskanzlerin Angela Merkel ist ein Fan der neuen Methoden und ihr »Zukunftsdialog« mit Bürgern aus dem Jahr 2011 ein erster Versuch, die Idee in die Praxis umzusetzen. Zudem staubten die neuen Wirtschaftswissenschaftler so gut wie alle Nobelpreise der letzten Jahre ab. Ach ja, und: Selbstverständlich erwähnen Sie an dieser Stelle in einem Nebensatz, dass der Wirtschaftsnobelpreis gar kein »echter« Nobelpreis ist, weil er nicht von Alfred Nobel, sondern nachträglich von der Schwedischen Nationalbank gestiftet wurde.

Gehen wir aber noch einmal zurück in die Halle mit dem Volkswirt. Er scheint gerade fertig zu sein, denn er legt den Hebel zurück, den er vorher verstellt hat. Da klingelt sein Handy, und er beginnt ein längeres Gespräch. Alle Externen Effekte und alle Politiker sind also weiter eingefroren, nur sein Experiment hat er beendet.

Jetzt müsste man meinen, die Maschine produziere nun die immer gleichen Lollis, Stück für Stück. Doch weit gefehlt: Jeder Lutscher, der in dem Zustand produziert wird, ist ein kleines bisschen größer als der vorige, oder ein ganz bisschen kleiner.

Warum? Weil Wirtschaft sich auch ohne Anstoß von außen in Konjunkturzyklen entwickelt. Was das ist und wie man mithilfe von Nachrichten einschätzen kann, wo in etwa wir gerade stehen, schauen wir uns nun genauer an.

Auf und nieder – immer wieder

Wirtschaft steht nie still, so bekommen Sie ein Gefühl, was eine Meldung für die Konjunktur bedeutet.

Warum also sind die Lollis nicht gleich groß, obwohl ja gerade keinerlei außergewöhnliche Ereignisse oder staatliche Eingriffe stattfinden? Das liegt daran, dass jede Veränderung aus der Vergangenheit etwas bewirkt hat, das Nachwirkungen hat. Volkswirte sprechen von einem »Primäreffekt« und mehreren »Sekundäreffekten«. Und egal wann man die Externen Einflüsse stoppt, irgendein Primär- oder Sekundäreffekt ist immer gerade dabei, sich zu entfalten.

Zu theoretisch? Okay, wir machen das an einem Beispiel klar: Angenommen, unser Volkswirt hat seinen Zauberstab genau in dem Moment geschwungen, als ein Unternehmer, nennen wir ihn Herrn Krumblech, einen großen Entschluss in die Tat umgesetzt hat. Sein Betrieb biegt Metall, und er tut das so erfolgreich, dass er mit der Produktion kaum nachkommt.

Deshalb hat Herr Krumblech gerade die Aufträge für eine neue Werkshalle samt Maschinenausstattung unterschrieben und seine Personalchefin gebeten, sieben neue Mitarbeiter zu suchen. Der Primäreffekt dieser Maßnahme sind also zusätzliche Aufträge für andere Unternehmen und sieben neue Arbeitsplätze.

Es gibt aber auch jede Menge Sekundäreffekte. Der Auftrag für die Werkshalle geht an zwei Firmen: das Bauunternehmen Mörtel, geleitet von Frau Mörtel, und den Werkzeugmaschinenbauer Schraube. Beide haben eigentlich schon viel zu tun und müssen jeweils zwei neue Mitarbeiter einstellen, um den Auftrag von Herrn Krumblech abzuarbeiten. Zudem bestellen die Firmen natürlich viel Material bei anderen Firmen. Alle neun neuen Mitarbeiter der Firmen Krumblech, Mörtel und Schraube waren vorher arbeitslos und treffen sich nun regelmäßig im Café »Espresso«, um ihr neues Einkommen auf den Kopf zu hauen. Die Besitzerin des »Espresso« braucht nun eine neue Aushilfskellnerin. Und auch bei den Zulieferern der Firmen Mörtel und Schraube geht es aufwärts, die deshalb vielleicht auch eine neue

Maschine oder ein neues Transportwerkzeug samt Fahrer anschaffen. Und so weiter und so fort. Keine Frage: Die Region erlebt einen Konjunktur-Aufschwung.

Der Aufschwung ist also eine Spirale steigender Nachfrage einerseits innerhalb des Unternehmenssektors, andererseits über den Arbeitsmarkt zurück zum Unternehmenssektor.

Schematisch dargestellt sieht das so aus:

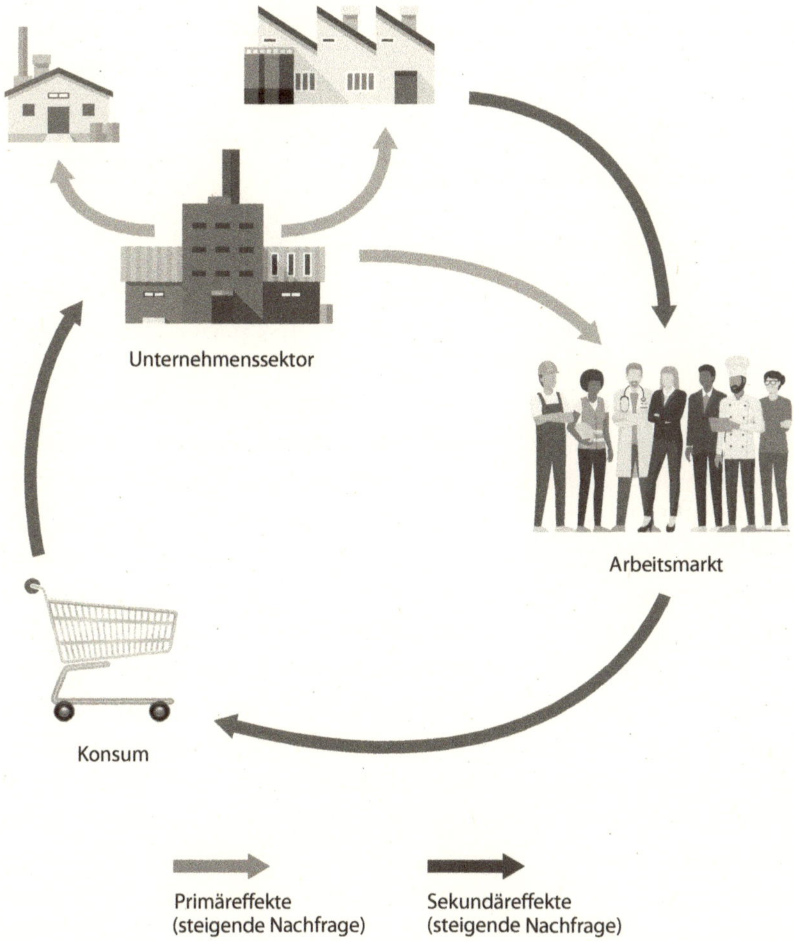

Klar haben Sie schon vorher gewusst, dass Nachrichten wie diese Schlagzeilen aus dem *Tagesspiegel* und der *auto motor und sport* eine frohe Botschaft für eine Region sind. Jetzt wissen Sie aber warum und wie froh die Botschaft ist:

> 17. November 2019
>
> **Musks Pläne in Grünheide: Tesla will bis zu vier Milliarden Euro in E-Autowerk investieren**
>
> dpa, tsp; *tagesspiegel.de*[45]

> 14. November 2019
>
> **Elon Musk sucht bis zu 40.000 Mitarbeiter**
>
> H. Wittich, U. Baumann, T. Harloff, G. Hebermehl, M. Sommer; *auto-motor-und-sport.de*[46]

Sie können das Bild übrigens noch erweitern. Um den Staat etwa, der mit mehr Beschäftigung und mehr Produktion höhere Steuern einnimmt und selber auch neue Verwaltungsangestellte einstellt oder Aufträge an Unternehmen vergibt, weil eben jetzt Geld da ist, zum Beispiel, um die Schule zu renovieren.

Und: Es ist grundsätzlich egal, an welcher Stelle Sie die Aufwärtsspirale in Gang setzen. Eine Steuersenkung, die die verfügbaren Einkommen der Menschen erhöht, tut es auch. Auch damit wird die Konsumnachfrage angekurbelt, und das kann genauso zu höheren Investitionen und mehr Nachfrage nach Arbeitskräften führen.

Der Plan kommt Ihnen bekannt vor? Genau! Nach der Corona-Krise hat die Bundesregierung neben vielen anderen Maßnahmen genau das versucht: den Konsumenten mehr Geld in die Hand zu geben und so eine Aufwärtsspirale anzustoßen, wie nicht nur der *Spiegel* berichtete:

12. Juni 2020

Konjunkturpaket: Kabinett bringt Kinderbonus und Mehrwertsteuersenkung auf den Weg

kev/dpa, *spiegel.de*[47]

Und es sieht so aus, als würden die Deutschen wirtschaftstheoretisch gut reagieren, wie die *Lebensmittel Praxis* schreibt:

30. Juni 2020

Mehrwertsteuersenkung: 29 Prozent planen, größere Anschaffungen vorzuziehen

lebensmittelpraxis.de[48]

Umgekehrt können Sie sich sicher vorstellen, was eine Meldung wie die folgende bedeutet:

30. September 2020

Entscheidung gefallen: Continental schließt Werk in Aachen

Britta Kuck, *wdr.de*[49]

Hier geht es um 1.800 Jobs, und die Spirale dreht sich um: Ist das Werk weg, gibt es weniger Aufträge für andere Unternehmen, weniger Einkommen für die dann Arbeitslosen und damit auch weniger Konsumnachfrage für die Unternehmen, die dann selber wiederum weniger nachfragen.

Aufschwung und Abschwung nähren sich also selber. Wie stark und wie lange ist eine Frage des Zustands der Wirtschaft, in der der ursprüngliche Effekt zustande kommt. Wenn Herr Krumblech seine Investitionsentscheidung nach einer langen Dürrephase trifft, wird die Wirkung vermutlich verhaltener sein. Frau Mörtel hat da vielleicht ohnehin mangels Aufträgen schon darüber nachgedacht, schweren Herzens zwei Maurer zu entlassen, die sie nun erfreut für Herrn Krumblechs Werkshalle einsetzen kann.

Wichtig ist also, in welcher Phase sich die Konjunktur gerade befindet. Am besten messen kann man das über die Kapazitätsauslastung der Wirtschaft. Die sagt aus, ob die vorhandenen Maschinen und Menschen ohne irgendwelche Aufstockungen mehr erzeugen könnten.

Klar ist aber: Negativ kann eine zusätzliche Investition oder ein anderer Konjunkturimpuls bei niedriger Kapazitätsauslastung nicht wirken. Er wirkt nur einfach nicht so positiv nach.

Stellt sich somit eine spannende und gute Frage: Warum und wie dreht sich der Wind? Wie wird eine Spirale gestoppt oder gar ins Gegenteil verkehrt? Denn der typische Konjunkturverlauf ist ja nicht eine ständige Einbahnstraße, sondern ein dauerndes Auf und Ab wie etwa in dem folgenden Schema:

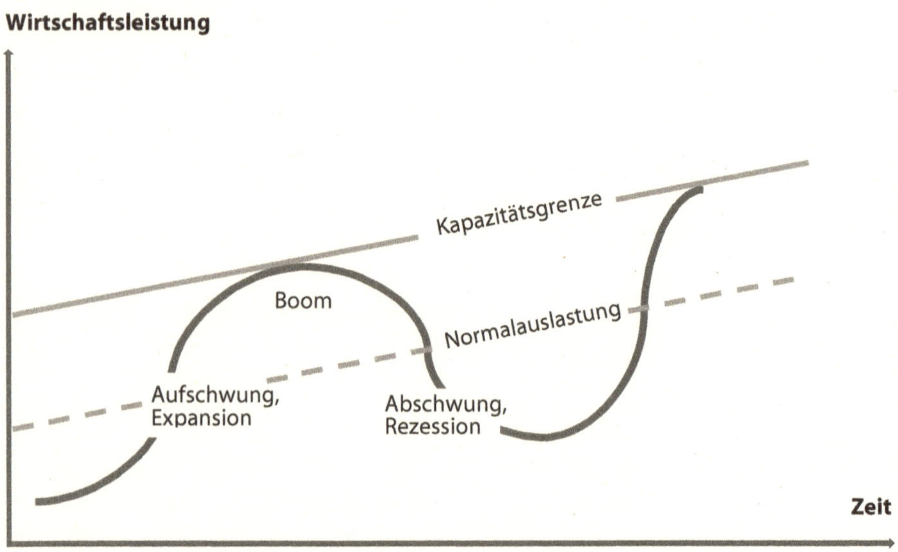

Die Konjunkturschlange ist übrigens leicht gekippt, weil die Wirtschaft insgesamt wächst. Es wird also über die Jahre mehr produziert, wenn man einen Mittelwert bildet.

Wer die Grafik genauer anschaut, sieht auch, dass hier nicht nur der Verlauf der Konjunktur in seinen Phasen, sondern auch die Kapazitätsauslastung eingetragen ist. Und genau die ist oft dafür verantwortlich, dass die Kurve dreht. Wenn nämlich eine zusätzliche Nachfrage einfach nicht mehr abzuarbeiten ist, dann kann die Wirtschaft erst dann weiterwachsen, wenn die Kapazitäten erweitert werden. Ansonsten würden einfach nur die Preise steigen und/oder die Produkte verzögert ausgeliefert werden. Wenn Sie in den letzten Jahren versucht haben, in einer Großstadt einen Handwerker für Ihre Wohnung zu bestellen, werden Sie wissen, von was wir hier reden.

Mit den Kapazitätsausweitungen ist das aber so eine Sache. Bei Maschinen und Gebäuden dauert das seine Zeit, und bei anderen wichtigen Zutaten ist es manchmal schwierig bis unmöglich. Bei manchen seltenen Rohstoffen zum Beispiel. Oder bei Arbeitskräften. Dass die von Ost nach West und von Süd nach Nord in Deutschland inzwischen Mangelware sind, wissen Sie aus Meldungen wie denen aus der *Welt*, dem *Südkurier* oder der *Ostsee-Zeitung*:

9. Juli 2019

Stralsund: Personalmangel bremst Busse aus

Kai Lachmann; *ostsee-zeitung.de*[50]

3. August 2019

Ökonom warnt vor Arbeitskräftemangel in Ostdeutschland

dpa; *welt.de*[51]

17. Januar 2020

Arbeitskräfte fehlen: Initiative sieht Bedarf an einer Million Zuwanderer pro Jahr

Jörg-Dieter Klatt; *suedkurier.de*[52]

Oder wie es die *FAZ* für die Rhein-Main-Region zusammenfasst:

> 5. Februar 2020
>
> **60 Prozent der Firmen fehlen Fachkräfte**
>
> Falk Heunemann, *faz.net*[53]

Die Kapazitätsgrenzen erklären also einige der Wendepunkte in der Konjunktur – aber lange nicht alle. Hinter vielen steckt nämlich gar nicht die normale Schwankung der Kapazitätsauslastung, sondern – Sie ahnen es – der Clan der Externen Effekte. Ich weiß, dass Ihnen Donald Trump und die Corona-Krise als Beispiel langsam auf die Nerven gehen. Aber die zwei zusammen haben einfach so viel verändert, dass sie sich hervorragend für eine Erklärung eignen.

Die Corona-Krise ist so etwas wie das Paradebeispiel für einen puren Externen Effekt. Wäre es nach den Geldströmen und den Kapazitäten gegangen, hätte die Wirtschaft weltweit weiter fröhlich wachsen können – ein bisschen gebremst vielleicht zum Beispiel durch den Fachkräftemangel in Deutschland.

Covid-19 hat aber alle Geldströme mit einem Schlag abgewürgt: Verbraucher haben ihre Konsumausgaben drastisch eingeschränkt, nicht weil sie nichts ausgeben konnten oder wollten, sondern weil es verboten war, in Restaurants oder Theater zu gehen, oder sie es aus Sorge um ihre Gesundheit nicht mehr wagten. Unternehmen haben ihre Produktion heruntergefahren, weil sie keine Vorprodukte mehr geliefert bekamen und ihre Produkte nicht mehr absetzen konnten. Andere Geldströme – wie etwa Online-Bestellungen für Home-Office-Equipment – sind zwar wesentlich stärker geworden. Insgesamt ist aber mehr verloren gegangen, als gewonnen wurde. Ein Bilderbuch-Schock, und zwar sowohl von der Angebots- als auch von der Nachfrageseite. Die Folgen sind bekannt:

14. April 2020

Corona-Folgen: IWF senkt Prognosen wie noch nie – Weltwirtschaft vor dramatischer Rezession

ul/hb (rtr, dpa), *dw.com*[54]

Es geht also abwärts – das haben Sie mitbekommen.

Die Spirale dreht sich nach unten, und damit kommen wir zu der Frage: Was ist mit dem unteren Wendepunkt der Konjunktur? Die Kapazitätsauslastung kann es ja nicht sein, denn weniger geht immer.

Von alleine dreht die Konjunktur aus einem einfachen Grund: Weil die Menschen irgendwann ihr Schicksal selber in die Hand nehmen und nicht klaglos verhungern. Sie werden sich etwas einfallen lassen, Karotten in ihrem Garten züchten und verkaufen, Dienstleistungen für Nachbarn anbieten oder Socken stricken.

Die zart aufkeimende Nachfrage trifft dann auf eine Wirtschaft, die ihre Kapazitäten so weit heruntergefahren hat, dass ganz schnell neue Investitionen nötig werden und neue Arbeitsplätze entstehen. Und dann dreht der Konjunkturzyklus wieder nach oben. Wie man Kapazitäten herunterfährt? Nun, das haben Sie live und in Farbe in der Corona-Krise miterlebt:

21. September 2020

Defizitärer Flugverkehr – Lufthansa legt noch mehr Flugzeuge still – auch alle A380

Sfr.ch[55]

27. September 2020

Der atemberaubende Stellenabbau bei Osram geht weiter

Gerhard Hegmann, *welt.de*[56]

3. Juli 2020

Schwierige Lage bei Zulieferern: Autoindustrie warnt vor Stellenabbau

rfü/dpa/rts; *n-tv.de*[57]

Den Abbau von Kapazitäten ungebremst laufen zu lassen, nennt man »gesundschrumpfen«. Die Methode hat allerdings einen erheblichen Nachteil: Bis daraus eine Wende der Konjunktur entsteht, dauert es unerträglich lange, wie wir seit der Großen Depression in den 30er-Jahren des 20. Jahrhunderts wissen.

Deshalb springen Staaten und die Geldpolitik in die Bresche, um zu helfen, dass die Maschinen und Flugzeuge erst gar nicht aussortiert werden. Sie sorgen für lebhafte Nachfrageschübe, stabile Arbeitseinkommen und billige Kredite. Wie sie es massiv in der Corona-Krise getan haben. Welche Instrumente sie dafür zur Verfügung haben, schauen wir uns später noch genauer an (siehe Seite 109). Denn erst einmal haben wir – wenn Sie Lust haben – etwas ganz anderes vor: Wir machen gemeinsam Ihre erste Konjunkturanalyse.

Wir steigern das Bruttosozialprodukt …

Wieso wir alles Mögliche anschauen müssen, um eine vernünftige Einschätzung zu Lage und Zukunft der Wirtschaft zu bekommen.

Wir wollen also wissen, wie die Konjunktur läuft. Warum schauen wir dann nicht einfach die Zahlen für das Bruttoinlandsprodukt an? Immerhin erfassen die alles, was in einem Land in einem gewissen Zeitraum erwirtschaftet wurde.

Eine gute Frage, mit einer einfachen Antwort: Das Bruttoinlandsprodukt (kurz BIP) ist nicht gerade ein Schnellstarter. Es wird immer für ein Vierteljahr erhoben, und die erste Schätzung kommt etwa acht Wochen nach Abschluss des Quartals. Die ist in der Regel relativ nah am endgültigen Ergebnis, wird aber trotzdem einige Wochen später noch einmal leicht revidiert. Das liegt daran, dass die Statistischen Ämter der Länder erst mal Daten sammeln, dann zusammenführen und erst dann eine Zahl herausgeben können. Bis der Zoll, jeder Handwerker, alle Betriebe und der Staat aber alles ausgefüllt und abgegeben haben, braucht es seine Zeit. Genau wie es eben dauert, bis das Statistische Bundesamt alles verarbeitet hat.

Weil die Daten also erst mit erheblicher zeitlicher Verzögerung verfügbar sind, helfen sie nicht wirklich weiter, wenn wir eine Entscheidung treffen wollen, die in die Zukunft gerichtet ist. Stellen Sie sich vor, Sie treffen einen Bekannten und fragen: »Na, wie geht's?«. Wie nützlich wäre eine Antwort wie: »Vor zwei Monaten war ich eher traurig?«

Angeber-Wissen für die nächste Party:

Bruttoinland oder Bruttosozial

Reden Sie darüber, dass selbst Statistiken Moden und gesellschaftlichen Strömungen folgen, und machen Sie das an der Volkswirtschaftlichen Gesamtrechnung fest, also der Berechnung, mit der die Wirtschaftsleistung eines Landes ermittelt werden soll. Bis zum Ende des letzten Jahrtausends hieß es: »Wir steigern das Bruttosozialprodukt«, unter anderem in einem Hit von Geier Sturzflug in den 80er-Jahren.

Sie erläutern, dass das Bruttosozialprodukt (BSP) oder auch Bruttonationaleinkommen in Zeiten der Globalisierung zu Recht aus der Mode gekommen ist. Es ist ein Quasi-Volks-Konzept und berechnet die wirtschaftliche Leistung aller Bürger eines Staates. Arbeits- und Vermögenseinkommen von Ausländern in Deutschland werden abgezogen, Einkommen von Deutschen im Ausland dazugezählt.

Seit der Jahrtausendwende wird vor allem das Bruttoinlandsprodukt (BIP) beachtet, das ein geografisches Konzept verfolgt und die gesamte Wirtschaftsleistung innerhalb der Grenzen eines Landes berechnet. Vergessen Sie nicht, zu erwähnen: BSP und BIP weichen in Deutschland nur marginal voneinander ab.

Dann gehen Sie zum amüsanten Teil Ihres Vortrags über: 2014 wurde die Statistik dann ein weiteres Mal umgestellt – beziehungsweise erweitert. Bislang nicht erfasste illegale Aktivitäten wie Drogenhandel oder Zigarettenschmuggel werden jetzt zum BIP dazugezählt. Auch Prostitution ist dabei. Seither heißt es »Kiffen für die Konjunktur«.

Zeigen Sie Ihr Erstaunen darüber, wie groß der Sektor in Deutschland ist: Das BIP ist dadurch um rund 3 Prozent höher geworden.[58] Weil die BIP-Zahlen auch für die Jahre vor 2014 inklusive der neuen »Branchen« neu berechnet wurden, hat sich an den Wachstumsraten aus der Vergangenheit kaum etwas geändert. Kennzahlen wie Verschuldung oder Leistungsbilanzdefizit im Verhältnis zum BIP fallen aber niedriger aus.

Wenn Sie zum Beispiel als Unternehmer eine Entscheidung über eine Investition fällen wollen, für die Sie auf eine gute Konjunktur angewiesen sind, ist die zeitliche Verzögerung der BIP-Daten also problematisch.

Ein anderes Problem mit dem BIP haben die Statistiker vorab bereits für Sie bereinigt – im wahrsten Sinn des Wortes. Die Daten, die veröffentlicht werden, sind bearbeitet, und zwar in zwei Richtungen. Zum einen rechnet das Statistische Bundesamt die Preisentwicklung aus dem BIP heraus, zum anderen eine ungewöhnliche Zahl an Arbeitstagen. Warum ist das wichtig?

Angenommen, wir haben eine Volkswirtschaft – Schlauland –, die jedes Jahr den Nationalfeiertag – den Schlaumeiertag – arbeitsfrei hält. Der fällt manchmal aufs Wochenende und manchmal eben nicht. Dann ist das BIP aufs Jahr gerechnet natürlich niedriger oder höher, ohne dass die Volkswirtschaft mehr oder weniger leistungsfähig wäre.

Genauso wird das BIP von Schlauland höher, wenn dort die Preise steigen. Sagen wir mal, Schlauland hat eine Inflation von 10 Prozent, stellt aber genau dasselbe her – dann liegen die Werte der produzierten Güter und damit das nominale BIP (nominal bedeutet: nicht preisbereinigt) trotzdem um 10 Prozent höher als das reale (real heißt: eben doch preisbereinigt). Obwohl Inflation ja gar nicht gut ist. BIP-Daten sind daher in der Regel »preis- und arbeitstäglich bereinigt«.

Natürlich wollen Analysten und ganz besonders alle Investoren an der Börse nicht auf die langsamen BIP-Zahlen warten. Deshalb werten zahlreiche Profis ständig sämtliche Daten und Nachrichten aus, die einen Hinweis darauf geben, wie die Wirtschaft gerade jetzt und in Zukunft läuft.

Das können Sie auch – zumindest wenn es um die Richtung der Konjunktur und eine grobe Einschätzung der Lage geht.

Sehen wir uns einmal an, wie das Bruttoinlandsprodukt zusammengesetzt ist. Es gibt prinzipiell drei Arten, es zu ermitteln: Entweder Sie rechnen tatsächlich den Wert aller produzierten Maschinen, gebackenen Brötchen, vollendeten Haarschnitte, verkauften Versicherungen und so weiter zusammen. Damit nichts doppelt gezählt wird, müssen Sie aber alle Vorleistungen abziehen, denn deren Wert ist ja in dem fertigen Produkt mit enthalten. Ein Beispiel: Wenn eine Mühle Mehl im Wert von 5 Euro erstellt und es geht direkt in einen Laden, ist es Teil des BIP. Geht das Mehl aber in eine Bäckerei und wird dort zu Brötchen im Wert von 10 Euro verarbeitet, werden nur die Brötchen verbucht. Denn der Wert des Mehls ist ja im Preis der Backware enthalten.

Diese Rechenart, sozusagen das Produktionsergebnis einer Volkswirtschaft zusammenzuzählen, nennt man »BIP nach Entstehung«. Auf dieselbe Summe müssten Sie kommen, wenn Sie die Einkommen aller Unternehmen und Arbeitnehmer minus Kosten und ein paar andere Korrekturpositionen rechnen – es wird also ein BIP nach Verteilung gerechnet.

Beide Methoden haben aber für Prognosen einen großen Haken: Sie wollen ja gerade wissen, wie viel Einkommen und Produktion die Volkswirtschaft schaffen wird. Daher wenden Prognostiker einen anderen Ansatz an: Wenn unsere Marktwirtschaftsmaschine sauber funktioniert, ist der Engpass für Wachstum nicht die Produktion und schon gar nicht die Bereitschaft von jemandem, Geld zu verdienen, sondern etwas anderes: der Nachfrage-Geldstrom. Wer also relativ gut abschätzen kann, wie viel nachgefragt wird, hat die voraussichtliche Leistung einer Volkswirtschaft ganz gut im Griff. Und genau das machen wir jetzt.

Beginnen wir daher mit der Frage: Wer steckt generell Geld in die Leitungen, um Güter oder Dienstleistungen zu bekommen? Jeder Haushalt, klar.

Wir alle wollen essen, was anziehen, wohnen und vieles mehr. Der Private Verbrauch ist also ein wesentlicher Nachfrageteil jeder Volkswirtschaft.

Unternehmen? Sicher bestellen Unternehmen eine Menge Dinge. Aber alles, was sie benützen, um ihre eigenen Produkte herzustellen, geht ja nicht in die Rechnung mit ein – also das Papier für das Büro, die Schrauben, das Mehl und so weiter.

Eines gibt es aber doch, das als zusätzliche Nachfrage für das BIP gerechnet wird: Investitionen, egal ob in Maschinen oder Gebäude, die gelten nämlich nicht als Vorleistung. Das gilt natürlich auch, wenn der Staat als Auftraggeber für Investitionen aller Art agiert.

Der Staat bestellt aber auch Papier, kauft Benzin oder Strom, also alles, was er benötigt, um seine Leistungen zu erbringen. Weil er kein Endprodukt verkauft, sind das aber keine Vorleistungen, sondern das wird komplett als staatlicher Konsum zum BIP gezählt.

Und dann sind da noch die Kunden aus dem Ausland: der Außenbeitrag, also Export minus Import.

Es sind also vier Zutaten, die wir im Blick behalten müssten, um eine Idee davon zu haben, wie sich die Wirtschaft entwickelt. Schauen wir doch mal, wie viel Gewicht die einzelnen Bereiche in Deutschland 2019 – also vor der Corona-Krise – hatten:

	Mrd. Euro	Prozent des BIP
Private Konsumausgaben	1.793,917	52,2
Konsumausgaben des Staates	698,825	20,3
Bruttoanlageinvestitionen	746,107	21,7
Außenbeitrag (Exporte minus Importe)	207,761	6,0

Quelle: Statistisches Bundesamt; gerundet[59]

Und Sie müssen jetzt eine Entscheidung treffen: Wie tief wollen Sie tatsächlich einsteigen? Für den Fall, dass Sie lieber andere Dinge tun, als über das Wachstum von Investitionen nachzudenken, gibt es nämlich eine Methode für Vielbeschäftigte, das BIP im Griff zu behalten: Sie lassen andere für sich arbeiten und schauen sich einfach deren Ergebnisse an. Der Vorteil liegt auf der Hand, Sie sparen Zeit. Außerdem können Sie die nächsten gut 20 Seiten in diesem Buch überblättern. Der Nachteil ist, dass Sie das Gespür für Wirtschaftsnachrichten und ihre Bedeutung wesentlich langsamer entwickeln werden. Wenn das trotzdem Ihr Weg ist, gehen Sie einfach auf Seite 95 und lesen Sie dort weiter.

Die Salamitaktik für Prognostiker

Um die Entwicklung der Wirtschaft insgesamt im Griff zu behalten, vierteilen wir sie einfach. Und verfolgen die Einzelteile.

Noch jemand da? Super! Lassen Sie uns in die Tiefen der Wirtschaftsprognosen stürzen. Um es klarzustellen: Das Ziel ist hier nicht, dass exakte Zahlen inklusive Nachkommastelle zum BIP-Wachstum im zweiten Quartal nächsten Jahres herauskommen – das überlassen wir den Profis und ihren Computern. Wir wollen ein Gefühl dafür entwickeln, ob es vermutlich rundlaufen wird oder eher holprig – und was passieren müsste, damit es doch anders kommt. Wir überlegen dabei immer zwei Dinge: Wie sind die Lage und die Aussichten im Vergleich zum Vorjahr? Und wie im Vergleich zum letzten Quartal?

Konkret gehen wir vom Herbst 2020 aus: Sie erinnern sich? Folgen Sie mir doch mal zurück in die Zeit – in mein Arbeitszimmer. Es ist frühmorgens, gerade bricht die Sonne durch den Frühnebel. Vor dem Computer sitzt eine Gestalt (ja, ich) – die Hände vor das Gesicht geschlagen. Auf dem Bildschirm ist ein Dokument geöffnet mit dem Namen »Konjunkturprognose – wie man eine macht«. Es ist leer. Neben der Tastatur erkennen wir einen Vertrag mit dem FinanzBuch Verlag. Eine Passage ist gefettet: »Abgabetermin 1. Dezember 2020«. Die Gestalt wiegt sich hin und her und murmelt ständig die gleichen Worte: »Warum ich, warum jetzt?«

Wieso das Jammern? Weil es kaum jemals so schwierig war, irgendwelche Aussagen zur weiteren Entwicklung zu treffen wie im Oktober 2020. Alles, was man jetzt vermutet, wird falsch sein und schlimmer noch: Bis Sie das hier lesen – frühestens im Frühjahr 2021 – wissen Sie genau, wo und wie wir danebengelegen haben. Der Plan war aber, dass wir an dieser Stelle im Buch gemeinsam eine BIP-Prognose erstellen.

Wir schauen noch einmal auf die Ausgangslage: Im Herbst 2020 ging es darum, ein Gefühl dafür zu bekommen, wann und wie wir die Wirtschaftsleistung vom Jahreswechsel 2019/2020 – also vor der Corona-Krise (ja, da ist sie schon wieder!) – wieder erreichen können. Und wie unsere Wirtschaftsstruktur sich dann verändert haben könnte.

Im ersten Halbjahr 2020 war die Konjunktur abgestürzt, nachdem der Lockdown unsere Wirtschaftsmaschine an den verschiedensten Stellen einfach blockiert hatte.

Bis Ende September wurden die Daten aber wieder besser – teilweise sogar richtig gut. Unsere Frage im Herbst 2020 war daher: Sind diese guten Daten einfach nur Nachholeffekte? Werden nun also vor allem Waren produziert und geliefert, die bereits vorher bestellt waren? Oder stehen wir tatsächlich vor einem kräftigen Aufschwung mit frischer Nachfrage? Und was passiert jetzt, nachdem die Corona-Infektionszahlen wieder nach oben gehen? Eine Frage, die sich zu dem Zeitpunkt alle Prognostiker stellten, wie auch die *Tagesschau* berichtet.

8. Oktober 2020

Konjunktur in Deutschland: Droht der Rückfall in die Rezession?

Lothar Gries, *boerse.ARD.de*[60]

Der Zeitpunkt für eine Konjunkturprognose könnte also nicht schlechter sein als genau jetzt: Denn gleich drei richtig dicke Externe Effekte springen in der Halle herum. Jeder weiß, dass sie gleich irgendetwas sehr Drastisches tun werden, aber nicht, was:

Im Oktober 2020 kenne ich den Ausgang der US-Wahlen noch nicht. Die sind erst in etwa drei Wochen: Wir wissen aber, dass sie die komplette Weltwirtschaft beeinflussen werden. Und gerade gestern hat

Bundeskanzlerin Merkel die Bürger aufgefordert, zu Hause zu bleiben, um eine exponentielle Ausbreitung von Corona noch zu stoppen. Es ist unklar, ob das gelingt, und auch ein neuer Lockdown würde alles verändern. Und die Verhandlungen zwischen dem Vereinigten Königreich und der EU über die Konditionen des Brexit stecken fest. Es droht ein harter Ausstieg Großbritanniens aus der EU mit hohen Kosten für die Wirtschaft, auch in Deutschland.

Was machen wir also jetzt? Das, was man aus blöden Situationen immer machen sollte: Wir suchen nach Vorteilen und betonen sie so lange, bis wir sicher sind, dass es besser gar nicht hätte kommen können.

Genau, der Zeitpunkt ist genial! Denn wir können jetzt, und nur jetzt, sehr eindrucksvoll lernen,

- ❐ wie man sinnvolle Annahmen für eine Prognose trifft und
- ❐ warum man jede Prognose ständig anpassen muss, und
- ❐ können trotzdem die grundsätzlichen Verfahrensweisen durchgehen.

Super, oder? Haben wir ein Glück. Also, los geht's:

Die Annahmen sinnvoll setzen

Fangen wir mit den Annahmen zu den wichtigen Themen an. Wovon sollten wir ausgehen? Von etwas Wahrscheinlichem natürlich, aber auch nicht von einem extrem guten oder schlechten Szenario. Warum? Weil unsere Prognose gar keine Prognose, sondern lediglich eine Grundannahme ist, die sowieso nie genau eintreffen wird.

Sagen wir mal, wir gehen nun von einem ganz schlechten Szenario aus. Also zum Beispiel, dass Deutschland und ganz Europa einen Komplett-Lockdown über mehrere Monate aushalten müssen. Wir denken und rechnen und denken und rechnen. Gerade als wir fertig sind, stellt sich unser Star-Virologe Christian Drosten mit der Bundeskanzlerin vor eine Kamera und verkündet, dass der russische Sputnik-V-Impfstoff genial ist und wir alle Corona bald schon vergessen können. Dann brauchen wir unsere Prognose eigentlich gar nicht mehr anzupassen, sondern können sie gleich neu machen. Wir suchen also die Mitte, und in Sachen Corona heißt das zum Beispiel:

- Die Infektionszahlen in Deutschland werden weiter hoch sein, daher sind weitere Einschränkungen für die Bewegungsfreiheit der Bürger nötig. Es kommt zu Kontaktbeschränkungen und lokalen Lockdowns.
- Darunter leidet die Wirtschaft, vor allem die Branchen, die auf die persönliche Anwesenheit vieler Menschen angewiesen sind. Also die Hotels, die Kulturveranstalter, die Gastronomie und so weiter. Der Staat legt allerdings ein neues Hilfsprogramm auf, um massenhafte Pleiten zu verhindern.
- Eine Einschränkung für die Lieferketten zum Beispiel durch Grenzschließungen gibt es aber nicht.
- Bei einigen unserer Handelspartner werden dennoch umfassende Lockdowns nötig, die die Wirtschaft dort stark beeinträchtigen.

Wie wichtig unsere immunologischen Annahmen sind, zeigt ein Blick in die Vergangenheit. Denn die Exporte in die Länder, die von der Pandemie am stärksten betroffen waren, schrumpften bisher auch regelmäßig am stärksten, wie man einer Pressemitteilung des Statistischen Bundesamtes entnehmen kann.

Auswirkungen der Corona-Pandemie auf den Außenhandel mit ausgewählten Staaten

Je nach Handelspartner waren die Exporte im Vorjahresvergleich unterschiedlich stark beeinträchtigt: Während Exporte in die Volksrepublik China im Juli 2020 nur um 0,1 % auf 8,7 Milliarden Euro gegenüber Juli 2019 sanken, nahmen die Exporte in die von der Corona-Pandemie besonders betroffenen Vereinigten Staaten um 17,0 % auf 9,3 Milliarden Euro ab. Die Exporte in das Vereinigte Königreich verzeichneten im Juli 2020 einen Rückgang von 12,6 % auf 5,5 Milliarden Euro gegenüber dem Vorjahresmonat.
08.09.2020, *destatis.de*[61]

Das Vereinigte Königreich? Ach ja, richtig, da war doch noch was anderes als die Covid-19-Wirtschaftskrise: der Brexit. Und hier haben wir natürlich ein Problem: Der kommt sicher, und zwar entweder mit oder ohne Handelsabkommen, hier gibt es kein »mittelgut«. Was machen wir also damit? Wir tun so, als würde der derzeitige Schwebezustand anhalten, der die Aktivitäten ja auch schon einschränkt.

Wenn aufwendige Zollprozeduren drohen, bestellen und liefern Firmen eben lieber im Inland oder anderswo. Oder sie produzieren gleich dort, wo sie die Waren auch verkaufen wollen. Die britischen Wirtschaftszahlen zeigen, dass viele sich wohl für Letzteres entschieden haben und Teile der Unternehmen in die EU verlegt haben. Großbritannien leidet, die Wirtschaft sackt ab und mit ihr auch die deutschen Exporte dorthin. Das Münchener Wirtschaftsforschungsinstitut ifo hat genau nachgerechnet: 2015 – also im Jahr vor der Abstimmung zum Brexit – gingen noch 7,4 Prozent der deutschen Exporte auf die Insel. 2018 war das schon deutlich weniger, nämlich 6,2 Prozent.

Unser »Mittel-Szenario« in Sachen Brexit lautet also: Der Außenhandel mit Großbritannien wird weiter stetig zurückgehen. Dann können wir es sofort auf »eher nicht zurückgehen« korrigieren, sollte doch noch ein Handelsabkommen zustande kommen, oder eben auf »stark zurückgehen«, wenn der Brexit auf die harte Tour kommt.

Für die Annahmen zur US-Wahl orientieren wir uns an den Umfragewerten und gehen von Folgendem aus:

- Joe Biden gewinnt die Präsidentschaft und wird ab Januar 2021 im Amt sein.
- Biden kann seine Vorstellungen zur Wirtschaftspolitik ab da in wichtigen Teilen umsetzen, weil der Kongress weiter in demokratischer Hand bleibt. Der Senat, den die Republikaner halten, blockiert aber einige Vorhaben. Das heißt: Vermutlich gibt es moderate Steuererhöhungen für Unternehmen, aber auch Hilfen für Arbeitslose und in Not geratene Betriebe in der Corona-Krise. Vor allem aber legt Biden längerfristig ein – wenn auch durch den Senat geschrumpftes – milliardenschweres Investitionsprogramm auf, das auf den Klimaschutz ausgerichtet wird.

- Bis Januar regiert allerdings noch Donald Trump und setzt alles daran, weitere internationale Abkommen zu zerstören. Die Corona-Pandemie in den USA läuft in seiner restlichen Amtszeit ein Stück weit aus dem Ruder, es kommt dann zu umfangreichen Lockdowns in verschiedenen Bundesstaaten.

Auch dieses Szenario ist plausibel und mittel-optimistisch. Es geht also weder von bürgerkriegsähnlichen Zuständen nach der Wahl noch von einem vollkommen reibungslosen Übergang mit einem zurückhaltenden Präsidenten Trump für den Rest des Jahres aus.

Die Außenwirtschaft im Griff behalten

Kommen wir jetzt also auf die Berechnung nach Verwendung des BIP zurück und schauen uns die Tabelle auf Seite 72 und vor allem die Anteile der verschiedenen Nachfragekomponenten noch einmal genauer an.

Klasse, werden Sie vielleicht denken, der Außenbeitrag ist ja mini. Gerade mal 6 Prozent trägt er zur Wirtschaftsleistung bei. Dann kann man den vielleicht vernachlässigen? Sorry, nicht in einer Wirtschaft wie unserer. Gehen Sie mal zurück auf Seite 29, da steht, wie wichtig der Außenhandel für uns ist. Er ist in Deutschland quasi der Impulsgeber und damit fast wichtiger als alles andere.

Wenn wir die Lage und die Aussichten für unsere Wirtschaft abschätzen wollen, brauchen wir also zuallererst eine Vorstellung davon, wie Exporte und Importe in Zukunft laufen können.

Lassen Sie uns einmal mehr grundsätzlich einsteigen: Was beeinflusst denn unsere Exporte?

1. Natürlich die Weltkonjunktur. Behalten Sie einen Überblick über die Situation bei den wichtigsten Kunden und Lieferanten der Außenwirtschaft in Deutschland.
2. Die Rahmenbedingungen für den Handel: Neue Handelsabkommen können einen Schub für den Ex- und Import bedeuten, Donald

Trumps Handelskrieg, der Brexit oder andere Maßnahmen eine bremsende Wirkung haben.

3. Der Warenmix, mit dem wir in der Welt unser Geld verdienen, also die wichtigsten Exportbranchen und ob genau diese Waren weiter nachgefragt werden.
4. Der Wechselkurs, der bestimmt, wie viel ein Produkt aus Euro-Land in ausländischer Währung für den Kunden kostet.

Bleiben wir erst einmal bei 1. der Weltkonjunktur. Wir wollen uns hierfür vor allem um die für uns wichtigsten anderen Maschinen kümmern.

Auf der Liste der bedeutendsten Handelspartner Deutschlands tauchen immer dieselben Kandidaten auf – sowohl bei den Exporten als auch bei den Importen sind es die USA, China und einige EU-Staaten. Sieht man die EU als eine Wirtschaftsregion an, ist sie mit Abstand der wichtigste Absatzmarkt und Lieferant für Deutschland. Hierhin und in andere europäische Länder gehen fast 70 Prozent aller Ausfuhren von Waren, und ähnlich viele der Einfuhren kommen von hier.[62] Das ist logisch, denn innerhalb der EU gibt es keine Zölle oder anderen bürokratischen Hürden, und die Wege sind nicht weit.

Export der Bundesrepublik Deutschland nach Ländern

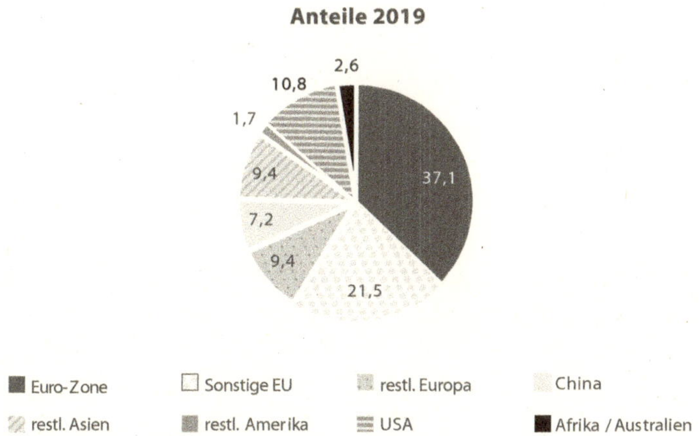

Quelle: Statistisches Bundesamt, eigene Berechnungen[63]

Die Entwicklung in Europa sollten Sie also unbedingt im Blick behalten. Dabei gilt natürlich: Geht es einem Land gut, steigt die Nachfrage und es wird uns mehr Exporte abnehmen. Doch seit Corona hören wir vor allem schlechte Zahlen aus ganz Europa: Alle europäischen Volkswirtschaften stecken mehr oder weniger tief in der Rezession.

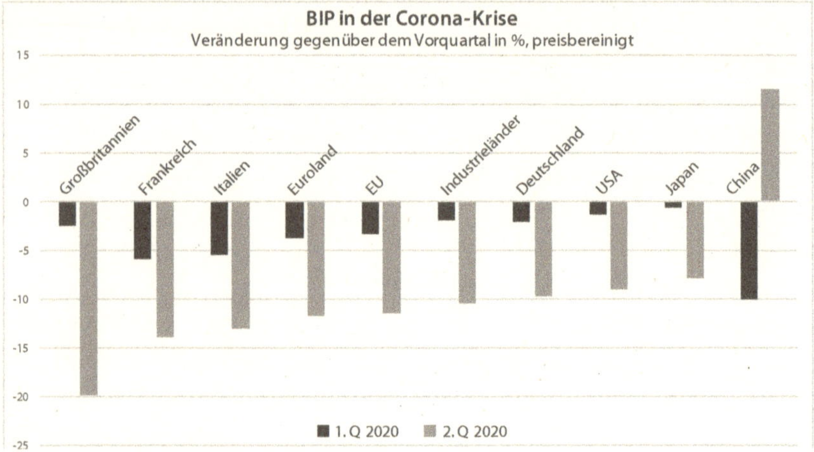

Quelle: Daten der OECD[64]

Ohne zusätzliche Finanzmittel werden sie da so schnell nicht wieder herauskommen. Deshalb haben die EU-Staaten ein gigantisches Konjunkturpaket beschlossen, 750 Milliarden Euro schwer. Auch Deutschland bezahlt dafür, dass seine Kunden wirtschaftlich überleben. Doch ob und wie das verwirklicht wird, steht im November 2020 in den Sternen, wie unter anderem der *Tagesspiegel* berichtet.

16. November 2020

Showdown in Brüssel: Polen und Ungarn blockieren Corona-Hilfsmilliarden

Albrecht Meier, *tagesspiegel.de*[65]

Wer Interesse an der wirtschaftlichen Gesundheit von Europa und Deutschland hat, darf bei solchen Meldungen durchaus nervös werden.

Mit Ausnahme von China ist die Lage seit Ausbruch der Covid-19-Pandemie also bedrohlich, und das heißt nichts Gutes für die deutschen Exporte, die im ersten Quartal ebenfalls kräftig eingebrochen sind. Schon seit April legen sie zwar wieder zu, aber die Gretchenfrage lautet nun: Wie geht es weiter?

In unseren Annahmen sind wir davon ausgegangen, dass Corona zwar weiter weltweit viele Aktivitäten in Sachen Konsum einschränkt, eine Situation wie im Frühjahr 2020 mit umfassenden Lieferengpässen und Produktionseinbrüchen aber nicht mehr auftritt. Allerdings haben wir auch angenommen, dass die Wintermonate unter Donald Trump die Pandemie in den USA weiter anheizen werden und auch einige europäische Handelspartner um einen Lockdown nicht herumkommen. Und das sind schlechte Voraussetzungen für die deutschen Exporte, für die wir somit sogar einen kleinen Rückgang erwarten. Je nachdem, wie die Brexit-Verhandlungen ausgehen, korrigieren wir das dann noch ein Stückchen.

Und das bringt uns zu 2. den Rahmenbedingungen für den internationalen Handel: Mit dem Brexit wird für Deutschland der Kreis derjenigen Länder also kleiner, in denen keine Handelsbeschränkungen aufkommen können, solange es die EU gibt. Andererseits wird die Zusammenarbeit zwischen den USA und Europa unter einem US-Präsidenten Joe Biden vermutlich wieder viel störungsfreier. Ob Biden allerdings alle Veränderungen von Donald Trump zurückdreht, ist fraglich. Wir merken uns also: leicht bessere Rahmenbedingungen für den Handel. Und drehen das Ganze sofort auf »schlechter«, sollte es doch zu einem harten Brexit kommen.

Schauen wir also noch, ob es gute Nachrichten von 3. dem Warenmix gibt, mit dem deutsche Unternehmen bisher rund um den Globus so erfolgreich sind. Sind das genau jetzt in der Pandemie die richtigen Produkte, die jeder haben will? Atemschutzmasken und andere medizinische Schutzausrüstung wären da sicher nicht schlecht.

Werfen wir einmal einen Blick auf die wichtigsten Exportgüter der deutschen Wirtschaft:

Export der Bundesrepublik Deutschland nach Warengruppen

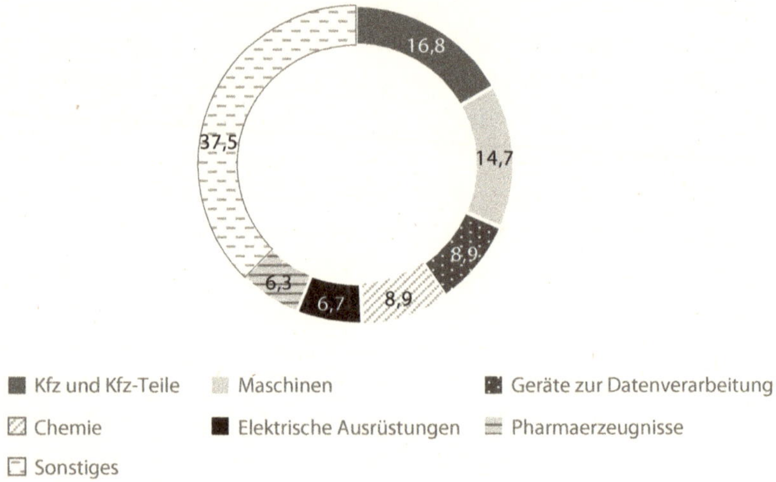

Quelle: Statistisches Bundesamt, eigene Berechnungen[66]

Sie sehen schon: Wir liefern vor allem Waren, die Unternehmen gebrauchen können. Maschinenbau, Elektrotechnik und andere Anlagen machen einen Großteil unserer Exporte aus. Immer wenn Firmen im Ausland besser dastehen und das Geld dort etwas lockerer sitzt – etwa durch Steuersenkungen –, ist das also eine gute Nachricht für die deutschen Exporte. Oder wenn Staaten direkt Anlagen und Maschinen nachfragen – zum Beispiel weil sie »Infrastrukturmaßnahmen« planen oder einen »Wiederaufbau«.

Im Corona-Herbst 2020 ist davon aber nicht die Rede. Vielen Unternehmen geht es schlecht. Und noch konzentrieren sich die Länder rund um den Erdball darauf, Firmen und Privatleute nach dem Wirtschaftseinbruch flüssig zu halten. Infrastrukturprojekte wie der großflächige Autobahnausbau oder Ähnliches stehen nicht auf dem Programm. Und auch die Unternehmen selber wollen ihr Geld sicher lieber zusammenhalten und verschieben die Anschaffung neuer Anlagen vorsichtshalber.

Das kann sich aber noch grundlegend und schnell ändern. Zum Beispiel gibt es die Absichtserklärung der EU, das 750 Milliarden schwere Konjunkturprogramm zur Modernisierung der Wirtschaft in Sachen Klimaneutralität zu nutzen. Das wird dann viele neue Investitionen bedeuten, und davon profitiert die deutsche Exportwirtschaft dann sicher. Verfolgen Sie also die Diskussionen über das europäische Konjunkturpaket – nicht nur, wie es politisch gegen Ungarn und Polen durchgesetzt wird. Sondern vor allem auch, wie es eingesetzt werden soll.

Dasselbe gilt für die US-Politik. Ein Billionen-Dollar-Modernisierungspaket zum Umbau auf nachhaltiges Wirtschaften, wie es im Wahlprogramm von Joe Biden stand, wäre eine hervorragende Nachricht für die deutsche Exportwirtschaft.

Ach ja, und dann ist da noch die Autoindustrie, unser »Exportschlager« – knapp 17 Prozent unserer Exporte sind Kfz oder Teile davon. Die Autoindustrie ist eine Art Zwitter zwischen Investitionsgut und Verbrauchsgut, weil sowohl Unternehmen einen Fuhrpark unterhalten als auch Privatleute Autos kaufen. Das und die weltweite Vertriebsstruktur der deutschen Autokonzerne waren in der Vergangenheit oft gut für die Branche: Irgendwas geht immer.

Allmählich wird die Erfolgsbranche aber zur Problembranche der Deutschen, denn die Zeit des guten alten deutschen Verbrennungsmotors geht zu Ende. Das heißt: Plötzlich laufen die Geschäfte überall etwas schlechter. Es wird spannend sein, zu beobachten, wie sich die Autobranche darauf einstellt und ob es gelingt, neue klimaschonende Produkte zu erfinden. Und wie sich das auf den Anteil der Autos an den Exporten und auf die Exporte insgesamt auswirkt.

Für unsere aktuelle Konjunktureinschätzung schauen wir aber eher in die nähere Zukunft. Und sehen da: schlechte Nachrichten. Denn der Markt für herkömmliche Autos wird noch eine Weile schwierig bleiben, wenn man der Analyse der Fachzeitschrift *kfz-betrieb* glaubt.

18. September 2020

Europäische Neuzulassungen gehen wieder auf Talfahrt

Andreas Grimm; *kfz-betrieb.vogel.de*[67]

Das Warenangebot aus Deutschland wird also erst einmal nur verhalten nachgefragt – bis die Programme zum Klimaschutz greifen.

Und: Dieses Warenangebot ist derzeit für die ausländischen Kunden eher teurer. Das liegt an 4. dem Wechselkurs. Steigt der Euro gegenüber dem Dollar um zum Beispiel 10 Prozent, wird auch das Produkt aus Euro-Land in den USA um 10 Prozent teurer. Oder der Exporteur verzichtet auf Gewinn. Wie Wechselkurse entstehen und warum der Euro in der Krise stärker geworden ist, besprechen wir im Kapitel über Finanzmärkte ab Seite 206.

Und wie der Kurs derzeit steht, verfolgen die meisten Analysten am Wechselkurs zum US-Dollar. Derzeit liegt der ein Stückchen höher als 1,18. Und nach Ansicht vieler Experten könnte das auch noch eine Weile so bleiben. Für die deutschen und europäischen Unternehmen ist das sicher ein Nachteil. Allerdings wird der relativiert, wenn man das Verhältnis des Euro zu anderen Währungen ansieht: Richtig stark ist der Euro nur gegenüber dem US-Dollar. Weil der Dollar unter Donald Trump einfach sehr schwach geworden ist.

Von der Währungsseite gibt es also eine kleine zusätzliche Belastung – und somit eher schlechte Aussichten für einen schnellen Exportboom.

Fassen wir also zusammen:

1. Unter den Annahmen, die wir getroffen haben, sind die Impulse für die Exportwirtschaft von der Weltkonjunktur Coronabedingt eher mau.
2. Von den Rahmenbedingungen her sind sie etwas besser, falls kein harter Brexit kommt.
3. Der Warenmix, mit dem Deutschland in der Welt erfolgreich ist, könnte längerfristig viel Erfolg bringen. Kurzfristig ist er eher weniger gefragt, bei Autos sogar spürbar weniger.
4. Und der Wechselkurs des Euro ist aktuell (Mitte Oktober 2020) gegenüber dem US-Dollar stark, das tut der Exportwirtschaft tendenziell weh.

Insgesamt also mäßige Aussichten, ein schneller Boom ist sehr unwahrscheinlich. Die deutschen Unternehmen, vor allem der Mittelstand, haben in der Vergangenheit allerdings immer wieder bewiesen, dass sie durchaus in der Lage sind, auch in Krisen erstaunliche Erfolge zu feiern. Ein krasser Einbruch wäre also ebenfalls sehr überraschend.

Darauf sollten Sie achten

Eine Schwalbe macht noch keinen Sommer und eine Zahl keine Analyse. Folgende Schlagzeile erschien im September 2020 in der *Süddeutschen Zeitung*:

8. September 2020

Exporte nehmen erneut zu

Alexander Hagelüken, *sueddeutsche.de*[68]

Im Vorspann heißt es dann weiter: »Made in Germany verkauft sich den dritten Monat in Folge besser.« Das klingt gut und ist auch gut, aber nicht so gut, wie es scheint. Schauen wir noch mal in die Pressemitteilung des Statistischen Bundesamtes zu den Juli-Handels-Zahlen, die Sie auf der Website *Destatis.de* finden. Die ist übrigens eine gute Quelle zum Stöbern. Seit einiger Zeit nennt sich das Statistische Bundesamt »Destatis« und bereitet die Daten konsumier- und lesbar nach Themengebieten auf.

Exporte im Juli 2020: +4,7 % zum Juni 2020

Exporte liegen aber noch 12,1 % unter dem Vorkrisenniveau im Februar 2020

Im Juli 2020 wurden von Deutschland Waren im Wert von 102,3 Milliarden Euro exportiert und Waren im Wert von 83,1 Milliarden Euro importiert. Wie das Statistische Bundesamt (Destatis) anhand vorläufiger Ergebnisse weiter mitteilt, wa-

ren damit die Exporte im Juli 2020 um 11,0 % und die Importe um 11,3 % niedriger als im Juli 2019.
Statistisches Bundesamt[69]

Aha. Wenn Sie mehr oder weniger regelmäßig Schlagzeilen lesen, wissen Sie: Zu Beginn der Ausgangsbeschränkungen in Deutschland sind die Exporte dramatisch eingebrochen und haben sich anschließend von niedrigem Level aus erholt. Auf dem alten Niveau sind sie dadurch aber nicht. Das weiß natürlich auch der Autor des Artikels in der *Süddeutschen Zeitung*. Noch im Vorspann heißt es: »Fachleute warnen, dass die Aufholjagd nach der Corona-Krise noch lange Zeit dauern könnte.«[70]

Wenn Sie sich bei einer Zahl nicht sicher sind, wie Sie sie einordnen sollen, dann wenden Sie einen einfachen Trick an. Suchen Sie im Internet nach einem Chart, also einem Bild, in dem das, was Sie interessiert, als Kurve oder Balken dargestellt ist. Der zeigt Ihnen genau, wo wir gerade stehen. Für den Außenhandel sah er im Oktober 2020 – also mit den bis dahin verfügbaren Daten bis einschließlich Juli – so aus:

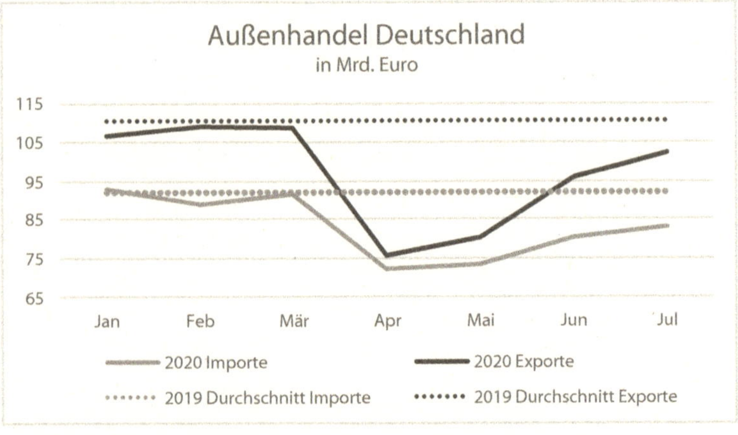

Quelle: Statistisches Bundesamt, eigene Berechnungen[71]

Wir vermerken für unsere Konjunktureinschätzung: Unter dem Strich eher mäßige Exportaussichten – bestenfalls können sie das Niveau halten, auf das sie im Herbst 2020 wieder geklettert sind, alte Höchststände aus der Vor-Corona-Zeit werden so schnell nicht erreicht.

Das ist für den Außenbeitrag aber nur die halbe Miete. Denn wie viel Produktion und damit Wirtschaftswachstum bei uns entsteht, hängt natürlich auch davon ab, ob zusätzliche Nachfrage von in- oder ausländischen Firmen bedient wird. Versuchen wir also, noch ein Gefühl für die Importsituation zu bekommen. Das machen wir jetzt eher im Schnelldurchgang.

Im Prinzip werden Importe von denselben vier Faktoren gesteuert wie Exporte, nur dass wir die »Weltkonjunktur« unter 1. durch »deutsche Konjunktur« ersetzen müssen.

Der schnelle Blick auf den Güter-Mix zeigt: Die wichtigsten Importgüter sind Kfz und Kfz-Teile, Datenverarbeitungsgeräte, Maschinen, chemische Erzeugnisse und elektrische Ausrüstungen, also auch vieles, was Unternehmen brauchen. Erst dann folgen Erdöl und Erdgas.

Ein Teil des Imports geht aber auch in den Konsum: wenn Ihr Nachbar ein neues Auto von einem japanischen Hersteller kauft oder Sie selber einen neuen Kühlschrank aus Südkorea. Daher sind die Importe zum einen davon abhängig, wie viele Vorprodukte und Investitionen die Wirtschaft in Deutschland bestellt und verarbeitet, zum anderen aber vom Konsum. Sie haben damit im zweiten Halbjahr 2020 sicher von der Mehrwertsteuersenkung profitiert, die Importe haben laut Umfragen einige Menschen zu Anschaffungen größerer Konsumgüter auch von ausländischen Herstellern gebracht.

Auch die Handelspartner kennen wir von den Exporten: Europa, China, USA. Wichtigste Region für den deutschen Import ist natürlich wieder die EU und der Rest von Europa. In allen Ländern dürften sich Unternehmen derzeit über Bestellungen freuen – Engpässe sind also nicht zu erwarten.

In Sachen »Rahmenbedingungen« gilt dasselbe wie für den Export: Wie es mit Großbritannien läuft, wissen wir noch nicht, mit den USA wird es nach dem Wahlsieg von Joe Biden leichter. Neue Impulse aus neuen Abkommen sind derzeit nicht in Sicht. Und der Wechselkurs?

Hilft den Importen, weil ausländische Waren billiger werden, wenn der Euro stark ist.

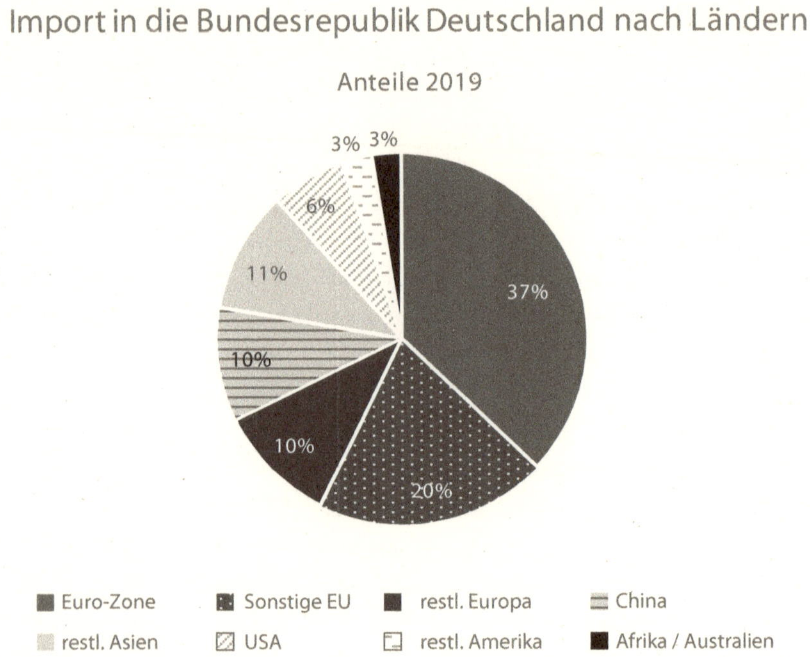

Quelle: Statistisches Bundesamt, eigene Berechnungen[72]

Insgesamt ist also ein kleines Plus möglich, was bei leicht sinkenden Exporten dann einen ganz leicht negativen Wachstumsschub für das BIP ergibt. Leicht negativ von 6 Prozent des BIP ist aber nicht viel. Kein wesentlicher Wachstumseffekt vom Außenhandel also? Richtig, kein direkter in der Statistik.

Trotzdem ist nicht nur die Differenz zwischen unseren Exporten und unseren Importen von Bedeutung, sondern eben auch das Niveau. Das hat nämlich ganz massiven Einfluss auf die inländische Nachfrage und damit auf das BIP. Wie genau, schauen wir uns im Folgenden an.

Die inländische Nachfrage im Griff behalten

Wieso genau ist das Niveau der Ex- und Importe so wichtig für die deutsche Wirtschaft? Ein großer Teil der Importe läuft parallel zum Export, weil es sich um die Vorprodukte für Waren handelt, die hier fertiggestellt und anschließend ins Ausland verkauft werden. In der Theorie ersetzen einheimische Unternehmen ausgefallene Importe, und der Effekt auf das Wirtschaftswachstum ist daher positiv, wenn Importe zurückgehen. In der Corona-Realität fehlten im Frühjahr einfach Vorprodukte und die gesamte Produktion und damit das Wachstum gingen drastisch zurück.

Produktion, also das, was hergestellt wird, wollen wir aber nicht schätzen, denn wir betrachten hier ja das BIP danach, was gekauft wird, also von der Nachfrageseite. Und mischen können wir beide Methoden nicht, denn das führt zu Chaos.

Aber auch bei der Nachfrage können wir erkennen, wenn Unternehmen weniger produzieren. Denn das hat starke Auswirkungen auf die anderen Nachfragebereiche der Wirtschaft. Zum Beispiel die Bruttoinvestitionen.

Es gibt verschiedene Gründe für einen Unternehmer, richtig viel Geld in Anlagen oder Gebäude zu stecken: Entweder etwas ist kaputt und muss ersetzt werden. Oder die Anlagen sind einfach so alt, dass es bessere Maschinen gibt. Oder die Geschäfte laufen so gut, dass er neue Produktionskapazitäten aufbauen will – vielleicht kommt sogar jemand auf die Idee, ein neues Unternehmen aufzumachen. Oder eine neue Maschine spart Arbeitskräfte und ist damit langfristig billiger. Wir sprechen von »Ersatz-«, »Modernisierungs-«, »Rationalisierungs-« oder »Erweiterungsinvestitionen«.

Letztere – also die Investitionen, die neue Produktionskapazitäten schaffen – werden im Corona-Herbst allerdings wohl weitgehend ausfallen. Denn die meisten Unternehmen können nicht einmal die bestehenden Maschinen oder Gebäude richtig auslasten (ausgenommen einige Branchen, die als »Corona-Gewinner« gelten, wie der gesamte IT-Bereich). Sie erinnern sich an den Begriff »Kapazitätsauslastung« von Seite 64? So sieht diese im Herbst 2020 für Deutschland aus:

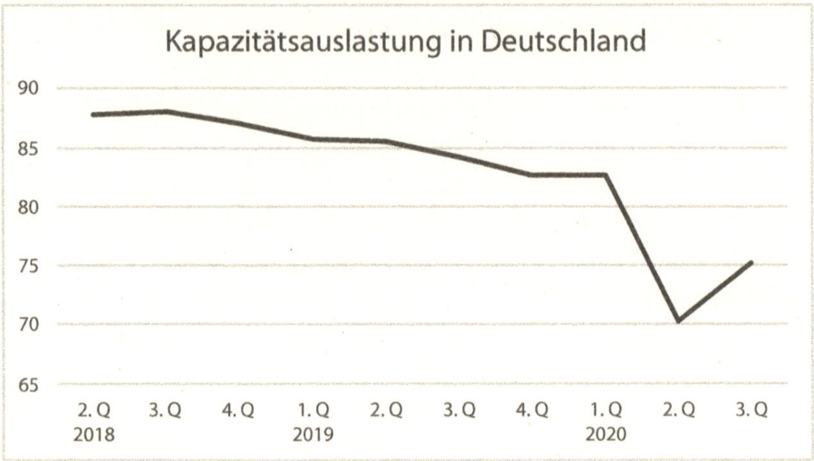

Quelle: Eurostat[73]

Ein Unternehmen, das mit Produktionsausfällen kämpft, wird auch beim Thema Ersatz-, Rationalisierungs- oder Modernisierungsinvestitionen eher zurückhaltend agieren. Das kennen Sie sicher: Ist der Kontostand niedrig, tut's die alte Wohnzimmergarnitur auch noch ein weiteres Jahr.

Wir merken uns also: Der Beitrag der Investitionen für unsere Wachstumsprognose ist derzeit eher schwach bis sehr schwach. Das ist natürlich eine schlechte Nachricht für die Zukunft. Wo nicht investiert wird, wird später auch weniger produziert.

Ändern könnte das tatsächlich, wie bereits angesprochen, der Staat. Mit Förderprogrammen, aber auch wenn es Vorschriften gibt, die Unternehmen ermutigen oder zwingen, höhere Standards zum Beispiel in Sachen Klimaschutz einzuhalten. Das ist oft nur mit neuen Investitionen machbar. Beobachten Sie das.

Angeber-Wissen für die nächste Party:

Absatzprobleme steigern das Bruttoinlandsprodukt
Die volkswirtschaftliche Gesamtrechnung muss aufgehen und letztendlich dieselbe Summe ergeben wie die Gesamtproduktion. Was aber, wenn etwas produziert wird, das keiner will? Dann geht es auf Lager und gilt in der volkswirtschaftlichen Gesamtrechnung als Investition der Unternehmen – auch wenn die natürlich alles andere als freiwillig erfolgt ist.

Sprechen Sie also darüber, dass unsere Wirtschaft im Corona-Jahr vermutlich noch mal um einiges schlechter gelaufen ist, als es die offiziellen BIP-Zahlen hergeben. Fast alle Branchen haben auf Halde produziert – vor allem die Autoindustrie. Wappnen Sie sich mit ein paar Zahlen vom Zentralverband Deutsches Kraftfahrzeuggewerbe (ZDK). Der hatte im Mai ausgerechnet, dass alleine der Autohandel in Deutschland auf nicht zugelassenen Neufahrzeugbeständen im Wert von rund 14,8 Milliarden Euro sitzt. Und da sind die Bestände der Hersteller noch nicht berücksichtigt.[74]

Dann erwähnen Sie noch, dass hohe Lagerbestände den Aufschwung nach einer Krise verzögern. Logisch, weil ein Unternehmen seine Produktionskapazitäten in der Regel erst dann ausbaut, wenn es seine Ladenhüter losgeworden ist.

Noch schneller und noch spürbarer als bei den Investitionen wirken Produktionsausfälle in der Regel auf den wichtigsten Bereich des BIP: den Privaten Verbrauch. Etwas mehr als die Hälfte der Nachfrage in unserer Volkswirtschaft kommt aus den privaten Haushalten.

Schauen wir uns den also genauer an. Ob und was die Haushalte konsumieren, hängt von drei Faktoren ab:

1. was sie dürfen,
2. was sie sich leisten können, und
3. was sie wollen.

Was Konsumenten mit ihrem Geld machen dürfen, war abgesehen von Menschenhandel, Drogenkonsum oder anderen illegalen Aktivitäten bei uns nie ein wirklich einschränkender Faktor. Bis Herr Externer Effekt mit dem Zweitnamen Corona um die Ecke kam. Herr Externer C. Effekt.

Eine ganze Zeit lang durften wir wegen ihm eine Menge Geld nicht ausgeben. Während des Lockdowns konnten wir keine Einkaufsbummel machen und ungeplant das eine oder andere kaufen. Städtetouren nach Berlin oder in eine andere deutsche Stadt waren untersagt, und wir konnten dort keine Theaterkarten buchen, Restaurantrechnungen begleichen und Hotels bezahlen. Wir durften keine große Geburtstagsparty schmeißen, mit dem Großeinkauf vorher. Wir konnten oder wollten auch nicht ausgehen und nicht verreisen. Und wir haben viel Geld nicht ausgegeben. Und auch jetzt noch ist vieles nicht oder nur eingeschränkt möglich. Beim Punkt 1. – dem Dürfen – notieren wir uns also entsprechend unserer Annahmen von Seite 77 ein kleines Minus für die Zukunft (wieder aus Sicht Herbst/Winter 2020 im Vergleich zum Sommer). Denn derzeit (Mitte Oktober 2020) nehmen die Beschränkungen ja eher wieder zu als ab.

Das kommt für viele gerade recht, denn sie können sich auch nicht mehr so viel leisten. Kurzarbeit oder wegfallende Überstunden – dieses Schicksal traf viele. Die Einkommenssituation ist entsprechend, wie das Statistische Bundesamt in einer Pressemitteilung meldet: Was da in relativ trockenem Deutsch dargelegt wird, ist ein richtig großes Konjunkturproblem.

2. Quartal 2020: Reallöhne um 4,7 % niedriger als im Vorjahresquartal

Der Nominallohnindex lag in Deutschland im 2. Quartal 2020 um 4,0 % niedriger als im Vorjahresquartal. Dieser Index bildet die Entwicklung der Bruttomonatsverdienste einschließlich Sonderzahlungen ab. Wie das Statistische Bundesamt (Destatis) weiter mitteilt, legten die Verbraucherpreise im selben Zeitraum um knapp 0,8 % zu. Dies ergibt einen realen (preisbereinigten) Verdienstrückgang von

> 4,7 %. Es ist die historisch stärkste Abnahme der Nominal- und auch der Reallöhne im Vorjahresvergleich seit Beginn der Zeitreihe im Jahr 2007 und somit stärker als in der Finanzmarktkrise 2008/2009.
> 22.09.2020; *Destatis.de*[75]

Da es hier nur um Löhne geht, also die Bezahlung für alle in einer festen Anstellung, sind die Effekte auf alle Freiberufler und sonstigen Selbstständigen noch gar nicht erfasst. Kulturschaffende, Solo-Selbstständige, Restaurantbetreiber oder Stadtführer: Sie alle mussten dramatische Einbußen hinnehmen, teilweise einen Rückgang der Einnahmen auf null. Und einige Menschen können keine Lohneinbußen beklagen, weil sie schlicht keinen Lohn mehr bekommen, denn sie sind arbeitslos geworden.

Die Bundesregierung und die Länder haben mit aller Macht gegengesteuert: ein Extra-Kindergeld, großzügige Regelungen für Kurzarbeiter, Soforthilfen für andere, eine finanzielle Entlastung durch die Mehrwertsteuersenkung – das hat einiges ausgeglichen, aber eben bei Weitem nicht alles. Insgesamt sind die verfügbaren Einkommen trotz all dieser Maßnahmen im zweiten Quartal 2020 um 0,8 Prozent gesunken. Das klingt nach nicht viel, sind aber mal locker 25 Milliarden Euro weniger für die Volkswirtschaft und rechnerisch etwa 100 Euro weniger je Vierteljahr pro Kopf.[76] In Sachen 2. – finanzieller Spielraum – ist es also enger geworden. Hier merken wir uns ein Minus.

Und was ist mit 3. – wollen? Jetzt kommt die Psychologie ins Spiel. Einerseits werden viele Konsumausgaben aus Angst vor einer Ansteckung einfach gestrichen. Trotz Hygienemaßnahmen fühlt sich nicht jeder in einem Kino oder Restaurant wohl, solange die Pandemie noch tobt. Andererseits war die Unsicherheit über die Zukunft schon immer ein Konsumkiller: Wer kauft schon neue Klamotten, wenn er nicht weiß, ob er morgen noch einen Job hat?

Natürlich haben wir alle neue Wege gefunden, uns etwas zu gönnen, gerade in den schweren Zeiten: Der Online-Handel boomt, die Streamingdienste auch, und wer nicht in Urlaub fährt, erfüllt sich vielleicht doch einen lang gehegten Wunsch mit dem gesparten Geld. Oder er nutzt den Urlaub daheim, um endlich sein Bad zu renovieren, den Großeinkauf im Baumarkt und neue Handtücher inklusive.

Wir gehen ja davon aus, dass die Pandemie halbwegs im Griff bleibt, also nehmen wir an, dass der Private Verbrauch von der »Wollen«-Seite aus in etwa auf dem Niveau vom Oktober 2020 bleibt. Klar ist aber auch, dass der Konsum ziemlich sicher sprunghaft ansteigt, sobald die Gefahr von Corona beherrschbar wird. Oder haben Sie sich nicht darauf gefreut, endlich wieder einmal zu verreisen, ins Kino zu gehen, ein Konzert zu besuchen und anschließend eine Riesenparty zu schmeißen?

Bleiben noch die Konsumausgaben des Staates. Mit rund 20 Prozent des BIP sind die ungefähr so wichtig wie die Investitionen. Und da können wir doch ein dickes Plus notieren, oder? Immerhin wirft der Staat auf allen Ebenen ja nur so mit Milliarden um sich.

Die Antwort heißt: nö. Denn die Behörden haben das viele Geld eben nicht dafür verwendet, mehr Papier oder neue Glühbirnen zu bestellen (was sollten sie auch damit?). Stattdessen haben sie es an Unternehmen und private Haushalte überwiesen. Als Kurzarbeitergeld über die Bundesanstalt für Arbeit oder als Soforthilfe an die Betriebe. Das meiste davon ist entweder direkt oder über Lohnzahlungen von Unternehmen in den Kassen der Konsumenten gelandet und hat deren Einkommensabsturz abgefedert.

Im zweiten Quartal 2020, also während der Hochphase der Hilfen, sind die Konsumausgaben des Staates gerade mal um 1,7 Prozent gestiegen.[77] Das ist ein kleines bisschen mehr als üblich, was auch daran liegen dürfte, dass in den Gesundheitsämtern und Förderstellen, bei der Kurzarbeiterverwaltung und in den Ordnungsämtern deutlich mehr gearbeitet wurde. Sagen wir mal, das bleibt in etwa so – zumindest kurzfristig. (Längerfristig wird der Staat ganz ordentlich sparen müssen, um die hohen Schulden der vielen Maßnahmen wieder abzubauen.) Dann ist der Einfluss der Konsumausgaben des Staates auf das BIP also leicht positiv.

Also sind unsere Zutaten zum BIP in naher Zukunft wie folgt:

Außenwirtschaft:	neutral bis leicht negativ;
Investitionen:	negativ;
Privater Verbrauch:	neutral bis leicht negativ;
Staatsausgaben:	leicht positiv.

Und längerfristig, wenn die Welt den Umbau auf klimaverträgliches Wirtschaften anpackt und Corona beherrschbar wird:

Außenwirtschaft: positiv;
Investitionen: positiv;
Privater Verbrauch: positiv;
Staatsausgaben: negativ (aber das macht dann auch nichts mehr ...).

Nachdem der Private Verbrauch mehr als die Hälfte des BIP ausmacht, können wir jetzt also relativ sicher sagen: Einen überraschenden Boom kann es kurzfristig nur geben, wenn unsere Annahmen nicht stimmen (also Corona zum Beispiel doch endlich Geschichte ist). Das BIP wird sich also erst mal irgendwo um das Nicht-kräftig-wachsen-aber-auch-nicht-noch-mal-total-einbrechen herumbewegen, mit leicht negativer Tendenz. Aber mittel- bis langfristig wartet mit dem Ende von Corona und der Umstellung der Wirtschaft auf Klimaneutralität ein schöner Aufschwung auf uns.

Puh, geschafft!

Die ganzheitliche Taktik für Pragmatiker

Unzählige Organisationen machen hervorragende Wirtschaftsprognosen. Damit können Sie ohne viel Aufwand Ihre Konjunktureinschätzungen überprüfen oder ein grundsätzliches Gefühl für die Entwicklung bekommen.

Wenn Sie das letzte Kapitel mitgemacht haben (tapfer!), haben Sie jetzt eine Idee bekommen, wie sich die einzelnen Komponenten des BIP entwickeln. Das ist, wie angesprochen, in jedem Fall hilfreich, es geht aber auch einfacher: Schauen Sie einfach die Erkenntnisse von Menschen an, die den ganzen Tag nichts anderes tun, als mit volkswirtschaftlichen Zahlen herumzurechnen, und dazu unglaublich komplexe Computersimulationen zur Verfügung haben. Das ist immer eine gute Idee, denn auch wenn Sie die ganzen Argumente selber durchdacht haben: Irgendwas übersieht jeder, und das finden wir dann.

Also. Wer macht solche Prognosen, und wie können wir sie nutzen?

Da sind zunächst die internationalen Organisationen: die OECD, der IWF und die EU, die wir von den Seiten 37 bis 52 schon kennen. Ihre Arbeiten verschaffen einen guten Überblick über die ganze Weltwirtschaft.

Solide Prognosen aus deutschem Blickwinkel gibt es von Wirtschaftsforschungsinstituten. Jedes von ihnen veröffentlicht eine eigene Prognose, und die fünf größten erstellen zweimal im Jahr ein gemeinsames Gutachten – die Gemeinschaftsdiagnose (und ich wäre gerne mal dabei, wenn um die Nachkommastellen bei der Wachstumsrate für die Staatsinvestitionen gefeilscht wird!).

Von staatlicher Seite veröffentlichen die Bundesregierung, die Bundesbank und der Sachverständigenrat regelmäßig ihre Sicht der Dinge. Alle drei bekommen eher mehr Aufmerksamkeit, da sie als Grundlage für politisches oder geldpolitisches Handeln dienen. Der Sachverständigenrat ist übrigens eine Runde von fünf Wissenschaftlern, die per Gesetz als Politikberater angeheuert sind. Sie werden auch die »fünf Weisen« genannt. Alle Institutionen veröffentlichen mehrmals im Jahr eine Prognose, in unruhigen Zeiten gibt es ab und an ein Update.

Falls Sie den letzten Abschnitt überblättert haben, sollten Sie sich irgendeine Prognose aussuchen, die Sie dann genauer ansehen. Das können Sie über einen ausführlichen Artikel dazu machen, oder Sie finden im Internet die Kurzfassung der entsprechenden Analyse. Denn was Sie brauchen, ist so etwas wie ein Grundszenario. Und dann, ganz wichtig: die Fähigkeit, dieses Szenario ständig zu hinterfragen.

Weil Sie Ihr Szenario sowieso dauernd anpassen, ist es eigentlich egal, mit welcher Prognose Sie starten. Hilfreich ist allerdings, wenn Sie sich gleich mit den Gegenargumenten zu Ihrem Bauchgefühl befassen. Wenn Sie also eher der »Wird-schon-gut-gehen-Typ« sind, wählen Sie eine Prognose, die die Lage eher schwächer sieht als alle anderen, wenn Sie pessimistischer sind, eine eher optimistische. In bewegten Zeiten wie in und nach der Corona-Krise ist es zudem eine gute Idee, eine möglichst aktuelle Analyse anzuschauen.

Ab da wird es leichter: Verfolgen Sie die Nachrichten und nehmen Sie jede andere Information als Korrektur an Ihrer Sicht der Dinge auf: Sie glauben, die Wirtschaft wird 2021 schnell wieder wachsen?

Dann sollten Sie noch einmal nachdenken, wenn Sie doch hässliche Zahlen vonseiten der Pandemie oder von Werkschließungen oder schlechte Produktionszahlen hören. Oder auch eine neue Prognose, die viel pessimistischer ausfällt. Und natürlich umgekehrt. Hinterfragen Sie Ihren Pessimismus, wenn überraschend gute Nachrichten kommen.

Die Faustregel dabei lautet: Wenn Sie etwas so richtig überrascht, sollten Sie es sich genauer ansehen. Und vertrauen Sie sich einfach, mit der Zeit lernen Sie Nachrichten immer besser einzuschätzen, weil Sie schon erlebt haben, wie sich das eine oder andere auswirkt.

Angeber-Wissen für die nächste Party:

Mit dem Basiseffekt glänzen

Hinterfragen Sie lautstark die Aussagekraft einzelner Wachstumszahlen zum BIP. Rechnen Sie Ihrem dabei zunehmend verwirrten Gegenüber einfach folgendes Beispiel vor: Angenommen, eine Wirtschaft hat ein BIP-Wachstum von plus 2 Prozent. Klingt gut? Kann es auch sein, muss es aber nicht.

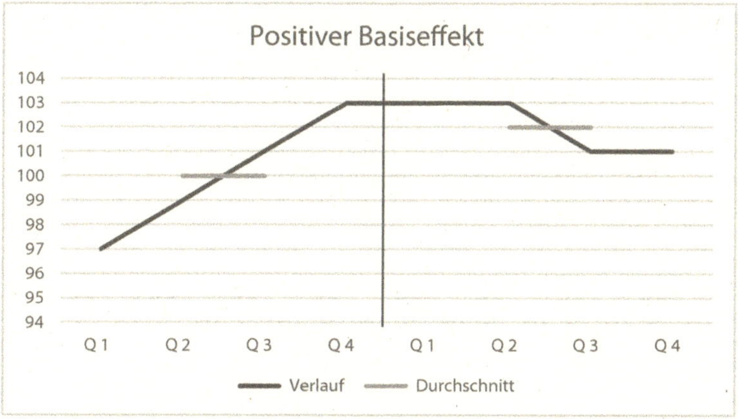

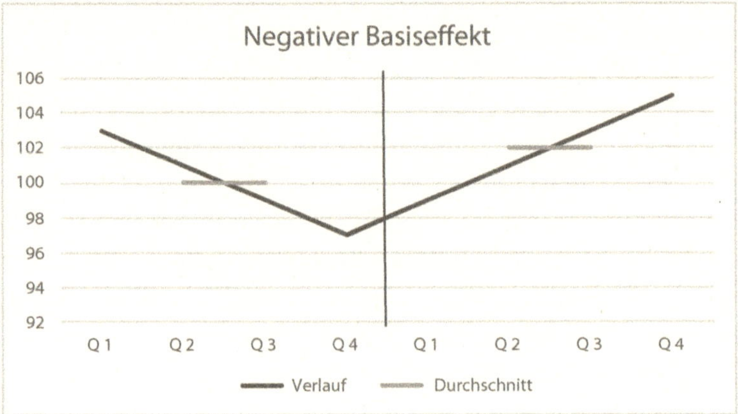

Denn 2 Prozent Wachstumsrate heißt nicht mehr und nicht weniger als: Der Durchschnitt des laufenden Jahres ist um 2 Prozent höher als der des Vorjahres. Über die Entwicklung innerhalb eines Jahres ist damit aber nichts gesagt. Nach einer Rezession, die erst am Jahresende ausläuft, ist ein solches Plus natürlich schwerer zu erreichen als in einem intakten Aufschwung. Denn ist die Wirtschaft am Jahresanfang unter dem Durchschnitt des Vorjahres, dann muss sie erst einmal ein ganzes Stück wachsen, um einfach nur auf das Niveau des Vorjahres zu kommen. Für die Wachstumsrate sprechen wir dann von einem »negativen Basiseffekt«.

Ganz anders sieht die Sache aus, wenn die Wirtschaftsleistung im Vorjahr steil und stetig bergauf geklettert ist. Dann kann es vom Jahresanfang an sogar bergab gehen, und es kommt immer noch ein Plus bei der jährlichen Wachstumsrate heraus. Das liegt an dem positiven Basiseffekt.

Sorgen Sie bei diesem Thema dafür, dass Sie Ihr Getränk irgendwo abstellen können. Sie werden Ihre Hände für die Erklärung brauchen.

Zahlen für alle

Jeden Tag prasselt eine Vielzahl an neuen Daten zur Wirtschaftslage auf uns ein. So ordnen Sie die wichtigsten richtig ein.

Um 1:01 Uhr in der Nacht geht es los, da kommt ein neuer Wert, wie sich die Preise in britischen Läden entwickelt haben – und gibt somit einen Hinweis darauf, wie es um die Inflation auf der Insel steht. Um 1:50 Uhr kommen verschiedene Daten aus der zweitgrößten Volkswirtschaft der Welt: Japan meldet neue Zahlen zum Einzelhandel und zur Industrieproduktion. Richtig wichtig wird es um 3:00 Uhr früh. In China werden die PMI-Daten für das verarbeitende und das nicht-verarbeitende Gewerbe veröffentlicht. »PMI« steht für »*Purchasing Manager Index*« – eine Umfrage unter den Einkaufsmanagern der Betriebe, die als Erste wissen, wie gut oder schlecht ihr Betrieb läuft. Das gilt als ganz wichtiger Hinweis für die Konjunktur.

Und so geht das immer weiter: Für unseren Beispieltag, Mittwoch, den 30. September 2020, meldete der Wirtschaftskalender von *Finanzen.net*[78] insgesamt 98 Termine für neue Konjunkturdaten – auch »Konjunkturindikatoren« genannt. Wenn Sie die alle anschauen, sind Sie natürlich immer topinformiert.

Ach, Sie wollen auch noch schlafen, essen, arbeiten und leben? Na gut, dann müssen wir anders an die Sache rangehen. Wir schauen uns an, welche Zahlen tatsächlich wichtig sind und wie Sie ohne großen Aufwand auf dem Laufenden bleiben können.

Angeber-Wissen für die nächste Party:

WAI statt BIP

Ihr Einleitungssatz für die folgende Ausführung? »Ach, das BIP ist mir echt zu langsam, ich setze da große Hoffnungen auf den WAI.« Natürlich wird Ihr Gegenüber jetzt nachfragen, was das denn ist, aber Sie sind vorbereitet: Der WAI, der »Wirtschaftsaktivitätsindex«, ist ein neuer Konjunkturindikator der Deutschen Bundesbank, der das Problem mit der Zeitverzögerung des BIP beheben soll und quasi in Echtzeit eine Kennzahl für die Lage der Wirtschaft liefert. Hierzu wertet die Bundesbank verschiedene schnell verfügbare Daten aus, die ohnehin erhoben werden und eng mit der Wirtschaftstätigkeit zusammenhängen.

Loben Sie die kluge Auswahl der zugrunde liegenden Daten: Dazu gehören der Stromverbrauch oder die Mautgebühren für Lastwagen, die Luftverschmutzung oder das Passantenaufkommen der deutschen Einkaufsstraßen und die Häufigkeit der Google-Anfragen zum Thema »Arbeitslosigkeit« oder »Kurzarbeit«. Zudem fließen die monatliche Industrieproduktion und das vierteljährliche BIP mit in die Berechnung ein.

Erwähnen Sie, dass die Statistiker der Bundesbank den neuen Index bis 2004 zurückgerechnet und mit dem tatsächlichen BIP verglichen haben. Und dass das Ergebnis beeindruckend war, denn der neue Index verläuft fast deckungsgleich mit dem später ermittelten tatsächlichen Wirtschaftswachstum.

Zum Schluss zeigen Sie dennoch den Skeptiker in Ihnen und bezweifeln, dass die Treffsicherheit auch in Krisensituationen und für die Zukunft gilt. Denn selbst die Bundesbank scheint da ihre Zweifel zu haben: Immerhin betont sie, dass der WAI nach wie vor in Bearbeitung sei und laufend überprüft und eventuell angepasst werden müsse.

Welche Daten Sie genauer ansehen und verfolgen sollten? Wieder einmal gilt: Es kommt darauf an, was Sie interessiert. Wenn Sie sich allgemein für Wirtschaft und Wirtschaftspolitik – vielleicht sogar im Ausland – interessieren, sind Daten wie das BIP oder die Leistungsbilanz interessant, selbst wenn sie eher langsam eintrudeln. Wenn Sie an der Börse spekulieren wollen, brauchen Sie alle Zahlen, die die künftige Entwicklung der Wirtschaft andeuten – denn die Anleger versuchen ständig, sich gegenseitig zu überholen, und denken daher an nichts anderes als die Zukunft (mehr dazu ab Seite 190).

Interessiert Sie vor allem die Entwicklung der Preise, sollten Sie eher auf Preisindikatoren schauen, wie die Inflationsraten oder die Großhandelspreise. Wenn Sie eine Branche beobachten wollen, sind vielleicht Mengenindikatoren, wie die Zahl der produzierten Autos, wichtig. Wollen Sie wissen, wie viel ein Unternehmen verdienen kann, sind nicht nur die Absatzchancen und Preise interessant, sondern auch Kostenindikatoren wie Rohstoffpreise und Löhne.

Ausreichend verwirrt? Keine Angst, welche Konjunkturindikatoren für die allgemeine Entwicklung und die Börse wichtig sind, müssen Sie sich nicht merken. Wenn Sie regelmäßig eine seriöse Wirtschaftsnachrichtenquelle Ihres Vertrauens durchsehen, übernimmt die Redaktion die Arbeit für Sie. Wichtige Konjunkturindikatoren bekommen eine Meldung, ganz wichtige Entwicklungen einen eigenen Artikel, und weniger wichtige treffen Sie vielleicht allenfalls in einem umfassenden Konjunkturbericht als kurzen Satz.

Lehnen Sie sich zurück und konsumieren Sie einfach. Anschauen sollten wir uns allerdings tatsächlich zwei grundlegende Einteilungen von Indikatoren, damit wir die servierten Meldungen auch richtig einordnen können: einerseits die Art der Erhebung, andererseits den zeitlichen Bezug zum Konjunkturverlauf.

Bei Letzterem unterscheiden wir drei Arten von Konjunkturindikatoren: Frühindikatoren, gleichlaufende Indikatoren und Spätindikatoren. Wir gehen von der Entwicklung des BIP aus und fragen uns einfach: Welche Zahlen könnten uns frühzeitig verraten, dass zum Beispiel ein Aufschwung vor der Tür steht? Welche Daten messen, ob der Aufschwung tatsächlich stattfindet, und was für Zahlen müssten steigen, nachdem die Konjunktur rundgelaufen ist?

Um das ganz sicher zu verstehen, denken wir uns wieder ein Beispiel aus und bemühen einmal mehr eine Bäckerei, die für unsere gesamte Volkswirtschaft steht. Es ist Ende Februar, in ein paar Wochen ist Ostern, und aus irgendeinem Grund wollen wir unbedingt wissen: Wie werden die Geschäfte der Bäckerei um Ostern herum laufen?

Was tun wir also? Nun, als Erstes gehen wir mal ins Büro und schauen uns den Ordner »Vorbestellungen« genau an. Wir prüfen, ob in diesem Jahr mehr oder weniger Aufträge vorliegen als normal. Anschließend sprechen wir mit der Dame, die für die Bestellungen von Mehl, Rosinen und anderen Zutaten zuständig ist, denn die muss ja jetzt für ausreichend Material sorgen und kann uns sagen, ob das Unternehmen mit außergewöhnlich hohen oder niedrigen Umsätzen rechnet. Dann sprechen wir bei der Chefin persönlich vor und fragen sie, wie sie die Aussichten für ihren Betrieb einschätzt. Und am Schluss schauen wir noch, ob es vielleicht eine Umfrage in der Gegend gibt, bei der Verbraucher offengelegt haben, ob sie dieses Jahr zu Ostern mehr oder weniger Brot und Gebäck essen wollen.

Vermutlich haben wir dann schon ein ganz gutes Gefühl dafür, wie die Lage in ein paar Wochen sein wird. Alle Informationen zu bekommen, könnte im Fall unserer Bäckerei allerdings ein Problem sein (vielleicht will uns die Dame im Büro ihren Ordner nicht geben oder die Chefin hat es satt, dauernd als Beispiel in diesem Buch herzuhalten, und will nicht mit uns sprechen).

Für eine Volkswirtschaft ist das aber kein Thema: Die Vorbestellungen sind die monatliche Statistik zu den Auftragseingängen. Die Dame, die Mehl bestellt, steht für eine monatliche Umfrage unter den Einkaufsmanagern der Unternehmen. Und nicht nur eine, sondern viele Chefs und Chefinnen von Unternehmen nehmen an einer monatlichen Befragung zum Ifo-Geschäftsklima teil. Auch eine Umfrage unter Verbrauchern über ihre Konsumpläne gibt es jeden Monat. Weil all diese Daten frühzeitig anzeigen, wie die Wirtschaft läuft, heißen sie »Frühindikatoren«.

Gleichlaufende Indikatoren sind alles, mit dem man misst, wie es denn nun wirklich kommt. Im Bäcker-Beispiel würden wir uns neben die

Kasse stellen und die Umsätze notieren. Für die Volkswirtschaft übernimmt das Statistische Bundesamt die Zählerei und Rechnerei: Es gibt Daten zur Produktion, zu den Umsätzen im Einzelhandel. Und natürlich errechnet das Statistische Bundesamt am Ende die Gesamtleistung, also das BIP.

Und was sind Spätindikatoren? Sie bilden alles ab, was nach dem Ostergeschäft in der Bäckerei passiert. Je nachdem, wie es gelaufen ist, wird unsere Bäckerin vielleicht eine neue Aushilfskraft einstellen oder eine entlassen. Oder es war so schlecht, dass sie pleite ist und den Betrieb zusperrt. Oder es ändert sich gar nichts, weil alles wie immer war. In der Volkswirtschaft misst man solche »Spätfolgen« der Konjunktur mit Indikatoren zum Beispiel für die Arbeitslosigkeit, die Entwicklung der Zahl der Insolvenzen oder die Höhe der Unternehmensgewinne.

Wichtig ist auch die zweite Einteilung der Indikatoren nach Stimmungsindikatoren und Fundamentaldaten. Letztere sind objektiv messbare Zahlen. Der Wert der Produktion einer Branche, die Zahl der neugezüchteten Kälber, die Höhe der Arbeitslosenquote und so weiter.

Erstere sind Ergebnisse von Umfragen. Und die sind genial – vor allem als Frühindikatoren. Wenn Sie zum Beispiel wissen wollen, wie sich die Unternehmen in den kommenden Monaten wohl so schlagen werden, können Sie klar die Daten zu den Auftragseingängen anschauen (und wenn es Ihnen um irgendetwas wirklich Wichtiges geht, sollten sie das auch). Zusätzlich ist aber ein Blick auf das Ifo-Geschäftsklima wichtig. Hier sendet das Münchener Wirtschaftsforschungsinstitut ifo jeden Monat einen Fragenkatalog an Unternehmer und lässt sie einschätzen, wie die Lage und die Aussichten ihrer Firma so sind. Und da stecken natürlich eine Menge Zusatzinformationen in den angekreuzten Antworten drin: Aufträge, die zwar noch nicht meldepflichtig unterschrieben, aber so gut wie sicher erteilt sind, Gerüchte über neue Aktivitäten eines wichtigen Kunden et cetera.

Solche Erhebungen haben aber natürlich auch einen Haken (warum muss das eigentlich immer so sein?). Zum einen ist auf das Gefühl von Menschen oft, aber eben nicht immer Verlass. Wenn alle auf einmal denken, es wird schon laufen, kann das auch ein massenpsychologischer Effekt sein. Und zum anderen müssen Sie sich tatsächlich mit den

Erhebungsmethoden befassen, die haben nämlich teilweise ganz eigene Tücken.

Für das Ifo-Geschäftsklima zum Beispiel werden keine Zahlenwerte, wie etwa eine Schulnote, für Lage und Aussichten erhoben. Stattdessen fragen die Ifo-Forscher nach der individuellen Einschätzung der Manager: Für die Lage des jeweiligen Unternehmens gibt es die Antwortmöglichkeiten »gut«, »befriedigend« oder »schlecht«, für die Aussichten »günstiger«, »gleichbleibend« oder »ungünstiger«. Daraus wird dann ein Index gebastelt, der einen Wert irgendwo mehr oder weniger in der Nähe der Zahl 100 hat.

Im Juli 2020 – also zu einem Zeitpunkt, als die Wirtschaft gerade eben den Lockdown-Schock erlebt hatte – lag der Wert in Sachen Erwartungen bei 96,8, und das ist sehr ordentlich. Allerdings war das mitten im heftigen Rezessionsquartal. Wie passt das zusammen? Na ja, wenn Sie sich gerade eine Reihe blauer Flecken und Prellungen geholt haben und jemand fragt Sie, wie Ihre Lebensumstände in ein paar Wochen vermutlich sein werden, werden Sie vermutlich auch das Kästchen »günstiger« wählen.

So, jetzt aber mal Schluss mit den Indikatoren und mit Konjunktur überhaupt. Vertrauen Sie sich selber, dass Sie mit dem Grundverständnis, das Sie in diesem Kapitel erworben haben, Meldungen in Zukunft verstehen werden. Zum Abschluss gibt es noch eine Tabelle, in der die allerwichtigsten Konjunkturindikatoren aufgelistet sind, für den Fall, dass Sie mal etwas nachsehen wollen. Wir beschränken uns hier auf die Kennzahlen, die für Deutschland veröffentlicht werden.

Wenn Sie genau hinschauen, werden Sie merken: Der Spätindikator des einen Zyklus beeinflusst den Frühindikator des nächsten; die Arbeitslosigkeit zum Beispiel die Konsumneigung. Aber das haben wir jetzt ja schon ausreichend besprochen: dass wir in Kreisen denken müssen.

Frühindikatoren

Stimmungsindikatoren			
Name	**So oft kommt ein neuer Wert**	**Das steckt drin**	**Das sind die Vor- und Nachteile**
Ifo-Geschäftsklimaindex	monatlich	Ergebnis einer Umfrage unter Unternehmen über die Lage und die Aussichten für ihre Firma; gibt es als Gesamtindex, als Lage- und Aussichten-Index und auch nach Wirtschaftsbereichen.	Gute Hinweise auf die künftige Konjunktur: Steigt das Ifo-Geschäftsklima zum Beispiel in drei aufeinanderfolgenden Monaten, war das ein bislang sicheres Anzeichen für einen Aufschwung.
GfK-Konsumklimaindex	monatlich	Das Nürnberger Marktforschungsinstitut GfK befragt Konsumenten regelmäßig zu den Themen Konjunkturerwartungen und Einkommenserwartungen und zu ihren Shoppingplänen, also ihrer »Konsum- und Anschaffungsneigung«.	Soll eine Vorhersage der Ausgaben von Konsumenten liefern, hat sich in der Vergangenheit aber nicht immer als ganz treffsicher gezeigt.
Einkaufsmanager-Index EMI	monatlich	Der Index wird aus elf Fragekomplexen an die Einkaufsmanager von Firmen erstellt, die sich um Auftragseingänge, aber auch Einkaufsmengen und Beschäftigung in der jeweiligen Firma drehen.	Ein Wert über 50 gilt als gutes Zeichen, einer darunter deutet auf eine schrumpfende Konjunktur hin. Zuverlässig. Hat gegenüber der Konjunktur aber oft nur wenig bis gar keinen Vorlauf und könnte daher auch in der Kategorie »gleichlaufende Indikatoren« stehen.

Börsenkurse	ständig	Kurse, die Anleger für Unternehmensanteile (Aktien) bezahlen. Aktienkurse werden in Indizes wie dem DAX zusammengefasst (siehe Seite 221).	Fassen die Stimmung der Investoren zu künftigen Gewinnaussichten von Unternehmen und damit auch zur Konjunktur zusammen. Neigen allerdings zu massenpsychologischen Übertreibungen und werden vor allem von geldpolitischen Maßnahmen (siehe Seite 160) überlagert.

Fundamentaldaten

Auftragseingänge	monatlich	Wert der Aufträge von Unternehmen; gibt es für verschiedene Bereiche des verarbeitenden Gewerbes und unterschieden nach »aus dem Inland« oder »aus dem Ausland«.	Guter Hinweis auf künftige Produktion, Einzelwerte sind aber wenig aussagekräftig, weil Aufträge oft als Großaufträge erteilt werden.

Gleichlaufende Indikatoren

Fundamentaldaten

Bruttoinlandsprodukt (BIP)	vierteljährlich	Mutter aller Indikatoren: Summe der gesamten Leistungen einer Wirtschaft. Wird preisbereinigt (real) oder zu laufenden Preisen (nominal) veröffentlicht. Meist wird es als Wachstumsrate gegenüber dem Vorjahr oder Vorquartal angegeben.	Wird erst mit zeitlicher Verzögerung veröffentlicht.

Industrieproduktion	monatlich	Wert der produzierten Waren in der Industrie, gibt es auch für einzelne Branchen. In der Statistik enthalten sind auch Daten zur Kapazitätsauslastung.	Klarer Hinweis, wie es dem wichtigen Industriesektor geht. Ist allerdings etwas schwankungsanfällig: Eine Zahl macht also noch keinen Trend.
Einzelhandelsumsätze	monatlich	Summe der Käufe im stationären Handel und im Online-Geschäft. Gibt es nach Warengruppen und preisbereinigt.	Guter Hinweis auf den Verlauf des Privaten Verbrauchs im BIP. Wird schneller veröffentlicht als das BIP selber.

Spätindikatoren

Fundamentaldaten			
Arbeitslosigkeit	monatlich	Zahl der Arbeitslosen und Quote im Verhältnis zur Beschäftigung. Gibt es regional nach Bundesländern oder auch für ganz Europa.	Der Verlauf der Arbeitslosigkeit ist wichtig, aber auch das Niveau. International nur eingeschränkt vergleichbar, weil die Methoden der Statistik von Land zu Land verschieden sind.
Zahl der Insolvenzen	monatlich	Wird nach »beantragte« und »beendete« Insolvenzverfahren unterteilt. Veröffentlicht werden auch Betriebsgründungen.	Sagt etwas darüber aus, ob die gesamtwirtschaftliche Kapazität abnimmt oder wächst.

Teil II
Die politische Welt

Nicht alles, was Politiker sagen und tun, zielt auf die Konjunktur. Das meiste hat aber dennoch Folgen für die Wirtschaft. So bleiben Sie in Sachen Wirtschafts- und Geldpolitik auf dem Laufenden.

Haben Sie Kinder? Falls nein, müssen Sie mir das Folgende einfach glauben: Erziehung ist nie die konsequente Anwendung einer pädagogischen Grundidee, egal wie sehr man sich das auch vornimmt.

Kinder groß zu bekommen ist ein mehr oder weniger chaotisches Nebeneinander verschiedener Methoden, Maßnahmen und vieler Fehler: Ja, im Prinzip gibt es eine grundlegende Erziehungsidee mit festen Regeln, die am besten mit Sanktionen für Verstöße versehen sind (das fand ich immer den schwersten Teil). Ergänzt wird das durch die Methode Belohnung und Motivation – ein insgesamt schlüssiges Paket.

Und dann kommt das Leben und wirft vieles über den Haufen: Als Mutter oder Vater muss man ständig auf alles reagieren, was aus dem Umfeld des Kindes kommt – ob das ein Konflikt mit einem Lehrer ist oder ein »Freund«, der sich danebenbenimmt. Und ab und zu ist man einfach nicht in Topform und ignoriert seine eigenen Methoden. Die Bestechung hat bei uns zum Beispiel ab und zu eine größere Rolle gespielt, als ich gehofft hatte. Zudem ist alles, was Sie tun, im Prinzip Erziehung, auch wenn Sie einfach nur im Auto über den Deppen auf der Spur neben Ihnen schimpfen. Und schlimmer noch: Selbst wenn Sie für einen Moment den perfekten Mix an pädagogischen Ideen gefunden haben, hält der nie länger als ungefähr eine Woche. Denn die Kinder werden ständig größer und brauchen etwas Neues und anderes. Es ist also nicht leicht, die Sache mit den Kindern richtigzumachen.

Warum ich das erzähle? Weil es Ihnen eine Vorstellung davon geben kann, wie Wirtschaftspolitik im Grunde funktioniert. Auch sie ist immer die Kombination von einem Ordnungsrahmen und festen Regeln auf der einen Seite und verschiedenen Maßnahmen und Reaktionen auf alle möglichen Ereignisse auf der anderen Seite.

Dass diese Maßnahmen und Reaktionen auch das große Ganze verändern können, haben wir ab Seite 18 ja bereits besprochen. Das war der Artikel über die »Staatswirtschaft« von Thomas Straubhaar, der unsere soziale Marktwirtschaft durch die Corona-Hilfen in Gefahr sieht. Und dass die Aktionen der Regierung nicht immer ins Schwarze treffen, ist auch klar.

Um die Sache noch ein bisschen komplizierter zu machen, gibt es zudem gleich zwei wichtige Player für die Wirtschaft von staatlicher Seite:

Zum einen ist da die gewählte Regierung und die Verwaltung, die fleißig Gesetze erlässt und umsetzt, gewünschtes Verhalten fördert und EU-Richtlinien für Deutschland anpasst. Dazu gehören auch die Finanzbehörden, die über Steuern und Abgaben eine Unmenge an Geld aus so gut wie allen Leitungen der Lutscher-Maschine abzapfen. Der Staat füllt sie dann an anderer Stelle über eigene Ausgaben, Sozialleistungen und sonstiges wieder ein, manchmal sogar in andere Maschinen, zum Beispiel über Entwicklungshilfe oder EU-Beiträge.

Zum anderen ist da noch die Zentralbank, die unabhängig von der Regierung agiert und die generelle Menge an Geld und deren Preis – den Zins – für das gesamte System steuert. Vater Staat und Mutter Notenbank quasi (oder umgekehrt), die oft gleichgerichtet, aber manchmal auch widersprüchlich agieren.

Bringen wir also Ordnung in das Chaos und schauen uns genau an, was der Staat und die Zentralbank so machen und welche Wirkungen das auf die Wirtschaft hat. Und was Sie auf jeden Fall verfolgen sollten.

Wie Wirtschaftspolitik funktioniert

Behalten Sie den Überblick: Wirtschaftspolitik im engeren Sinne ist wichtig, verfolgen sollten Sie aber auch viele andere politische Beschlüsse, denn die beeinflussen die Konjunktur oft stark. So können Sie dranbleiben.

Augen zu. Und dann ganz schnell: Wie heißt unser Finanzminister? Gewusst? Und noch eine Frage: Wer ist unser Wirtschaftsminister? Falls Sie spätestens bei dem zweiten Namen nicht drauf gekommen sind: Machen Sie sich nichts draus, Sie sind nicht alleine. Rund 85 Prozent kannten nach einem ARD-Deutschlandtrend den Namen unseres Finanzministers – Olaf Scholz – im März 2020. Also schon vor seiner Ernennung zum SPD-Kanzlerkandidaten. Der Wirtschaftsminister, Peter Altmaier – genau, jetzt wissen Sie es auch! –, tauchte auf der Befragungsliste nicht einmal auf. Die endete bei der damals relativ frisch gewählten SPD-Co-Vorsitzenden Saskia Esken, die immerhin noch 46 Prozent kannten.[79]

Zwar hat sich Altmaiers Bekanntheit in der Corona-Krise sicher deutlich erhöht. Dennoch steht er in normalen Zeiten quasi per Amt im Hintergrund: Richtig große Entscheidungen, die jeder zu spüren bekommt, trifft er selten – anders als ein Finanzminister, der uns schon mal eine Steuersenkung oder ein Extrakindergeld verkünden darf.

So was merkt man sich natürlich besser als Schlagzeilen, die aus dem Wirtschaftsministerium kommen, wie zum Beispiel die von *ntv.de* oder dem *Handelsblatt*:

20. Oktober 2020

Geschäfte am Sonntag öffnen? Altmaier will die Innenstädte retten

Theresa Dapp, dpa; *ntv.de*[80]

14. Oktober 2020

Coronakrise: Altmaier will Überbrückungshilfen für Unternehmen und Selbstständige ausweiten

Till Hoppe, Frank Specht, *handelsblatt.de*[81]

Das liegt daran, dass das Wirtschaftsministerium für wichtige, aber eher abstrakte und längerfristige Themen zuständig ist: Mittelstandsförderung etwa oder Bürokratieabbau, die Digitalisierung der Industrie, die Energiewende und die Fortentwicklung der Europäischen Wirtschafts- und Währungsunion.[82]

Und ist Ihnen das aufgefallen? In beiden Schlagzeilen oben wird das Wort »will« verwendet. Gerne taucht auch die Formulierung »Altmaier fordert« auf. Denn alleine beschließen kann der Wirtschaftsminister nur wenig.

Wie alle Minister muss er neue Ideen von anderen Ressortkollegen und -kolleginnen und der Bundeskanzlerin im Kabinett absegnen lassen und anschließend durch das Parlament bekommen. Was dabei der eigentliche Knackpunkt ist: Das Wirtschaftsministerium hat für außergewöhnliche Aufgaben im Vergleich zu anderen Ressorts sehr wenig Budget und damit muss es die Prozedur für so gut wie alle neuen großen Vorhaben überstehen.

Könnten wir das Ministerium also nicht einfach einsparen, wenn es eh kein großes Rad dreht? Natürlich nicht, denn der Wirtschaftsminister setzt viele wichtige Akzente.

In der Abteilung Ordnungspolitik – also dem Teil der Wirtschaftspolitik, der für einen fairen und geregelten Ablauf aller wirtschaftlichen Aktivitäten sorgt – ist das Wirtschaftsministerium so etwas wie der Mechanikertrupp der Wirtschaftsmaschine, der ständig alles repariert, was quietscht oder kaputtgeht. Dem Ministerium unterstehen dafür wichtige Behörden wie das Bundeskartellamt oder die Bundesnetzagentur für Elektrizität, Gas, Telekommunikation, Post und Eisenbahnen. Deren Arbeit spüren Sie direkt an Ihrer Stromrechnung, dem Porto oder den Bahnpreisen.

Warum das Kontrollieren und Warten der Wirtschaftsmaschine so wichtig ist? Weil es sonst früher oder später überall klemmt. Ein gutes Beispiel ist das Bundeskartellamt. Es kümmert sich darum, dass der freie Wettbewerb funktioniert, und soll dafür Sorge tragen, dass niemand zum Beispiel auf illegale Weise ein Monopol schafft oder ausnutzt, wenn er eines hat. Denn Monopole sind schlecht für alle. Außer für den Monopolisten. Denn weil seine Kunden keine Alternative haben, als bei ihm einzukaufen, kann er seine Preise nach Belieben setzen und damit richtig viel Geld verdienen, das dann in anderen Leitungen fehlt. Und schlimmer noch: Der Druck, besser zu werden, fehlt. Die Innovationskraft der Wirtschaft sinkt.

Die richtig spektakulären Fälle hat das Bundeskartellamt allerdings gar nicht mehr in Bearbeitung. Sobald es um große Firmen geht, die europaweit agieren, ist die EU zuständig. Vor der derzeitigen Wettbewerbskommissarin Margrethe Vestager bibbert so mancher Firmenchef – denn sie macht ihren Job gut. Und sie hat so einige Verfahren mit einem deutlichen Ausrufezeichen abgeschlossen: Ruth Berschens hat für das *Handelsblatt* das Verfahren gegen Google analysiert und zeigt auf, dass es dabei nicht immer um Preise, sondern auch um andere Methoden gehen kann, mit denen ein Monopolist seine Stellung ausnutzen kann.

Dabei hält sie sich weitgehend an die Aussagen der Wettbewerbskommissarin Vestager. Wir hätten uns also auch die Zeit nehmen können, die Pressekonferenz selber zu verfolgen oder einen Abdruck zu lesen. Aber wir wollten ja andere für uns arbeiten lassen, in dem Fall eben die Journalistin vom *Handelsblatt*, die nicht nur für uns mitbekommen hat, dass es die Pressekonferenz gibt, und dort war, sondern die auch die wichtigsten Aussagen lesbar für uns zusammengefasst hat:

EU verhängt Rekordstrafe von 4,3 Milliarden Euro gegen Google

von Ruth Berschens

Die EU-Kommission hat gegen Google eine Rekord-Wettbewerbsstrafe verhängt. Wegen Missbrauch seiner marktbeherrschenden Stellung beim Smartphone-Betriebssystem Android soll der Konzern 4,34 Milliarden Euro zahlen, wie Wettbewerbskommissarin Margrethe Vestager am Mittwoch in Brüssel erklärte. Weitere hohe Zahlungen könnten folgen, wenn Google sein Verhalten nicht binnen 90 Tagen ändere, sagte Vestager. …
… »In der Sache geht es um drei Arten von rechtswidrigen Einschränkungen, die Google Herstellern von Android-Geräten und Mobilfunknetzbetreibern auferlegt hat, um sicherzustellen, dass der Internetverkehr auf Android-Geräten über die Google-Suchmaschine läuft«, sagte Vestager.
18.07.2018, *handelsblatt.de*[83]

Nun neigt jede Markwirtschaft leider dazu, Monopole zu erzeugen. Wenn ein Anbieter nun mal mit Abstand der Beste ist, wird er mit der Zeit einfach mehr und mehr Marktanteile erobern – und das ist auch legal. Verboten ist aber, diese Stellung auszunutzen, indem man zum Beispiel wie Google andere eigene Produkte mit einem Monopolprodukt verknüpft.

Und genehmigungspflichtig ist es, wenn sich eine starke Firma weitere wesentliche Marktanteile durch Zukäufe schnappt. Oft werden solche Übernahmen dann nur »unter Auflagen« genehmigt. Das heißt in der Regel, dass das Unternehmen ein paar genau festgelegte Produktionsstätten oder andere Firmenanteile an Konkurrenten verkaufen muss, damit eben kein Monopol entsteht. Diese Art von Schlagzeilen wie die aus dem *Stern* verstehen Sie jetzt auch:

31. Juli 2020

EU genehmigt Übernahme von Bombardier-Zugsparte durch Alstom unter Auflagen

AFP, *stern* online[84]

Monopole sind also schlecht – Kartelle aber auch. Hier gibt es zwar mehrere Firmen im Markt, die sprechen aber untereinander ab, welche Preise sie für Vorprodukte zahlen oder für ihr Produkt verlangen, und verhalten sich daher wie Monopole. Das ist natürlich verboten, und Kartelle zahlen entsprechende Strafen, wenn sie erwischt werden.

Angeber-Wissen für die nächste Party:

Sie sind überall!
Wenn es auf Ihrer Party ein Buffet gibt, haben Sie schon gewonnen. Denn dann können Sie auf so gut wie jedes Gericht zeigen – irgendein Lebensmittel wird schon dabei sein, das schon einmal Gegenstand eines Kartellverfahrens war: Nachgewiesen wurden Preisabsprachen bei Produzenten von Bier, Schokolade, Rohmilchkäse, Zucker, Kaffee, Wurst, Kartoffeln, Öl oder Tiefkühlpizza und vielem mehr. Genau wie für zum Beispiel Autositzgurte und Airbags, Waschmittel, Badewannen und Duschkabinen, Bildröhren für Fernseher, Feuerwehrfahrzeuge, Schienen für Straßenbahnen, Aufzüge und Rolltreppen.[85]

Die Nachteile von Monopolen und Kartellen können Sie dann anhand der Preise und Leistungen der Telekom erklären, als die noch eine Bundesbehörde und ein Monopolist war. Ältere Gesprächspartner werden sich noch von alleine mit einem Schauern an die astronomisch hohe monatliche Rechnung und die unglaublich hässlichen Endgeräte erinnern; die Jüngeren hören vermutlich gerne mal Geschichten aus der Telefonsteinzeit.

Wenn Ihr Gegenüber noch interessiert erscheint, können Sie jetzt zur Bundesnetzagentur für Elektrizität, Gas, Telekommunikation, Post und Eisenbahnen überschwenken (den Namen sollten Sie aber vorher geübt haben). Denn auch hier gibt es monopolartige Strukturen, zumindest regional oder in einigen Teilbereichen. Loben Sie, dass diese Behörde den Unternehmen in den Branchen, die in ihrem Namen aufgelistet sind, auf die Finger schaut. Sie achtet zum Beispiel im Briefgeschäft der Post darauf, dass die Deutsche Post keine Mondpreise verlangt.

Betonen Sie aber, dass es in diesen regulierten Branchen manchmal ohne Monopole nicht geht, die dann aber natürlich überwacht werden müssen. Denn sie alle haben eines gemeinsam: einen Versorgungsauftrag für alle, egal wie unrentabel es sein mag, den einen oder anderen zu berücksichtigen. Würde man nämlich zum Beispiel die Lieferung von Strom vollständig dem freien Wettbewerb überlassen, würde an vielen Orten in Deutschland vermutlich das Licht ausgehen. Denn alleine die Länge der nötigen Leitungen macht dieses Geschäft an abgelegeneren Orten zum Verlustgeschäft.

Jemand muss also dafür sorgen, dass der oder die wenigen Anbieter (so was nennt man »Oligopol«, aber das dürfen Sie gleich wieder vergessen) alle zu angemessenen Preisen versorgen. Dass das bei uns ganz gut funktioniert, verdanken wir der Bundesnetzagentur für – na, können Sie es schon auswendig?

Genauso wichtig, wenn nicht vielleicht sogar wichtiger, ist die Strukturpolitik. Hier kümmert sich der Wirtschaftsminister darum, dass der Mix an Branchen und Wirtschaftsaktivitäten passt und dass die Wirtschaftskraft möglichst gleichmäßig über das Land verteilt wird. Denn von nur einer Branche oder Region abhängig zu sein, ist sicher keine gute Idee.

Das haben zum Beispiel die Länder gemerkt, deren Wohlstand fast vollständig vom Rohöl abhängt und die versuchen, das zu korrigieren. Denn in Zeiten von Krisen und Klimawandel ist das keine zuverlässige Einnahmequelle mehr. Deshalb hat zum Beispiel Saudi-Arabien im Sommer 2020 Anteile an seiner Mega-Ölfirma Saudi Aramco verkauft und will nun mit einem Staatsfonds, in den der Erlös geflossen ist, andere Branchen erobern.

Deutschland hat aber bekannterweise nicht allzu viel Öl, die wichtigsten Rohstoffe hierzulande sind Technologie und Know-how. Daher achtet der Wirtschaftsminister darauf, dass die Unternehmen in wichtigen technischen Zukunftsbranchen vorne dabeibleiben. Wenn er einen Bereich entdeckt, wo er Handlungsbedarf sieht, kann er in unserer freiheitlichen Gesellschaft aber nicht anordnen, dass Firmen hier besser werden und endlich ein neues Werk samt Forschungslabor bauen.

Es bleibt also nur eines: die Erziehungsmethode Motivation einsetzen. Der Minister wird also Initiativen gründen, das Thema auf Kongressen ansprechen, Schlagzeilen mit den Verben »will« und »fordert« produzieren und Arbeitsgruppen mit Wissenschaftlern und Unternehmen bilden.

Das bewirkt in der Regel ein bisschen was. Richtigen Schub bekommt eine Sache aber erst, wenn der Staat den Geldbeutel zückt und eine finanzielle Förderung ausruft – ja, die Methode Bestechung funktioniert nicht nur bei Kindern. Dafür gibt er Subventionen, also zweckgebundene Fördergelder, an Firmen oder auch ganze Branchen.

So wie zum Beispiel in Sachen Batterien für Elektroautos, die Peter Altmaier als wichtig für die deutsche Autoindustrie ausgemacht hat. Hier eine Meldung aus dem Nachrichtendienst *heise online*:

30. Juni 2020

Altmaier ruft »Batteriestandort Deutschland« aus: 300 Millionen Euro für Varta

dpa, *heise.de*[86]

Und schau an, es tut sich was: Varta hat angekündigt, dass es nun die neueste Generation von Autobatterien erforschen und eine Massenproduktion aufbauen will. Geht doch.

Subventionen sind aber so eine Sache, oft sind sie mal als Zukunftsförderung konstruiert worden, sind mit der Zeit aber eher zur Vergangenheitsbewältigung geworden. Denn Subventionen sind manchmal ganz schwer wieder abzubauen. Weil Unternehmen sonst nicht überlebensfähig wären und die ganze Region ein Riesenproblem hätte. Denken Sie nur mal an die Diskussion um den Kohleabbau und die Milliarden, die der Staat nun lockermachen will, um die betroffenen Regionen zu stützen.

Angeber-Wissen für die nächste Party:

China: klotzen statt kleckern

Den Einstieg zu Ihren Erklärungen könnten Sie über das Thema »wehrhafte Gesellschaft« finden. Sie diskutieren das allerdings nicht langweilig über Meinungsfreiheit wie alle anderen. Sie zeigen auf, dass auch Wirtschaftssysteme Grenzen ihrer Liberalität finden.

Bei uns gelten nämlich die Vertragsfreiheit und gleichzeitig ein weitgehendes Einmischungsverbot für den Staat als wichtige Eckpfeiler unseres Wirtschaftssystems. Was aber, wenn andere um die Ecke kommen, die sich nicht an diese Regeln halten? Sollen wir das dann durch den Staat verbieten und damit unsere eigenen Regeln von Vertragsfreiheit und Einmischungsverbot außer Kraft setzen?

Ihr Beispiel ist die Strukturpolitik der Volksrepublik China. Dort muss der Chefstratege für Zukunftsförderung – anders als die Wirtschaftsminister in unseren Demokratien – nicht erst im Kabinett und im Parlament um Zustimmung werben. Er heißt nämlich Xi Jinping und ist der seit Langem mächtigste Chef der Kommunistischen Partei und des Staates. Was er verkündet, ist Maxime für alle.

Schon vor ein paar Jahren hat sich Xi Gedanken gemacht und einen Plan vorgelegt, den er »Made in China 2025«[87] nannte (Sie sehen, er macht auch Tempo). Darin definiert das Reich der Mitte ganz explizit zehn Zukunftsbranchen, in denen es bis 2025 weltweit führend sein möchte. Darunter sind der Maschinenbau inklusive Robotik, Elektrizitätsanlagen, natürlich IT und Künstliche Intelligenz und so weiter. Weisen Sie Ihr Gegenüber darauf hin, dass so gut wie alle Branchen davon betroffen sind, die in Deutschland eine wichtige Rolle spielen.

China arbeitet dabei aber nicht immer mit Mitteln, die auch hierzulande als fair angesehen werden. Erinnern Sie Ihren Zuhörer daran, dass die chinesische Regierung lange Zeit und teilweise bis heute alle möglichen Verstöße bezüglich Industriespionage und Plagiaten zumindest duldet.

In den letzten Jahren haben chinesische Firmen eine neue Methode gefunden, Branchen aufzurollen, ohne sich mit jahrelanger Forschung oder Entwicklung aufzuhalten. Sie kaufen einfach ausländische Markt- und Technologieführer auf, samt all ihren Patenten. Und das eben nicht nach bei uns als fair geltenden Regeln: Chinesen kamen bei Firmenverkäufen auch deshalb oft zum Zug, weil sie mithilfe von Staatsgeldern extrem hohe Preise zahlen konnten.

Erinnern Sie sich an das Jahr 2016: Damals übernahmen Chinesen im großen Stil deutsche Mittelständler, darunter den führenden Robotikhersteller Kuka aus Augsburg. Der damalige Wirtschaftsminister Sigmar Gabriel wollte das verhindern, hatte aber aufgrund der Gesetzeslage keine Handhabe. Zeigen Sie sich beruhigt, dass die EU tatsächlich inzwischen aber ein Gesetz verabschiedet hat, das so etwas in Zukunft verhindern soll.

Letzter und bei Weitem wichtigster Teil der Wirtschaftspolitik ist die Ablaufpolitik. Wie ihr Name sagt, will sie nichts an der Ordnung oder Struktur der Wirtschaftsmaschine ändern, sondern zielt darauf ab, dass irgendwas anders als bisher läuft. Und wie macht man das? Natürlich am besten, indem man Geldströme umlenkt. Viel Geld bewegt aber eben nicht der Wirtschafts-, sondern vor allem der Finanzminister – in Absprache mit allen anderen Ressorts und der Bundeskanzlerin. Die Ausgaben- und Einnahmenpolitik des Staates nennt man »Fiskalpolitik«, und darum kümmern wir uns im folgenden Kapitel.

Darauf sollten Sie achten

Die wichtigste Aufgabe, die der Wirtschaftsminister oft ausübt, ist eine ganz und gar undankbare: die des Neinsagers. So richtig sympathisch kommt er dadurch nicht immer rüber. Die Wirtschaft ist von fast allen Ideen der Politik in irgendeiner Weise betroffen, auch wenn das meiste gar nicht als Wirtschaftspolitik gedacht ist. Und eine Diskussion auch unter wirtschaftlichen Gesichtspunkten ist wichtig. Denn ohne eine gesunde Wirtschaft sind viele andere wichtige kulturelle, soziale oder sonstige Anliegen einfach schlecht finanzierbar. Das ist nun mal so: Wer selber nicht halbwegs anständig verdient, kann Tante Erna mit ihrer kleinen Rente auch nichts zustecken.

Der Job des Wirtschaftsministers ist es also, im Kabinett dafür zu sorgen, dass die anderen Minister keine Ideen aufbringen, die der Wirtschaft erheblich schaden. In den allermeisten Fällen besteht aber ein Interessenkonflikt. Außenpolitisch motivierte Sanktionen, neue Rentengeschenke, Umweltauflagen, Frauenquoten – all das sind oft sehr berechtigte Ziele. Je nach Ausgestaltung können sie Unternehmen aber vor erhebliche Probleme stellen – und genau das soll der Wirtschaftsminister verhindern.

Wenn also Umweltministerin Svenja Schulze neue, radikale Ideen zu mehr Umweltschutz vorschlägt, sollte Sie das nicht überraschen – das ist ihr Job. Wichtiger ist es, die Reaktionen von Wirtschaftsminister Peter Altmaier zu beobachten. Denn das gibt einen Hinweis darauf, wohin die Bundesregierung vermutlich tendiert. Und gerade beim Thema Klimawandel gibt es tatsächlich in letzter Zeit neue Töne von Altmaier: Seit 2012 sprach er nämlich gerne von einer »Energiewende mit Augenmaß«, sprich: nicht so schnell und nicht zu viel auf einmal. Im Herbst 2020 hat er sich wohl neu besonnen:

11. September 2020

»Charta« gegen Treibhausgase: Altmaier überrascht mit Klima-Vorstoß

tagesschau.de[88]

Das können Sie als klaren Hinweis darauf nehmen, dass sich beim Klima- und Umweltschutz in nächster Zeit mehr bewegen wird.

Das Wort des Wirtschaftsministers hat also Gewicht. Mehr denn je war das in der Corona-Krise so. Denn hier wurden gigantische Pakete geschnürt, während all die Kontrollmechanismen des Parlaments ausgesetzt waren. Es gab keine Debatten im Plenum oder gar Anhörungen, wo Vertreter verschiedener Seiten eingeladen und gehört wurden – außer auf einem Autogipfel, aber dazu kommen wir gleich. Dafür war einfach keine Zeit, richtig. Die Hilfsprogramme sind – wenig überraschend – aber nicht alle gut gelungen, und das spiegelt vor allem eines wider: den schädlichen Einfluss des Lobbyismus.

Welche Argumente der Wirtschaftsminister und andere Regierungsvertreter in ihre Entscheidungen einfließen lassen, hängt natürlich auch davon ab, mit wem sie darüber sprechen. Das kennen Sie selber: Wenn sich zwei Ihrer Freunde streiten und Sie haben nur Gelegenheit, einen von beiden zu treffen, werden Sie eher dazu neigen, dessen Sichtweise und Argumente zu verstehen.

Zugang zum Wirtschaftsminister und anderen Regierungsvertretern zu haben, war in der Covid-19-Krise also wichtiger denn je. In Deutschland gibt es Bereiche und Branchen, die traditionell viel Geld für ihre Interessensvertretungen ausgeben und einen guten Zugang zu den Verantwortlichen haben. Andere sind schlecht organisiert oder kommen gar nicht zu Wort.

Und entsprechend sind einige Branchen sehr gut durch die Krise gekommen und haben direkt von Maßnahmen wie Kurzarbeitergeld, Steuerstundungen und Mehrwertsteuersenkungen profitiert. Andere sind mehr oder weniger untergegangen, weil die Förderprogramme klein und so schlecht konstruiert waren, dass sie weitgehend wirkungslos blieben. Raten Sie mal, wer hier gemeint ist:

23. Oktober 2020

Markterholung: Daimler rechnet trotz Corona wieder mit Gewinn wie 2019

apr/dpa, *spiegel.de*[89]

21. Oktober 2020

Nach Förder-Flop: Neustart bei Künstler-Hilfen angekündigt

Peter Jungblut, *br.de*[90]

»Ja«, werden Sie vielleicht sagen, »aber die Autoindustrie ist einfach wichtiger für uns.« Wirklich? Schauen wir uns mal ein paar Überschriften aus einer Studie über die Kulturwirtschaft an. Und die ist nicht von einer dubiosen Interessensvertretung freier Künstler, sondern vom Wirtschaftsministerium höchstselbst.

»Monitoringbericht Kultur- und Kreativwirtschaft 2019«

Auszüge[91]

- Zahl der Kernerwerbstätigen steigt erneut auf knapp unter 1,2 Millionen an.
- Nur noch knapp über eine halbe Million geringfügig Erwerbstätige.
- Im Durchschnitt 140.800 Euro Umsatz und 84.000 Euro Bruttowertschöpfung pro Kernerwerbstätigem.
- Gesamtumsatz erreicht mit über 168 Milliarden Euro neuen Spitzenwert.

Im Vergleich zur Autoindustrie sieht das so aus:

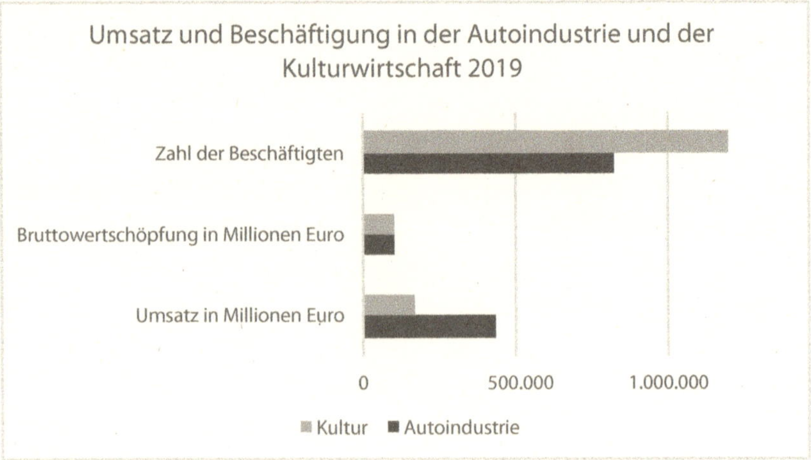

Die Autoindustrie macht also mehr Umsatz – bewegt somit mehr Geld und mehr Waren. Weil sie dabei viele Vorprodukte auch aus dem Ausland verwendet, ist die Bruttowertschöpfung – also der hierzulande geschaffene wirtschaftliche Wert – nicht höher als die des Kulturgewerbes. Und dafür beschäftigt sie weniger Menschen.

Überrascht? Das ist eine Folge der Lobbyarbeit der Autoindustrie, die es geschafft hat, sich im Bewusstsein nicht nur von Politikern, sondern von uns allen als wichtigster Wirtschaftsfaktor in Deutschland zu etablieren. In Sachen Beschäftigung ist das falsch – und die Kulturwirtschaft hat eben keine gute Lobby, die ihre Bedeutung ständig in die Nachrichten bringt.

Klar ist die Autoindustrie eine wirklich wichtige Schlüsselbranche hierzulande, denn an ihr hängen viele andere Bereiche, vor allem die Zulieferer oder auch die ganzen Werkstätten und Autohäuser. Ob es dennoch strukturpolitisch eine gute Idee war, die eine wichtige Branche – die Autoindustrie – mit einem blauen Fleck aus der Krise kommen zu lassen, aber eine ebenfalls wichtige Branche – die Kulturwirtschaft – krankenhausreif schlagen zu lassen, kann man zumindest hinterfragen. Sie wissen aber jetzt, dass die Diskussion um Lobbyismus ein wichtiges wirtschaftspolitisches Thema ist, und werden Schlagzeilen wie die folgende ab sofort mit anderen Augen lesen:

23. Oktober 2020

Verabschiedung verschoben: Union und SPD uneins über Lobbyregister

Quelle: dpa, *Faz.net*[92]

Und noch ein PS für dieses Kapitel, das einige Tage nach der Konjunkturprognose ab Seite 73 geschrieben wurde: Für unsere Einschätzung der Lage waren wir ja davon ausgegangen, dass die Autoindustrie vor schweren Zeiten steht. Doch jetzt lesen wir in der Schlagzeile, die auf Seite 123 abgedruckt ist, dass Daimler schöne Gewinne einfährt. Das sollte uns tatsächlich veranlassen, unsere Einschätzungen zu den Aussichten der Autoindustrie noch einmal anzuschauen. Es geht schon los mit den Anpassungen!

Was Fiskalpolitik bewirkt

Kaum etwas beeinflusst die Konjunktur so stark wie die Ausgaben- und Einnahmenpolitik des Staates. Hier erfahren Sie, was der Staat damit bewirkt und wie Sie bei dem Thema dranbleiben können.

Ganz andere Frage: Interessieren Sie sich für Mode? Falls ja, kennen Sie das sicher: Irgendwas war mal der neueste Schrei, und Sie haben ein Teil gehabt, das Sie unglaublich toll fanden. Wenn Sie das gute Stück aber heute hinten im Schrank entdecken, fragen Sie sich ernsthaft, wie man so etwas jemals schön finden konnte.

Wirtschaftspolitikern geht es vermutlich ab und zu nicht anders. Denn auch die Leitlinien der Politik folgen Moden. Und die oszillieren im Prinzip immer um ein Thema: die Rolle des Staates in der Wirtschaft.

Wie viel Geld darf oder soll er den Geldleitungen entnehmen und woanders wieder einfüllen? Eine ganze Weile galt der »schlanke Staat« als das Maß aller Dinge. Das war ein Staat, der überall spart, Stellen abbaut und am besten einige Bereiche privatisiert. Bis irgendwem auffiel, dass zu vieles plötzlich nicht mehr wirklich gut funktioniert – eine handlungsunfähige Polizei oder marode Schulen sind eben nicht gerade wünschenswert.

Ob ein Staat schlank ist oder nicht, machen Analysten an der Staatsquote fest, also dem Anteil der Staatsausgaben am gesamten Bruttoinlandsprodukt. Und raten Sie mal: Wie hoch ist die bei uns wohl in etwa?

2018 lag sie bei gut 44 Prozent. Konkret heißt das: Von jedem Euro, der in Deutschland erwirtschaftet wird, lenkt der Staat 44 Cent um. Sie war aber auch schon mal viel höher, wie Sie in dem folgenden Chart erkennen können. Darin sind übrigens auch die Staatseinnahmen abgebildet (das ist die dunkle Linie):

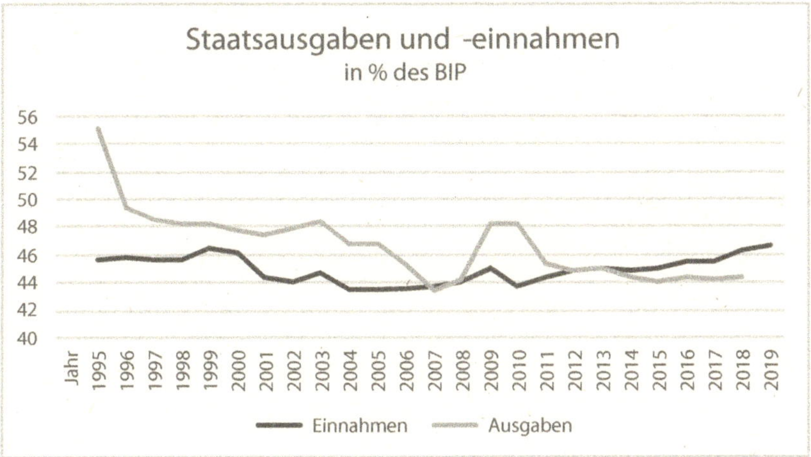

Quelle: OECD[93]

Beides läuft nicht immer gleich, und hier können Sie die »schwarze Null« der Finanzminister Wolfgang Schäuble und Olaf Scholz bei der Arbeit sehen. Die Ausgaben lagen nämlich Ende des letzten Jahrtausends noch deutlich über den Einnahmen, bevor sich die beiden Linien 2007 und 2008 zaghaft berührt haben, um sich dann seit 2012 dauerhaft zu kreuzen. Zu verdanken ist das auch der Schuldenbremse, die seit 2011 den Spielraum für mehr Staatsausgaben auf Pump spürbar einschränkt.

Eine Differenz zwischen beiden Linien bedeutet nämlich immer eines: Es tut sich was bei den Staatsschulden. Bis 2006 wurden also Ausgaben zu einem erheblichen Teil mit neuen Krediten für den Staat bezahlt (die er vor allem durch die Ausgabe von Bundesanleihen aufnimmt, aber das besprechen wir erst ab Seite 195). Anschließend war das erst einmal vorbei, mit Ausnahme der Jahre nach der Finanzkrise 2008.

Und jetzt dürfen Sie raten, wie die Linien sich in der Covid-19-Krise entwickeln werden. Kleiner Hinweis: Die Bekämpfung der Folgen der Finanzkrise 2008 war schon teuer, insgesamt 187 Milliarden Euro kosteten alle Maßnahmen wie Kurzarbeitergeld, Kaufprämie für Autos und anderes den Staat. Das haben zwei Forscher vom RWI – Leibniz-Institut für Wirtschaftsforschung ausgerechnet.[94] Knapp 60 Milliarden Euro davon gingen damals alleine in die Rettung der Banken.[95]

Ein Klacks gegenüber den Corona-Zeiten, wie man einer Verlautbarung des Bundesfinanzministeriums entnehmen kann:

Kampf gegen Corona:

Größtes Hilfspaket in der Geschichte Deutschlands

... Der Umfang der haushaltswirksamen Maßnahmen beträgt insgesamt 353,3 Milliarden Euro und der Umfang der Garantien insgesamt 819,7 Milliarden Euro.
22.05.2020, *bundesfinanzministerium.de*[96]

Und das war schon im Mai, also vor der zweiten Covid-19-Welle und dem Teil-Lockdown, bei dem der Staat umfangreiche Ausgleichszahlungen für betroffene Branchen wie die Gastronomie versprochen hat. Beeindruckend, oder?

Allerdings können Sie den Chart auf Seite 127 auch als Beruhigung lesen: Schon vier Jahre nach der Krise waren Staatsausgaben und einnahmen wieder ausgeglichen (auch wenn die Schulden damit noch nicht abbezahlt sind, heißt das zumindest, es kommen keine weiteren dazu). Mit einer guten Konjunktur und Haushaltsdisziplin ist also auch das Thema Corona-Schulden hoffentlich irgendwann halbwegs im Griff.

Theoretisch richtig

Wirtschafts- und Fiskalpolitik folgen wissenschaftlichen Erkenntnissen. Warum Sie die wichtigsten davon kennen sollten.

Warum aber setzt der Staat so viel Geld ein? Das verdanken wir einem Mann, der recht hatte. Er hieß John Maynard Keynes und war der wohl bedeutendste Ökonom des vergangenen Jahrhunderts. 1883 geboren, spielte er schnell eine große Rolle in den Wirtschaftswissenschaften und arbeitete unter anderem für die britische Regierung. 1919 war er als Ökonom bei den Friedensverhandlungen von Versailles dabei – bis er hinschmiss, weil er die harten Bedingungen für Deutschland als wirtschaftlichen Unsinn empfand.

Sein Erweckungserlebnis – und seinen endgültigen Durchbruch – hatte er aber erst ein gutes Jahrzehnt später: in der Weltwirtschaftskrise. 1929 hatte ein Börsencrash an der Wall Street in New York eine Abwärtsspirale in der Wirtschaft ausgelöst (wie die funktioniert, wissen wir ja inzwischen). Die Menschen waren verunsichert und sparten viel, die Nachfrage ging zurück, und die Betriebe entließen Mitarbeiter, wodurch die Menschen noch verunsicherter wurden.

Wirtschaftspolitik orientierte sich damals noch so gut wie ausschließlich an den Theorien, die auf Adam Smith zurückgingen (siehe Seite 21). Man verließ sich auf die »unsichtbare Hand«, die schon alles regeln und zum Gleichgewicht führen würde. Diese Politik des einfach nur Zusehens wurde »*Laissez-faire*« genannt (französisch für sinngemäß »laufen lassen«).

Die Fans dieser Methode (und das war die Mehrheit der Verantwortlichen) glaubten an das »Gesundschrumpfen« und dass es für die Wirtschaft langfristig besser sei, wenn sich der Staat heraushielt. »Langfristig«, setzte Keynes dagegen, »sind wir alle tot.«

1936 – also als das Elend der Weltwirtschaftskrise mit Hunger, Massenarbeitslosigkeit, Bankenpleiten und Verzweiflung gerade allmählich zu Ende gegangen war – veröffentlichte Keynes das wohl wichtigste ökonomische Buch des 20. Jahrhunderts: die *Allgemeine Theorie der Beschäftigung, des Zinses und des Geldes.*[97] Seine Grundidee war es, dass sich Abwärtsspiralen eben nicht von alleine umdrehen, wenn Konsumenten und Unternehmen verängstigt agieren und ihr Geld lieber sparen als ausgeben.

Die von ihm vorgeschlagene Therapie für solch eine Situation wurde von Kollegen und Politikern zunächst als unseriöser Wahnsinn zerrissen: Keynes schlug nämlich vor, die Wirtschaft auf Pump anzukurbeln. Einerseits indem die Zentralbanken so niedrige Zinsen anbieten, dass es attraktiv ist, sich als Unternehmer oder Privatmann für Investitionen und Bauvorhaben zu verschulden; andererseits indem der Staat Schulden macht und damit die Wirtschaft – direkt durch eigene Projekte oder indirekt über Zuschüsse zu den Einkommen der Bürger – ankurbelt. Ausgaben auf Kredit, das »*Deficit Spending*«, gelten seither als wirkungsvolle Medizin für alle Arten von angeschlagenen Volkswirtschaften.

Kommt Ihnen sehr, sehr bekannt vor? Genau. Die Krisenbekämpfung im Jahr 2020 ist so etwas wie Keynes pur: Niedrige Zinsen und immense Staatsausgaben auf Pump lautet das Rezept.[98]

Angeber-Wissen für die nächste Party:

Der schillernde Keynes

»Langfristig sind wir alle tot« geht in so gut wie jedem Gespräch als Einstieg zur Theorie von Keynes. Und vermutlich werden Sie damit auch auf Interesse stoßen und können Ihrem Gegenüber die Grundlagen des Keynesianismus erklären. Unterhaltsamer werden Sie aber, wenn Sie ein paar Informationen über seine Person einstreuen. Keynes war nämlich tatsächlich – wie viele Genies – eine schillernde Persönlichkeit.

Klar erwähnen Sie, dass Keynes der Spross einer gutbürgerlichen Familie aus Cambridge in England war. Sein Vater war Kanzler der Universität. Weisen Sie aber besonders darauf hin, dass seine Mutter – der er eng verbunden war – eine ganz außergewöhnliche Frau war: Sie war eine der ersten Studentinnen in Cambridge und später Bürgermeisterin der Stadt. Und auch seine Bilderbuchkarriere können Sie kurz ansprechen. Nach seiner Ausbildung in Eton studierte er Philosophie, Mathematik und Ökonomie in Cambridge und machte sich anschließend schnell einen Ruf als brillanter Ökonom.

Betonen Sie aber besonders, dass seine Unabhängigkeit im ökonomischen Denken so etwas wie eine Grundhaltung zum Leben war. Schon als junger Mann wurde er Mitglied des Bloomsbury-Kreises, einer Gruppe um die Schriftstellerin Virginia Woolf, die alle Normen der englischen Gesellschaft hinterfragte.

Machen Sie das an der Freiheit fest, die sich Keynes in Sachen Sexualmoral nahm: Er lebte offen bisexuell. Seine lebenslange leidenschaftliche homosexuelle Beziehung mit dem Maler Duncan Grant war für jeden sichtbar. Und ausgerechnet Grant machte er zu seinem Trauzeugen, als er 1925 die Balletttänzerin Lydia Lopokova heiratete.

Abschließend können Sie noch einen Widerspruch in Keynes Leben thematisieren: Als Ökonom betonte Keynes immer wieder die Schädlichkeit übermäßiger Finanzspekulationen. Als Privatmann war er ein leidenschaftlicher und äußerst erfolgreicher Börsianer. Trotz einiger heftiger Rückschläge starb Keynes dank seiner Spekulationen als reicher Mann.

Nach dem Zweiten Weltkrieg waren Keynes und der Keynesianismus die bestimmende Wirtschaftstheorie. Und Politiker überall folgten dem Rat nur zu gerne. Egal wofür (auch oft einfach nur, um Wähler gnädig zu stimmen): Die Regierung nahm neue Schulden auf – und weg war das echte oder vermeintliche Problem mit der Konjunktur. Das ging natürlich nicht ewig gut, denn alle ignorierten den zweiten Teil von Keynes' wirtschaftspolitischen Empfehlungen: In guten Zeiten sollte der Staat das *Deficit Spending* nicht nur einstellen, sondern sogar seine Schulden wieder abbauen.

Denn ständige und dauerhafte Ausgaben auf Pump führen nicht nur zu gigantischen Staatsschulden, und somit zu immer höheren Zinsen und Tilgungsraten im Staatshaushalt, die die Handlungsfähigkeit des Staates ständig weiter einschränken. Hohes *Deficit Spending* kann auch die notwendige Veränderung der Wirtschaft ausbremsen. Unrentable Teile werden zu lange durchgefüttert, die Produktionskraft sinkt.

In den 1970er-Jahren steckten viele Volkswirtschaften fest: Das viele Geld hatte eine ernste Inflation verursacht, und gleichzeitig lahmte die Konjunktur bei hoher Arbeitslosigkeit.

Keynes war also out, stattdessen wandten sich Wissenschaftler und Politiker anderen Theorien zu – darunter auch der des Neoliberalismus. Das ist so etwas wie »*Laissez-faire*« reloaded: Der Staat soll sparen und sich wann immer möglich raushalten, der Markt wird's schon richten, lautet die Maxime. Dass das nicht unbedingt stimmt, zeigte sich in der Finanzkrise (siehe Seite 249), und »neoliberal« mutierte in der Folge eher zu einem Schimpfwort.

2020 heißt es also: »Keynes is back.« Und in den Jahren vor der Corona-Krise haben die deutschen Politiker und Finanzminister mit der »schwarzen Null« sogar den zweiten, unangenehmeren Teil der Theorie umgesetzt und angefangen, alte Schulden abzubauen.

Wenn der Staat haushalten muss

Wo und wie viel Geld der Staat aus dem Wirtschaftskreislauf entnimmt und was er an welcher Stelle wieder einführt oder auch nicht, ist natürlich wichtig. So bleiben Sie fit für die Diskussion.

Jetzt sind wir mal sehr selbstbewusst und gehen davon aus, dass wir sowieso immer recht haben. Auf Seite 95 sind wir ja zu dem Schluss gekommen, dass uns nach Corona und wegen der Investitionen gegen den Klimawandel früher oder später ein schöner Aufschwung ins Haus steht. Wir nehmen also im Folgenden an, dass sich der Staat dann wieder gemäß der zweiten Hälfte der Keynes-Theorie verhält und sparen will, wo immer es geht. Denn die Gretchenfrage lautet:

3. September 2020

Wann werden die Corona-Schulden zurückgezahlt?

Constantin Gill; *ndr.de*[99]

Wir ergänzen die Frage des NDR noch um ein »wie«. Also: Wann und wie werden die Schulden zurückgezahlt?

Da geht es Staaten wie Menschen, denn etwas anderes als wir alle kann die Regierung sich da auch nicht einfallen lassen: Sie muss Einnahmen steigern und Ausgaben kürzen. Im Folgenden überlegen wir also, welche Art von Meldungen dann dominieren werden und was wir davon halten werden.

Lassen Sie uns mit den Einnahmen anfangen und nachsehen, wo der Staat mehr Geld auftreiben könnte.

Die Einnahmen des Staates

Je nach Ihrer persönlichen Einstellung werden Sie vielleicht die Idee von Finanzminister Scholz gutheißen, über die die *Welt* berichtet:

> 16. April 2020
>
> **Scholz schließt Reichensteuer zur Überwindung der Corona-Krise nicht aus**
>
> AFP/mre, *welt.de*[100]

Das Problem daran ist: Das wird nicht reichen. Denn eine Steuer nur für ganz Reiche bringt nicht wirklich genug Geld in die Staatskassen (wir fordern hiermit mehr Millionäre für Deutschland!). Je nachdem, wie so eine Reichensteuer ausgestaltet ist, kann es auch sein, dass sich immer mehr Wohlhabende in die Schweiz oder nach Monaco zurückziehen. Dann hat der Staat noch weniger.

Wir brauchen also viel mehr und verschiedene Ideen und sehen daher erst einmal nach: Woher kommt das Geld, das der Staat einnimmt? Schauen wir also, wie sich die laufenden Einnahmen Anfang 2020 – also ohne große Corona-Effekte – aufgegliedert haben. »Laufende Einnahmen« heißt, dass alle einmaligen Zahlungen, zum Beispiel auf Veräußerung von Vermögen, nicht mitgerechnet werden. Im folgenden Chart sind alle Zahlungen berücksichtigt, egal ob sie an den Bund, die Länder oder die Gemeinden gingen (das nennt man »Gesamteinnahmen«):

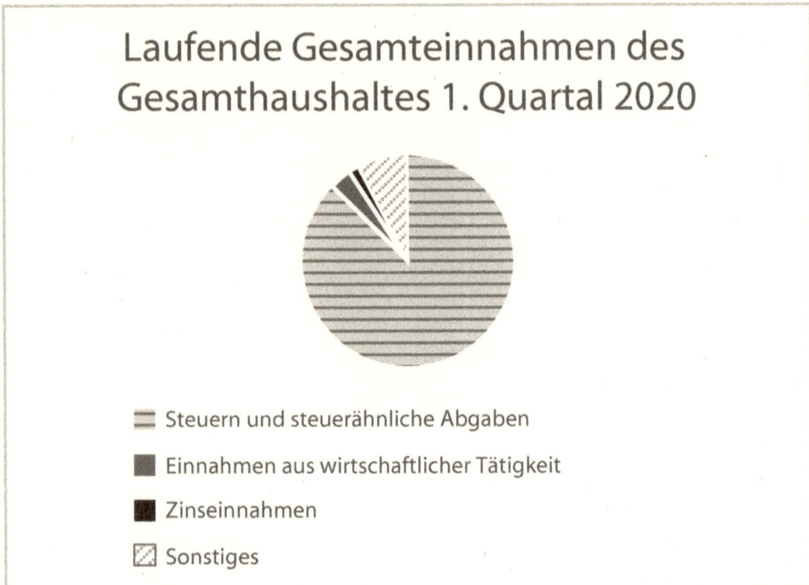

Quelle: Statistisches Bundesamt[101]

Und das ist jetzt eine gute Nachricht für uns: Weil der Löwenanteil der Einnahmen aus Steuern und Abgaben entsteht, vernachlässigen wir einfach alles andere. Und erinnern uns stattdessen noch einmal daran, was der Unterschied zwischen einer Steuer und einer Abgabe doch gleich war.

Richtig: Abgaben sind zweckgebunden. Eine Sozialabgabe (also zum Beispiel einen Beitrag zur Renten-, Arbeitslosen-, Pflege- oder Krankenversicherung) darf der Staat nicht für irgendwas verwenden, sondern nur für genau diese Versicherung. Eine Steuer hat keine solche Einschränkung.

Die Sozialabgaben für die oben aufgezählten Versicherungen spielen unter allen Abgaben wirtschaftlich die größte Rolle. Die Einnahmen daraus gehen den Staat aber nichts an, denn sie sind ja zweckgebunden. Das heißt, sie gehen in die Kassen der entsprechenden Versicherungen. Wenn die Beiträge mehr Geld einbringen, als wieder ausgegeben werden muss, lesen Sie früher oder später irgendwas von einem Überschuss in den Sozialkassen. Den dürfen die dann als Reserven behalten. Die Regierung kann aber dabei mitreden, was die Kassen mit dem Geldsegen anfangen sollen, und zum Beispiel Beitragssenkungen beschließen.

Ganz anders bei Defiziten: Hier ist der Bund an der Reihe und muss sie ausgleichen. Und genau das ist gerade aktuell, wie wir der Schlagzeile aus dem *Tagesspiegel* entnehmen können:

26. Mai 2020

Milliardenlöcher durch Corona-Krise: Ohne Steuerzuschuss wird es 2020 für die Sozialversicherungen wohl nicht gehen

Cordula Eubel; *tagesspiegel.de*[102]

Wie kann der Staat hier also sparen? Im Prinzip kann er »durchregieren«, also Leistungen per Gesetz festlegen oder beschränken, und auch auf eine Beitragserhöhung pochen. Er ist als Gesetzgeber nämlich am Drücker, wenn es darum geht, festzulegen, was die Kassen zahlen müssen. Und das wird immer – auch in den letzten Jahren – diskutiert: Bei den Krankenkassen geht es da um Leistungen wie die für Homöopathie oder Zuzahlungen der Versicherten wie die Praxis- und Rezeptgebühr. Bei der Rentenversicherung um eine Mütterrente oder die Grundrente. In der Arbeitslosenversicherung wird vor allem vonseiten der SPD immer wieder eine Verbesserung der Leistungen von Hartz IV diskutiert.

Waren in den vergangenen Jahren aber vor allem Leistungsverbesserungen im Gespräch, wird es in Zukunft wohl eher um Leistungskürzungen gehen müssen, wenn die Zeit kommt, in der der Staat seine Corona-Schulden abbauen will.

Wenn alles nichts hilft, kann der Staat hohe Zuschüsse zu den Sozialkassen nur vermeiden, indem er die Beiträge für alle anhebt. Den Sozialkassen geht es in einem Aufschwung zwar ganz von selber besser, weil mehr Menschen Arbeit haben und Beiträge zahlen. Wir spielen aber trotzdem mal durch, was Beitragserhöhungen bedeuten würden.

Die Zahlungen in die Sozialkassen werden zu gleichen Teilen von Arbeitgebern und Arbeitnehmern geleistet. Nimmt man ihnen mehr Geld ab, schwächt das also einerseits die Unternehmen und damit die Investitionskraft der Wirtschaft, andererseits die verfügbaren Einkommen und damit die Konsumnachfrage. So weit so gut, wenn die Wirtschaft läuft, ist das meist zu verkraften.

Es gibt aber noch zwei weitere Argumente, die der Gesetzgeber bei einer Erhöhung im Blick behalten muss: zum einen die Arbeitskosten, die damit steigen und den einen oder anderen Unternehmer vielleicht doch dazu verleiten, zumindest Teile seiner Produktion ins Ausland zu verlegen. Zum anderen die soziale Wirkung: Niedrigere Einkommen werden prozentual nämlich stärker belastet, weil es ja eine Deckelung der Beiträge ab einem bestimmten Einkommen gibt.

Anzunehmen also, dass der Gesetzgeber in Sachen Abgabenerhöhung eher zögerlich agiert. Aber mehr Geld wird er trotzdem brauchen. Bleibt also noch die Möglichkeit, Steuern anzuheben. Was dann genau passiert? Kommt darauf an, welche Steuer man wie weit anhebt. Wir konzentrieren uns auf die wichtigsten Steuereinnahmen gemessen an ihrer Ertragskraft und benutzen hierzu die »Steuerspirale«, die das Bundesfinanzministerium jährlich veröffentlicht.

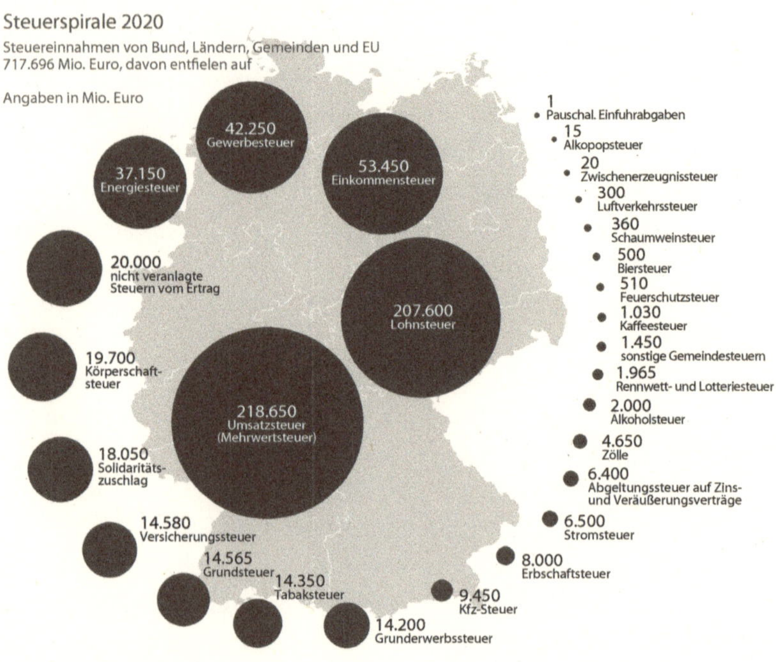

Quelle: Bundesfinanzministerium[103]

Sie sehen schon: Die dicksten Bretter kann ein Finanzminister mit der Umsatzsteuer bohren, gefolgt von der Lohn- und Einkommensteuer. Was passiert also – außer natürlich höheren Steuereinnahmen –, wenn der Staat eine der Steuern anhebt (für eine Senkung würde immer das Gegenteil gelten)? Hier eine Liste nach Steuerarten, allerdings nur kurz und in Tabellenform, sonst werden wir ja nie mehr fertig!

Steuerart	Wirkung und unerwünschte Nebenwirkungen einer Erhöhung
Lohn- und Einkommensteuer	Verfügbare Einkommen sinken, hemmt also den Privaten Verbrauch (der schreibt sich übrigens mit einem großen P, weil es ein stehender Fachbegriff ist), je nach Ausgestaltung kann es zu unerwünschten sozialen Nebenwirkungen kommen, weil hohe Einkommen oft mehr entlastet werden als niedrige. Eine Reichenabgabe für sehr hohe Einkommen könnte das abfedern, hätte allerdings alleine eine nur geringe Einnahmewirkung.
Umsatz- / Mehrwertsteuer	Eine Erhöhung verteuert und hemmt den Privaten Verbrauch. Sie bringt aber soziale Nachteile für viele: Denn wer weniger verdient, muss einen höheren Anteil seines Einkommens für Konsum ausgeben und zahlt daher gemessen an seinen finanziellen Möglichkeiten mehr Steuern als Besserverdienende.
Kapitalertragssteuer	Ist an die Einkommensteuer beziehungsweise für Unternehmen an die Körperschaftssteuer gekoppelt, kann also nicht einzeln verändert werden.
Gewerbesteuer	Eine Erhöhung verbessert die Finanzlage von Gemeinden, verringert aber die Finanzkraft von Unternehmen.
Körperschaftssteuer	Steuer für alle Unternehmen, die eine eigenständige juristische Person sind, also zum Beispiel eine GmbH oder AG. Geht anteilig an Bund und Länder. Wirkung wie bei der Gewerbesteuer.
Verbrauchssteuern zum Beispiel auf Benzin, Tabak, Schaumwein et cetera	Hat eher eine lenkende Wirkung als einen hohen Einnahmeeffekt. Hier nutzt der Staat die Steuer als Instrument, um unerwünschte Verhaltensweisen wie den Konsum von Schnaps und Zigaretten teurer und damit unattraktiver zu machen.

Wenn die Diskussion über Steuererhöhungen in einiger Zeit also ins Laufen kommen wird, können Sie einzelne Vorschläge hiermit nach ihrer Wirkung durchdenken. Klingt alles nicht verlockend? Dann würde nur noch der Weg bleiben, Ausgaben zu streichen.

Die Staatsausgaben

Vermutlich können Sie jetzt schon ohne Problem nachvollziehen, was einzelne Kürzungen der Ausgaben des Staates bewirken. Immerhin denken wir ja schon seit einigen Seiten in Konjunkturzyklen. Ausgabenkürzungen senken immer die Nachfrage – und zwar an der Stelle des Wirtschaftskreislaufs, zu der weniger Staatsgelder fließen. Bei einer Kürzung der Sozialausgaben trifft es also nicht nur die Empfänger von Arbeitslosengeld oder Hartz IV, sondern auch den Konsum und einige Branchen, die daran hängen. Das Streichen von Ausgaben in den Bereichen Verkehr – also im Straßenbau oder bei der Bahn – und digitale Infrastruktur trifft mehr die Unternehmen, die in diesen Bereichen als Ausrüster oder in der Wartung tätig sind. Also Bauunternehmen oder Schienenhersteller.

Sozialabgaben sind übrigens deshalb so häufig in der Diskussion, weil eine kleine Änderung hier viel bewirkt. Denn der Staat gibt für Arbeitsmarkt und Soziales eben am meisten aus, gefolgt von Verteidigung, Verkehr und digitale Infrastruktur. Wie viel, das schauen wir uns anhand des Vor-Corona-Bundeshaushalts 2019 an:

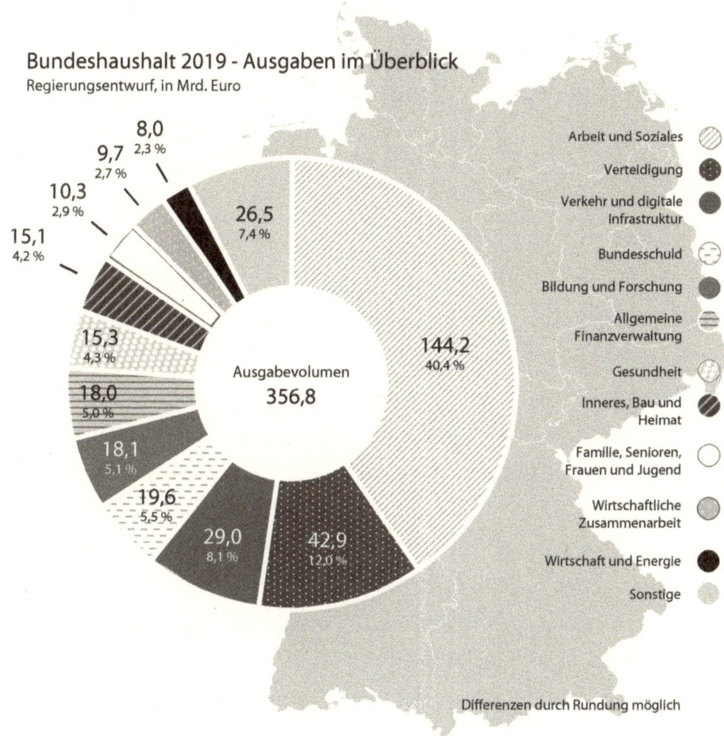

Quelle: Bundesministerium für Finanzen[104]

Mit den Ausgaben für Arbeit und Soziales, für Verteidigung und für Verkehr erzielen wir also die größten Effekte. Denn damit haben wir mehr als die Hälfte der Ausgaben des Bundes im Griff.

Das Problem daran: Noch mehr Geld bei der Bundeswehr sparen, klingt angesichts maroder Ausrüstung und immer mehr Aufgaben zumindest gewagt. Verkehr und Digitales gelten als Zukunftsbranchen, und es ist schon klar, welche (berechtigten) Argumente auftauchen werden, wenn die Politik hier (oder bei Bildung, oder bei Forschung, oder bei vielem anderen) den Rotstift ansetzen will. Die *WAZ* fasst es für uns zusammen:

14. Mai 2020

Nach der Corona-Krise – spart das Land nicht kaputt!

Tim Braune, *waz.de*[105]

Und die Sozialausgaben? Hier stehen wir vor der Frage, in welchem Land wir leben und wie viel Ungleichheit wir aushalten wollen. Dazu hat jeder eine eigene Meinung, einen Konsens, zum Beispiel noch weniger als die derzeitigen Hartz-IV-Sätze auszuzahlen, gibt es in Deutschland aber vermutlich nicht. Netterweise schrumpfen die Ausgaben für den Sozial- und Arbeitsbereich allerdings von alleine, wenn die Wirtschaft besser läuft. Denn dann sinkt die Zahl der Arbeitslosen, Kurzarbeiter und Hartz-IV-Empfänger.

Ob das alleine genügt, ist allerdings fraglich. Gut möglich, dass sich die Politik daher gar nicht groß mit einzelnen Kürzungsmaßnahmen aufhält, sondern eine neue »Globale Minderausgabe« beschließt. Das ist die Methode Rasenmäher: Jeder Minister muss in seinem Ressort eine Kürzung von x Prozent für alle Ausgaben durchsetzen und kann selber entscheiden, wie er die Last verteilt.

Wie es genau kommen wird, ist also nicht sicher. Nur zwei Dinge stehen fest: Erstens: Sobald wir die Corona-Krise hinter uns haben (und vielleicht auch schon vorher), wird die Diskussion anlaufen. Und zweitens: Sie werden einzelne Vorschläge ganz locker einordnen können.

Mit Geldpolitik steuern

Geldpolitik ist mächtig, oft mächtiger als die ganze Wirtschaftspolitik zusammen. So können Sie verstehen und verfolgen, wie die Zentralbanken die Wirtschaft beeinflussen.

Angenommen, Sie sitzen beim Frühstück und löffeln gerade Ihr Müsli, als Ihnen eine Meldung ins Auge sticht:

»Keine Eier, keinen Verstand, keine Vision« – wütet Trump

Die US-Notenbank senkt erneut den Leitzins. Aber Donald Trump reicht das nicht. Er beschimpft den Fed-Chef Powell …
Stefan Beutelsbacher, Holger Zschäpitz

Die Notenbank hat es vermasselt. Wieder einmal. So zumindest schrieb es Donald Trump auf Twitter. Er verschickte die Nachricht bereits, als der Fed-Chef Jerome Powell noch seine Entscheidung vor der Presse erklärte … Die Notenbank, wütete Trump, besitze »keine Eier, keinen Verstand, keine Vision« … Trump und Jerome Powell, das ist eine schwierige Beziehung. Der Präsident wirft dem Fed-Chef, den er einst selbst nominierte, immer wieder vor, die Zinsen nicht deutlich genug zu reduzieren. … Zwischenzeitlich ärgerte Trump sich so sehr über Powell, dass er die Anwälte des Weißen Hauses fragte, ob er ihn feuern könne. Aber Powell blieb seiner Linie treu. … Auf die Frage eines Reporters, ob er auf Geheiß des Präsidenten zurücktreten würde, antwortete Powell: »Ich denke, das Gesetz ist da ganz klar, meine Amtszeit dauert vier Jahre, und ich plane, sie voll abzuleisten.«

18.09.2019, *welt.de*[106]

Ist das nur unterhaltsam oder wichtig? Schon mal vorweg: Letzteres. Stefan Beutelsbacher und Holger Zschäpitz gelingt es hier mit einer Szene und wenigen Worten, einen echten Konflikt zwischen zwei mächtigen Männern darzustellen: dem amtierenden US-Präsidenten Donald Trump und dem Chef der US-Notenbank Fed (steht für »Federal Reserve«, das US-amerikanische Zentralbanksystem). Nach zwei Absätzen haben wir viel gelernt: Die beiden sind sich uneins, das wird ersichtlich. Und klar wird auch, dass Trump zwar tobt, dem Fed-Chef aber offensichtlich nichts anhaben kann.

Um eine solche Nachricht zu verstehen, müssen wir also ein paar Dinge klären: Was ist eine Zentralbank, und wieso kann sie die Zinsen reduzieren? Und wieso kann der mächtigste Mann der USA, der Präsident, gegen den Chef der Zentralbank nicht mehr unternehmen, als wüste Tweets abzusetzen? All das sehen wir uns jetzt mal genauer an.

Klar ist: In unserem Bild der riesigen Lutscher-Maschine ist das Geld, das durch unsere Leitungen fließt, sehr wichtig. Denn letztendlich wird damit ja die gesamte Maschine gesteuert – mehr Geld ist der Stoff, der ein Rädchen schneller drehen lässt.

Das funktioniert gut, solange das Geld von einem Rädchen, zum Beispiel einem Konsumenten, zu einem anderen, wie einem Unternehmen, fließt. Jetzt machen wir aber mal ein gedankliches Experiment. Was passiert, wenn wir einen Schlauch nehmen und einfach mehr neues Geld in die Leitungen pumpen, das bisher nirgendwo vorhanden war? Im günstigsten Fall könnte das dafür sorgen, dass sich alle Zahnräder gleichzeitig etwas schneller drehen und die Lollis am Ende größer und bunter werden.

Es kann aber auch dazu führen, dass so viel Geld vorhanden ist, dass nicht mehr alle Zahnrädchen alles aufnehmen können. Dann schwirrt also zusätzlich Geld durch das System, das niemand so recht haben will, es ist also wertloser geworden. Alle sind dann bereit, mehr von dem wertlosen Geld für irgendein Gut zu bezahlen. Das nennt man »Inflation«, und das kennen Sie aus dem Supermarkt, wenn Ihre Lieblingsnudeln schon wieder teurer geworden sind.

Zentralbanken sind dafür zuständig, die Menge an Geld im System zu steuern. Sie haben quasi eine Pumpe in der Hand, mit der man Geld in den Kreislauf hineindrücken, aber auch herausziehen kann.

Ihre Aufgabe ist es, dabei darauf zu achten, dass das Geld in der Volkswirtschaft nicht wertlos wird und so seine Steuerungsaufgabe wahrnehmen kann. Sie sollen also den inneren Wert der Währung bewahren und eine zu hohe Inflation verhindern. Wenn das gelingt, ist in der Regel auch der äußere Wert stabil, also das, was die Währung im Austausch mit anderen Währungen auf der Welt wert ist.

Das folgende Kapitel erklärt, warum das so ist, wie Inflation entsteht und welche Macht Zentralbanken haben. Sie erfahren, welchen Werkzeugkasten die Geldpolitik zur Verfügung hat, um Inflation und Wirtschaftswachstum zu steuern, und auf welche Meldungen Sie unbedingt achten sollten.

Unabhängig bleiben!

Geldpolitik kann viele Probleme der Politik und Wirtschaft lösen – aber auch viele Probleme verursachen. Deshalb ist es von zentraler Bedeutung, wie sie organisiert wird.

Kennen Sie einen ähnlichen Streit wie zwischen Donald Trump und Jerome Powell aus der älteren Geschichte, zum Beispiel aus der Antike? Würde mich wundern. Denn die ersten zarten Ansätze von Zentralbanken, die Geld prägen oder drucken durften, entstanden erst im späten Mittelalter in Europa. Vorher hatte die Menschheit alle möglichen seltenen Gegenstände als Tauschmittel benutzt, zum Beispiel die Kaurischnecke oder Edelmetalle, aus denen eigentlich jedermann eigene Münzen prägen durfte.

Das führte zu Chaos: Zu Beginn des 17. Jahrhunderts kursierten in der reichen Handelsstadt Amsterdam rund 800 verschiedene Münzen aus aller Herren Länder.[107]

Nicht nur Amsterdam versuchte damals, Ordnung in das Chaos zu bringen, und vergab daher an die Wisselbank das Recht, Münzen guter Qualität in eine Art Papiergeld zu tauschen, das in Amsterdam breit akzeptiert wurde. Auch Schweden führte ein halbes Jahrhundert später eine Papierwährung ein, die exklusiv von der Palmstruch-Bank, dem Vorläufer der Schwedischen Nationalbank, herausgegeben wurde. Das war nötig, weil die Kupferwährung Schwedens ein wenig unhandlich geworden war: Die größte Münze wog fast 20 Kilogramm.[108]

Bereits damals führten Geschäftsleute Konten bei ihren Banken, und das Buchgeld (also Geld, das nur als Buchung auf einem Konto existierte) gewann mit den Jahrhunderten mehr und mehr an Bedeutung. Heute ist Buchgeld, das nur noch elektronisch besteht, der wichtigste Teil der Geldmenge weltweit. Nach Daten der Europäischen Zentralbank waren 2020 in der Euro-Zone etwa 1,3 Billionen Euro Bargeld im Umlauf, aber auf sofort verfügbaren Konten schlummerten 8,7 Billionen.[109]

Mit dem Trend zu bargeldlosem Bezahlen dürfte sich dieses Verhältnis weiter verstärken, und die nächsten Entwicklungen stehen schon vor der Tür: Kryptowährungen wie Bitcoin und Co. (dazu mehr ab Seite 212) sind auf dem Vormarsch, auch Facebook plant eine eigene im Computer erschaffene Währung, die ursprünglich »Libra« heißen sollte. Das Projekt hatte aber erhebliche Anlaufschwierigkeiten und wurde daher im Dezember 2020 umbenannt. Der neue Name lautet »Diem«.[110]

Politiker und Zentralbanken laufen dagegen Sturm. Mit gutem Grund: Sie fürchten sich davor, dass die Geldpolitik in private Hände gerät. Denn wer eine Währung schafft, hat mehr als nur eine Gelddruckmaschine in der Hand. Wir wissen inzwischen ja: An der Versorgung mit Geld hängt auch das Wohl oder Wehe der Volkswirtschaft. Gibt es zu wenig davon, hemmt das die Wirtschaft, weil Konsumenten, Unternehmen oder Bauherren und -frauen keine oder nur sehr teure Kredite für Einkäufe oder Investitionen bekommen. Gibt es aber zu viel, steigen die Preise und es kommt zu einer Inflation.

Eine hohe Inflation ist langfristig Gift für die Konjunktur, vor allem, weil sie dazu neigt, sich ständig zu verstärken. Auch Inflationen verlaufen – wie die Konjunktur – in Kreisen: Weil die Preise steigen, fordern Arbeitnehmer mehr Lohn, was wiederum Waren verteuert. Und wenn Geld entwertet, wird der Wert der Währung auch gegenüber anderen Währungen fallen, was bedeutet, dass Güter aus dem Ausland, zum Beispiel Rohstoffe wie Öl, teurer werden. Das sorgt dann wieder dafür, dass die Preise aller Güter und Dienstleistungen steigen, für die Öl oder Benzin eingesetzt wird – also für so gut wie alles.

Gar keine Inflation oder gar eine Deflation – also fallende Preise – ist aber auch nicht gut. Wer erwartet, dass etwas schon bald vielleicht billiger zu haben ist, wird eine Anschaffung eher aufschieben. Das hemmt die Nachfrage und bremst die Wirtschaft.

Als ideal gilt eine Inflation von etwa 2 Prozent. Ist es mehr, kommt eventuell eine Preisspirale in Gang, ist es weniger, gibt es hier und da vielleicht einen Engpass bei der Versorgung mit Geld, denn ganz gleichmäßig und reibungslos ist die Verteilung auf die Wirtschaft nicht immer. Vereinfacht heißt das also, es sollte etwa 2 Prozent mehr Geld im Umlauf sein, als es Waren und Dienstleistungen gibt.

Angesichts der komplexen Datenlage in einer Volkswirtschaft ist das nicht gerade leicht zu steuern. Wichtiger ist aber noch: Wer darf es versuchen? In ganz alten Tagen war die Menge an Geld von der Verfügbarkeit des Stoffes, aus dem das Zahlungsmittel war, abhängig. Muscheln oder Edelmetalle sind eben nicht unendlich vermehrbar. Zu Beginn des Papiergeldzeitalters nutzte man diesen Effekt noch, indem jeder seine Geldscheine bei der jeweiligen Zentralbank in Gold umtauschen konnte. Doch spätestens seit Abschaffung des »Goldstandards« in den USA in den 1930er-Jahren gilt das nicht mehr.

Angeber-Wissen für die nächste Party:

Selbst Gold als Zahlungsmittel schützt nicht vor Inflation
Dass nicht einmal Gold als Währung vor Hyperinflation und einem anschließenden Wirtschaftschaos bewahrt, zeigte sich in den 20er-Jahren des 14. Jahrhunderts in Ägypten. Damals befand sich der zu seiner Zeit reichste Mann der Welt, Mansa Musa, der König von Mali, auf Pilgerfahrt nach Mekka. Mit ihm reisten angeblich rund 60.000 Menschen. Auf dem Weg machten sie Zwischenstation in Kairo, wo Mansa Musa dem Sultan erst einmal ein Gastgeschenk von 50.000 Golddinar machte. Anschließend kauften er und sein Gefolge die Märkte leer – zu Mondpreisen. Weil es nun viel Gold, aber kaum noch Waren gab, kam es zu einer heftigen Inflation. Als Mansa Musa auf dem Rückweg von Mekka einige Monate später wieder in Kairo Station machte, musste er sich Geld leihen, um die extrem hohen Preise zu bezahlen, die er selber verursacht hatte. Angeblich zwölf Jahre hat es gedauert, bis sich die Märkte in Kairo von dem Besuch des reichen Mannes und seiner Goldschwemme erholt hatten.[111]

Wer also darf bestimmen, wie viel Geld gedruckt wird? Eine Regierung damit zu beauftragen, ist gar keine gute Idee. Die Versuchung, finanzielle Probleme des Staates zu lösen oder Konjunkturflauten zu beenden, indem man einfach Geld verfügbar macht, würde die Selbstbeherrschung wohl so einiger Machthaber überfordern. Frei nach dem Motto des legendären Investors Warren Buffett: Ein System muss so gut sein, dass es auch einen Idioten übersteht, denn früher oder später wird einer kommen.

Die Entscheidung darüber, wie viel Geld in Umlauf kommt, dem Markt (also Angebot und Nachfrage) zu überlassen – das haben die USA bis zum Jahr 1913 versucht. Bis dahin bestimmte ein System von privat betriebenen »Nationalbanken«, wie viel Geld im Umlauf war und auch, wie viele Kredite zur Verfügung standen. Das klappte nur manchmal gut, immer wieder kam es zu Inflationsschüben oder Börsencrashs und Rezessionen. Denn das Hauptziel der »Nationalbanken« war ja nicht, die Geldmenge optimal zu steuern, sondern mit Bankgeschäften Gewinne zu erwirtschaften, und beides gleichzeitig war oft nicht zu haben.

1913 wurde daher das Fed-System etabliert – die privaten Banken dominieren zwar weiterhin die Federal Reserve Banks in den zwölf regionalen Bezirken, die in den USA gebildet wurden. Ihr Handlungsspielraum ist aber klein, denn darüber schwebt das bestimmende Federal Reserve Board. Und das ist eine Institution nach europäischem Vorbild, die die wesentlichen Entscheidungen der Geldpolitik ohne Geschäftsinteressen trifft. Denn hier hat der Staat das Sagen. Damit gab es nun auch in den USA das sogenannte zweistufige Bankensystem: eine unabhängige staatliche Zentralbank, die sich um die Geldmenge kümmert, und viele Geschäftsbanken, die diese Geldmenge dann an die Wirtschaft weitergeben.

Und das Zauberwort heißt: »unabhängig.« Weder Politiker noch die private Wirtschaft sollen mitentscheiden, wie viel neues Geld die Zentralbank in Umlauf bringt. Unabhängige Notenbanken sind deshalb per Gesetz vom Staat finanziert und damit weder auf das Wohlwollen der Regierung noch auf Einnahmen aus der Wirtschaft angewiesen. Und ihr Führungspersonal wird zwar von Politikern ernannt, muss anschließend aber keine Weisungen befolgen und kann in wirklich unabhängigen

Zentralbanksystemen auch nicht gefeuert werden. Zudem haben die meisten Zentralbankgesetze noch eine Klausel eingebaut, die verbietet, staatliche Defizite zu finanzieren, also etwa eine ganze neue Tranche von Staatsanleihen aufzukaufen. Sicher ist sicher.

Die Damen und Herren in den Zentralbanken sollen nämlich genau eines tun: die Geldmenge angemessen steuern. In verschiedenen Ländern wird dieser Auftrag aber in den jeweiligen Zentralbankgesetzen verschieden definiert.

In den USA hat die Zentralbank Fed vom Kongress zwei Ziele ins Stammbuch geschrieben bekommen. Erstens für eine maximale Beschäftigung zu sorgen, was bedeutet, dass alle Amerikaner, die arbeiten wollen, auch einen Job haben können, und zweitens stabile Preise für Güter und Dienstleistungen zu gewährleisten.[112] In Europa hat man bei der Gründung der Europäischen Zentralbank EZB ein solches gleichgestelltes Ziel aus der Realwirtschaft verworfen. Hier hat man nach dem Vorbild der Deutschen Bundesbank als primäres Ziel die innere und äußere Stabilität der Währung gewählt.[113]

Lange Zeit spielten die verschiedenen Zieldefinitionen diesseits und jenseits des Atlantiks so gut wie keine Rolle. Denn die amerikanische Fed hat nicht viel anders argumentiert als die europäische EZB: Sie hat ihre Geldpolitik an Inflationserwartungen orientiert. Im Mai 2020 besannen sich die Zuständigen bei der US-Notenbank aber darauf, dass sie ja auch für den Arbeitsmarkt zuständig sind, und kündigten einen Strategiewechsel an, wie unter anderem die ARD berichtete:

27. August 2020

Änderung der geldpolitischen Strategie: Fed wird jetzt zum Job-Retter

nb, *boerse.ARD.de*[114]

»Für einige Zeit« werde die Fed auch eine Inflationsrate von über 2 Prozent in Kauf nehmen, ohne einzugreifen, sagte der Fed-Chef Jerome Powell – um der Wirtschaft damit mehr Spielraum zu geben und eben dem Arbeitsmarkt zu helfen. Das Inflationsziel soll sich also künftig an Durchschnittswerten orientieren, war die Inflation eine Weile lang niedrig, darf sie ab jetzt auch mal ein bisschen höher ausfallen. Und das gab es seit Bestehen der Fed noch nie.

Darauf sollten Sie achten

Wenn Sie Interessen in einem Land haben, etwa weil Sie dort Vermögen haben, Geschäfte machen oder Wertpapiere besitzen, sollten Sie alarmiert sein, wenn Sie lesen oder hören, dass die Unabhängigkeit der Zentralbank ernsthaft unter Beschuss gerät. Denn nicht überall auf der Welt ist die Unabhängigkeit der Notenbanken gesetzlich garantiert, in anderen Ländern – wie in den USA unter Trump – versuchen Regierungschefs zumindest, immensen Druck aufzubauen.

Interesse sollen sie zudem immer haben, wenn es sich um einer der *»Big Player«* der Finanzmärkte oder der Weltwirtschaft handelt, also zum Beispiel die USA. Denn alles, was sich hier tut, kommt über den Handel und die Finanzmärkte auch bei uns an.

Hierzu müssen Sie nicht extra recherchieren, denn Angriffe auf die Zentralbanken sind selten, aber spektakulär. Das und die anschließende Entwicklung bekommen Sie also sicher mit, wenn sie regelmäßig die Schlagzeilen im Wirtschaftsteil oder -dienst Ihres Vertrauens scannen, denn darüber berichtet jedes seriöse Medium.

Zum Beispiel über die türkische Geldpolitik. Hier fordert Regierungschef Recep Tayyip Erdoğan seit Jahren niedrigere Leitzinsen, um die Wirtschaft am Laufen zu halten. Die Zentralbank war anderer Meinung, denn die Inflation in der Türkei ist schon eine ganze Weile bedrohlich. Letztendlich hat Erdoğan seine Linie durchgesetzt – mit absehbaren Folgen. Dass Sie die ganze Geschichte verfolgen können, selbst wenn Sie nur Schlagzeilen lesen, zeigt die folgende Auswahl:

13. September 2018

Türkische Notenbank hört nicht auf Erdogan – Leitzins stark angehoben

Tageblatt Lëtzebuerg[115]

14. September 2018

Erdogan: Geduld mit Zentralbank ist begrenzt

Augsburger Allgemeine[116]

12. Juni 2019

Kein Wachstum, viel Inflation: Türkei hält Zinsen auf hohem Niveau

Der Standard[117]

20. Juni 2019

Erdoğan fordert niedrigere Leitzinsen – Lira gibt nach

Handelsblatt[118]

6. Juli 2019

Erdogan feuert Chef der türkischen Nationalbank

Der Spiegel[119]

25. Juli 2019

Türkische Notenbank buckelt vor Erdogan, senkt Leitzins kräftig

manager magazin[120]

7. September 2019

Erdogan fordert von Zentralbank weitere Zinssenkungen

Handelsblatt[121]

21. Januar 2020

Wegen Erdogans Zins-Diktat droht Türkei eine neue Lira-Krise

Focus Money[122]

7. August 2020

Türkische Lira im freien Fall

n-tv[123]

Von Wirkungen und Nebenwirkungen

Sparerfrust und Wirtschaftswachstum – Geldpolitik wirkt gleichzeitig auf die Konjunktur und die Zinsen. So können Sie beurteilen, welchen Kurs eine Zentralbank fährt.

Also: Geldpolitik ist wichtig und wirkt in alle Richtungen. Aber warum ist das so? Was verändern höhere oder niedrigere Zinsen, und wieso bremst das die Wirtschaft? Das schauen wir uns nun mal genauer an.

Aber machen wir doch erst einmal einen Ausflug ins Tierreich.

6. November 2019

Weder Taube noch Falke: Die neue EZB-Chefin will eine Eule sein

Handelsblatt[124]

Und was sagt uns das? Erstens: Christine Lagarde hat eine charmante Art, Fragen auszuweichen, denn eine Eule spielte in der Geldpolitik bisher keine Rolle. Anders als Tauben und Falken, die für zwei verschiedene Arten der Geldpolitik stehen. Denn zweitens sind Journalisten und Analysten von Geldpolitik offensichtlich der Zoologie und dem Reitsport verfallen. Da werden nämlich nicht nur gerne Vogelarten genannt, sondern Zügel lockergelassen und Dinge an die Kandare genommen. Eigentlich logisch, dass die Inflation dann auch schon mal ins Galoppieren kommt.

Was steckt dahinter? Ganz einfach, die Sehnsucht nach Abwechslung. Es gibt nämlich genau zwei Arten, Geldpolitik zu betreiben, und ganz offensichtlich langweilt es die Kommentatoren, immer nur von straffer oder lockerer Politik zu schreiben.

Entweder man findet nämlich im Zweifel mehr Schulden und mehr Inflation nicht so schlimm, Hauptsache, es läuft. Dann wird man die Zinsen eher niedriger halten und mehr Geld in die Wirtschaft pumpen. Oder man denkt wie die gute alte Deutsche Bundesbank: lieber weniger

Wachstum und dafür bei möglichen Inflations- oder Schulden- oder Währungskrisen auf der ganz sicheren Seite sein. Die Fraktion Sicherheit wird »Falken« genannt, die Freunde der Lockerheit »Tauben«.

Letztendlich ist es wie im wirklichen Leben: Die Wahrheit liegt in der goldenen Mitte. Dass eine zu lockere Geldpolitik in den Abgrund führen kann, wissen Sie jetzt durch das Beispiel Türkei. Nachgewiesen ist aber auch, dass zu hohe Zinsen erheblichen Schaden anrichten können. Nach dem Börsencrash 1929 in den USA versuchte die Fed nämlich, die Probleme mit einer sehr straffen Geldpolitik zu lösen. Die Absicht dahinter war, damit die übermäßigen Schulden und Spekulationen zu bekämpfen, die als Ursache der Krise galten. Stattdessen schubste die hohe Zinslast die letzten noch lebenden Unternehmen und Privatleute mit in den Abgrund: Es kam zu zahlreichen Insolvenzen, einer ausgewachsenen Bankenkrise und letztendlich zur großen Weltwirtschaftskrise.

Der ständige Streit zwischen den Falken und den Tauben ist also wichtig. Gerade im vielstimmig besetzten Rat der EZB soll er dafür sorgen, dass diese Mitte möglichst gut getroffen wird. Interessant ist natürlich, in welcher Abteilung der EZB-Chef oder die -Chefin reitet (um auch mal wie ein geldpolitischer Kommentator zu schreiben), denn er oder sie hat natürlich einen großen Einfluss auf die Entscheidungen.

Darauf sollten Sie achten

Weil Geldpolitik so viel verändert und die Finanzmärkte schnell und stark auf jede neue Entwicklung reagieren, haben sich Notenbanken angewöhnt, ihre Linie ganz allmählich anzukündigen, die Märkte also auf Änderungen der Geldpolitik »vorzubereiten«. In der Regel macht das der Zentralbankchef oder die -chefin bei einer Pressekonferenz.

Achten Sie also darauf, was und wie es EZB oder Fed sagen, vor allem zur wirtschaftlichen Lage – das ist oft die erste Vorbereitung für eine Zins- oder andere geldpolitische Maßnahme. So gab es im Frühjahr 2020 seit Ausbruch der Corona-Krise gleich eine Reihe düsterer Konjunktureinschätzungen des Fed-Chefs Jerome Powell, wie die, über die die *Frankfurter Allgemeine* und *Reuters* berichteten:

18. Mai 2020

Notenbank Fed: Amerikas Wirtschaftsleistung sinkt um bis zu 30 Prozent

Frankfurter Allgemeine [125]

5. August 2020

Fed-Vize sagt USA langen Weg zu alter wirtschaftlicher Stärke voraus

Reuters[126]

Und wir erinnern uns: In schlechten wirtschaftlichen Zeiten ist es ja eine eher gute Idee, die Geldpolitik lockerer zu halten, um der angeschlagenen Wirtschaft auf die Beine zu helfen. Wenn die Fed also Szenarien malt, die einen irgendwie an Weltuntergang erinnern, bereitet sie vermutlich einen großen Schritt Richtung lockerer Geldpolitik vor. Den Paukenschlag, dass die Fed künftig vor allem auf den Arbeitsmarkt schauen will (siehe Seite 147), hätte man also kommen sehen können, richtig?

Aufhorchen sollten Sie immer, wenn eine der Vogelarten – Tauben oder Falken – übermächtig wird. Also zum Beispiel bei Schlagzeilen wie dieser aus der *Süddeutschen Zeitung* aus dem Jahr 2011:

13. September 2011

EZB-Chefvolkswirt Stark tritt zurück – Wenn der letzte Falke geht

Süddeutsche Zeitung[127]

Tatsächlich markierte die Zeit nach der Finanzkrise eine Wende in der Politik der EZB, seither sind Zinsen immer weiter nach unten geschraubt worden, zudem gab es umstrittene Aufkaufprogramme für Anleihen, die ab Seite 195 erklärt werden. Ganz klar, die Tauben regieren. Und egal ob Sie das richtig finden oder nicht, wissen sollten Sie es schon.

Was Nullzinsen für Sparer bedeuten, haben Sie vermutlich am eigenen Leib beziehungsweise Konto erlebt. Geld auf die Bank zu tragen, macht keinen Spaß mehr. (Was allerdings im Corona-Sommer niemanden davon abhielt, es trotzdem zu tun: Im August 2020 lagen laut Bundesbank knapp 2,5 Billionen Euro auf Bankkonten, Ende 2016 waren es knapp 2,1 Billionen.) Wenn das Geld aber nun mal da ist, sitzt es in normalen Zeiten auch ein bisschen lockerer im Geldbeutel und es wird mehr ausgegeben. Die Nachfrage steigt – gut für die Konjunktur.

Niedrigere Zinsen heißt nämlich auch, dass Kredite billiger werden. Dadurch können sich Privatleute leichter ein neues Auto oder Möbel auf Raten leisten, und Investitionen rechnen sich besser. Zum Beispiel in Wohneigentum für Privatleute, aber vor allem in Anlagen, Bauten und Maschinen für Unternehmen.

Das alles schafft Nachfrage und Investitionen – letztendlich der einzige Weg, um das Angebot in einer Volkswirtschaft zu steigern. Nur wenn ein Brauer eine neue Abfüllanlage kauft, kann er auch mehr Bierflaschen abfüllen und verkaufen – und am besten braucht er dafür auch noch zehn neue Mitarbeiter und schafft Arbeitsplätze. Die Wirtschaftskraft wächst also.

Also sind möglichst niedrige Zinsen ein Segen? Im Prinzip ja, wären da nicht die Risiken und Nebenwirkungen. Wenn die höhere Nachfrage nämlich auf einen leergefegten Markt trifft, weil das Angebot nicht schnell genug steigt (die Anschaffung und Installation einer Abfüllanlage dauert eben), dann steigen die Preise und fertig ist der Beginn eines Inflationszyklus.

Zudem entstehen in Ländern mit hoher Inflation gerne auch Schuldenkrisen. Denn natürlich wollen viele einen von den hübsch billigen Krediten. Und einige überschulden sich dann. Gleichzeitig haben die Banken weniger Sparvermögen eingesammelt – und weil das Geld ja irgendwo herkommen muss, holt man es sich aus dem Ausland. Die Ausländer haben aber vermutlich keine große Lust, für niedrige Zinsen Geld ins Land zu bringen und gleichzeitig das Risiko zu tragen, dass die Währung immer weniger wert wird. Sie werden darauf bestehen, dass die Kredite in harten Währungen wie dem US-Dollar zurückgezahlt werden.

Das kann ein Riesenproblem für eine Volkswirtschaft mit Inflation werden: Denn bei Inflation und Währungskrise muss man nicht nur ständig mehr für Äpfel, Brot und Fernseher bezahlen, sondern auch für Hartwährungen wie dem Dollar. Mit jeder Abwertung der eigenen Währung werden also auch Auslandsschulden höher, bis sie unbezahlbar werden.

Fertig ist die Währungs- und Schuldenkrise, in der es nur noch Verlierer gibt: Das Land muss ganz harte Sparmaßnahmen einleiten, die jeden treffen, und die Gläubiger bleiben auf einem Teil ihrer Forderungen sitzen. So wie in Argentinien, schon mehrmals und aktuell wieder. Das Entstehen einer ausgewachsenen Schuldenkrise bekommen Sie – ähnlich wie Angriffe auf die Unabhängigkeit der Geldpolitik – definitiv mit, wenn Sie regelmäßig Schlagzeilen und wichtige Meldungen scannen. Zum Beispiel mit einer Headline wie der folgenden aus der *Tagesschau*:

6. Juli 2019

Neunte Staatspleite droht: Argentinien – Tod mit Ansage?

Thomas Spinnler, *tagesschau.de*[128]

In der Regel geht es zwar nicht gleich so schlecht aus. Es ist aber wichtig, dass Sie ein Gefühl dafür entwickeln, wohin die Geldpolitik steuert, und wissen, was das für Sie als Kreditnehmer, Konsument, Tourist, Anleger oder Unternehmer bedeutet. Und dann entsprechend handeln können. Wenn Sie zum Beispiel auf der Suche nach einer Immobilie sind und die Geldpolitik locker ist, wissen Sie, dass Sie sich Zeit lassen können: Hypothekenzinsen werden so schnell nicht wesentlich teurer werden. Achten müssen Sie aber darauf, ob die Preise für Wohnungen und Häuser stark steigen, weil jeder die günstigen Konditionen für einen Kauf nutzen will.

Angeber-Wissen für die nächste Party:

Die Gefahren der Asset Price Inflation
Wenn Sie Ihr Gegenüber wirklich beeindrucken wollen, dann machen Sie sich doch mal lautstark Sorgen, ob die Kurssteigerungen an der Börse nicht einfach nur eine *Asset Price Inflation* sind, die irgendwann zu einem Crash führen muss. Das Ganze binden Sie dann in eine Erläuterung ein, warum die lockere Geldpolitik der EZB seit der Finanzkrise noch keine nennenswerte Inflation bei uns eingeleitet hat.

Das Phänomen *Asset Price Inflation* war erstmals während des Booms der Internetaktien um die Jahrtausendwende und des anschließenden Crashs an der Börse ein großes Thema. Vorher hatten die Zentralbanken verschiedene Wirtschafts- und Konjunkturkrisen immer wieder mit lockerer Geldpolitik niedergerungen. Doch das zusätzliche Gelden floss nur teilweise in die Nachfrage nach Gütern und verursachte daher auch kaum eine klassische Inflation (und leider auch wenig reale Investitionen und neue Wirtschaftsleistung). Stattdessen wurde vieles einfach angelegt – in Aktien oder Immobilien zum Beispiel. Die Preise für Vermögenswerte (englisch »assets«) stiegen daher stark. Das Problem: Dabei entsteht eine Preisblase, die irgendwann mal platzt, und das reißt in der Regel die Realwirtschaft mit.

Auch aktuell fürchten sich viele vor einer solchen Blase – vor allem an der Börse. Denn die Zentralbanken haben die Corona-Krise mit einer beispiellosen Geldflut bekämpft, und die Aktienmärkte haben in der Folge nach dem Crash bis zu den ersten Lockdowns im

Frühjahr 2020 eine beispiellose Rallye hingelegt. Auch die Immobilienpreise sind trotz Rezession weiter gestiegen. Spricht also einiges dafür, dass das zumindest teilweise eine *Asset Price Inflation* ist.

Zu viel auf einmal? Na gut, hier also noch einmal eine schematische Übersicht, was Geldpolitik anstößt. Zunächst einmal für eine Straffung der Geldpolitik. Die Zentralbank verringert also die Geldmenge, und das alles passiert dann:

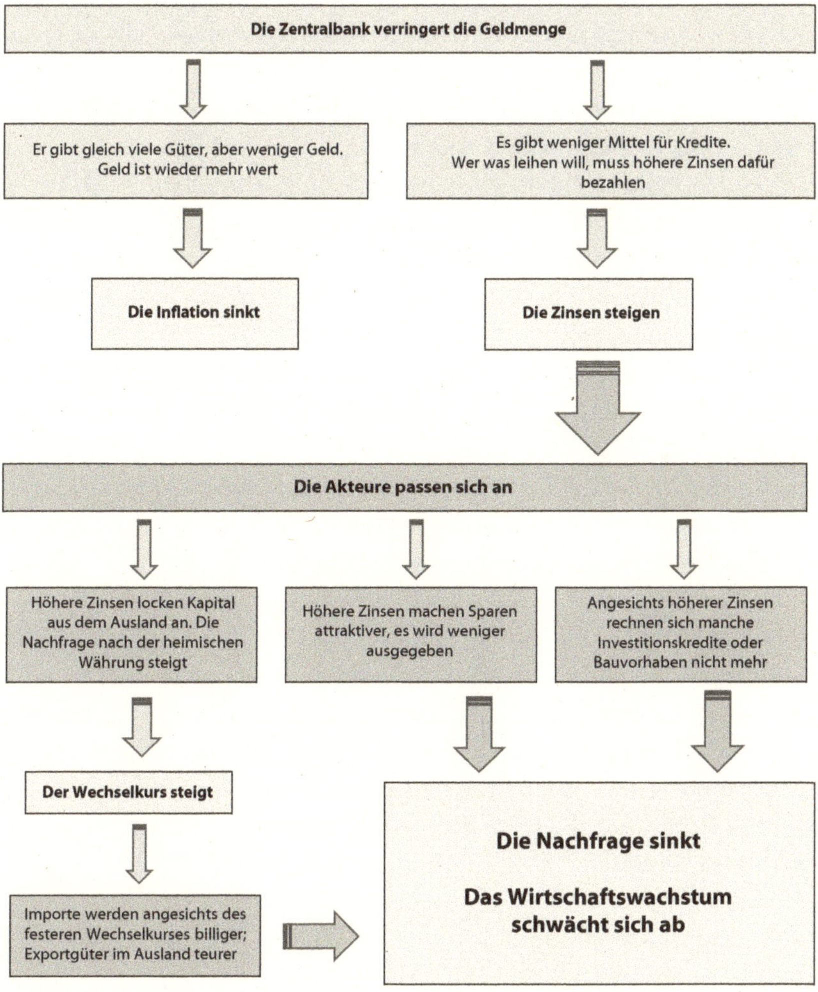

Im Ergebnis ist mit einer restriktiven Geldpolitik also zwar die Inflation im Griff, gleichzeitig deckelt man das Wirtschaftswachstum über gleich mehrere Kanäle – und das erklärt, warum Regierungschefs wie Donald Trump oder Recep Tayyip Erdoğan das nicht so lustig finden. Vor allem, wenn ihre Popularität wesentlich davon abhängt, dass sie als Wirtschaftsspezialisten gelten.

Eine expansive Geldpolitik, also die Erhöhung der Geldmenge, wirkt theoretisch dagegen genau umgekehrt, am Ende steigt das Wirtschaftswachstum, aber eben auch die Inflation. Im Prinzip können Sie die Aufstellung oben durchgehen und einfach »höher« durch »niedriger« und »fallend« durch »steigend« ersetzen.

Im Prinzip, denn eine lockere Geldpolitik hat ein paar Tücken extra. Höhere Zinsen etwa führen zwar ziemlich sicher dazu, dass der eine oder andere Bierbrauer doch keine neue Abfüllanlage anschafft, weil sie die hohen Kreditkosten nicht hereinspielen würde. Wenn der Absatzmarkt aber einfach nicht gut ist, werden andersherum niedrigere Zinsen unsere Brauer aber nicht zwangsläufig dazu verleiten, möglichst schnell ihre Kapazitäten auszuweiten.

Und wir wissen ja schon, dass das schöne billige Extrageld auch einfach in Anlagemärkten wie der Börse oder Immobilien verschwinden kann, ohne in der Realwirtschaft allzu viel zu verändern. Stichwort »*Asset Price Inflation*«. Geldpolitik ist also wie ein Seil: Man kann zwar relativ einfach Inflation und Wirtschaftswachstum aus einer Volkswirtschaft herausziehen, hineinschieben ist viel schwieriger.

Das im Hinterkopf, werden Sie künftig viel besser das Dilemma verstehen, in dem sich die EZB befindet: Einerseits fühlt sie sich von ihrer Struktur her der »Falken«-Tradition verpflichtet, andererseits betreibt sie seit Jahren eine bislang ungekannte Ausweitung der Geldmenge – und bewirkt damit nur wenig. Außer an den Börsen und Immobilienmärkten sind die Preise schon lange nicht mehr stark gestiegen. Und die Covid-19-Krise hat die Lage noch einmal wesentlich verschärft, wie *finanzen.net* berichtet:

2. Juli 2020

EZB-Ratsmitglied Rehn sieht Deflationsgefahr in der Eurozone

dpa, AFX; *finanzen.net*[129]

Eine Meldung wie diese wissen Sie jetzt sicher einzuschätzen: Eine straffere Geldpolitik und höhere Zinsen wird es so schnell nicht geben.

Angeber-Wissen für die nächste Party:

Die billigste geldpolitische Mega-Maßnahme aller Zeiten
Vielleicht sind sie auf einer Party, auf der der Song »Whatever It Takes« von den Imagine Dragons gespielt wird? Ein schöner Anlass für Sie, darauf hinzuweisen, dass die Worte von Zentralbankchefs Gewicht haben. Mit genau den drei Worten aus dem Songtitel beendete der EZB-Präsident Mario Draghi im Juli 2012 quasi im Alleingang die Euro-Krise, in der die Gemeinschaftswährung fast auseinandergebrochen wäre.

Sie erinnern sich? Griechenland steckte tief in einer Schuldenkrise. Und verschiedene Experten (inklusive unseres damaligen Finanzministers Wolfgang Schäuble) dachten laut darüber nach, ob es nicht besser wäre, einige Länder wie Griechenland aus dem Euro herauszulösen. Dadurch wurden die Probleme aber noch größer, weil immer mehr Geldgeber jetzt richtig Angst bekamen und Griechenland und anderen schwachen Euro-Staaten erst recht keine Kredite mehr geben wollten. Und viele Spekulanten daran verdienen wollten und die Zinsen und damit die Zahlungsprobleme für den Staatshaushalt in Griechenland weiter nach oben trieben.

Draghi machte damals in London klar, dass die EZB ein Auseinanderbrechen des Euro um jeden Preis verhindern wollte. Die EZB werde machen »whatever it takes« – also was immer nötig ist. Weil eine Zentralbank ja unendliche Ressourcen hat (wenn sie mehr Geld braucht, macht sie einfach welches), wurden Draghis Worte von allen sehr ernst genommen. Die Spekulationen gegen Griechenland hörten damit fast über Nacht auf, die Anleger schöpften neues Vertrauen.

Gekostet hat die Euro-Rettung die Zentralbank genau: nichts, nicht einmal neu geschaffenes Geld. Denn die Finanzmärkte waren so beeindruckt, dass ein später aufgelegtes Milliardenprogramm zum Kauf von Staatsschulden gar nicht in Anspruch genommen werden musste. Und wie so ein Programm funktioniert, können Sie dann auch noch erklären, wenn Sie den folgenden Abschnitt gelesen haben.

Mindestreserve, *Quantitative Easing* und Leitzinsen

Welche Instrumente die Geldpolitik zur Verfügung hat und was das für die Wirtschaft und Ihre Finanzen bedeutet.

Wenn die Wirtschaft eine große Maschine mit Hunderten von Rädchen und Stellschrauben ist, dann ist es natürlich eine hohe Kunst, die richtige geldpolitische Einstellung für ein gewünschtes Ergebnis zu finden. Zumal nicht nur der Clan der Externen Effekte, sondern auch die Politik ständig etwas verstellt. Darüber hinaus können die Zentralbanken die Geldströme zwar gut abbremsen, aber eben nur bedingt beschleunigen. Wie machen Zentralbanken das also, um mehr oder weniger Geld in die Wirtschaft zu bringen? Das schauen wir uns jetzt mal genauer an.

Zunächst müssen wir dafür noch ein bisschen tiefer in die Mechanismen der Geldschöpfung eintauchen. Leicht zu verstehen ist, dass Geld entsteht, wenn neue Scheine und Münzen gedruckt und unter das Volk gebracht werden. Das spielt aber heute kaum mehr eine Rolle. Inflation kann nämlich auch entstehen, ohne dass eine einzige neue Cent-Münze geprägt wird.

Nehmen wir einmal an, wir haben eine Volkswirtschaft mit einer Geldmenge von genau 100 Geldeinheiten, nennen wir sie »Stabilos«. In einem Monat produziert diese Volkswirtschaft genau 100 Güter, nachproduziert wird nicht. Die Güter sind – jetzt machen wir es uns ganz einfach – alle gleich viel wert. Ein Gut wird also genau einen Stabilo kosten. Zum Monatsanfang kommt ein Kunde zum Bäcker und kauft ein Brot für einen Stabilo. Der Bäcker freut sich ungemein, er träumt seit Langem von einem Schnitzel. Deshalb sperrt er sofort seinen Laden zu und rennt zum Metzger. Was ist passiert? Das Brot ist weg, es gibt also in diesem Monat nur noch 99 Güter, aber immer noch 100 Stabilos. Wenn der Metzger und alle anderen ähnlich handeln, gerät das Güter-Stabilos-Verhältnis daher mehr und mehr aus dem Gleichgewicht, und am Monatsende wird es vollkommen aus dem Ruder gelaufen sein. Sehr wahrscheinlich, dass dann aus dem Stabilo ein Inflato geworden ist. Je nachdem, wie schnell und wie oft das Geld des Bäckers wiedereingesetzt wird, wäre eine Versorgung dieser Wirtschaft mit 15 bis 50 Stabilos also besser gewesen.

Das Ganze funktioniert noch effektiver, wenn es sich um eine bargeldlose Wirtschaft handelt. Dann kann der Bäcker nämlich auch ein genügsamer Vegetarier sein – die Bank, auf der sein Verkaufserlös landet, wird das Geld jemand anderem als Kredit zur Verfügung stellen, und dann kauft eben der das Schnitzel. Fachleute sprechen von einer »Buchgeldschöpfung«, und die Häufigkeit, wie ein und dasselbe Geld in einer festgelegten Zeit für Transaktionen benutzt wird, nennt man »Umlaufgeschwindigkeit«.

Die Zentralbanken müssen also nicht nur die Geldmenge im Auge behalten, sondern eben auch die Umlaufgeschwindigkeit. Und das erklärt, wie die folgenden beiden Schlagzeilen aus der *FAZ* und einer Pressemitteilung des Statistischen Bundesamtes zusammenpassen.

28. August 2020

Auffälliges Wachstum: Die Geldmenge in Europa steigt um zehn Prozent

Christian Siedenbiedel; *faz.net*[130]

11. September 2020

Inflationsrate im August 2020 bei 0,0 %

destatis.de[131]

Ganz klar: Hier hat sich was an der Umlaufgeschwindigkeit getan (und an den Asset-Preisen, Sie wissen schon). Die Zentralbanken müssen also das Kunststück vollbringen, die Geldmenge und die Umlaufgeschwindigkeit so im Gleichgewicht zu halten, dass weder eine Deflation noch eine hohe Inflation entsteht. Dazu fahren sie verschiedene Strategien. Immer wenn sie Geld an Banken geben, schaffen sie neues, das bisher noch nicht im Umlauf war. Sie erhöhen also die Geldmenge. Daneben versuchen sie auch, die Kreditvergabe der Banken zu beeinflussen. Gelingt es, die anzukurbeln, steigt die Buchgeldschöpfung und oft auch die Umlaufgeschwindigkeit.

Drei Wege gibt es im Prinzip für die Zentralbanken, mehr Geld unter die Leute zu bekommen (oder herauszunehmen) oder dessen Umlauf zu erhöhen (oder abzubremsen):

- Sie machen es für die Geschäftsbanken unwiderstehlich attraktiv oder eben unrentabel, Kredite von der Zentralbank zu nehmen. Jeder Euro, den die EZB dabei verleiht, hat vorher nicht existiert, sondern ist ganz frisch aus der (Buch-)Geld-Druckpresse. Damit wird tatsächlich also neues Geld geschaffen.
- Sie sorgen dafür, dass die Geschäftsbanken mehr oder eben weniger Kreditgeschäfte mit bestehenden Mitteln abwickeln können, und beeinflussen so die Schöpfung von Buchgeld.
- Sie kaufen einfach Wertpapiere auf und bezahlen mit frischem Geld – oder sie verkaufen Wertpapiere aus ihrem Bestand und sammeln so bestehendes Geld ein.

Für Ersteres ist der wichtigste Hebel der Zinssatz, zu dem sich Geschäftsbanken mit Zentralbankkrediten versorgen können. Es gibt mehrere, einen für regelmäßige Kredite, einen für Übernachtkredite und einen für

Einlagen, die Geschäftsbanken über Nacht bei der EZB parken können. (Ja, richtig, wenn die Zentralbank Geld von den Geschäftsbanken zurücknimmt, verknappt das die Geldmenge.)

Die Namen dieser Zinssätze sind nicht wirklich eingängig. Sie wollen sie trotzdem hören? Okay, sie heißen »Zinssatz für das Hauptrefinanzierungsgeschäft«, »Spitzenrefinanzierungssatz« und »Einlagesatz«. Wenn Sie sich nicht gerade auf einen freien Posten bei der EZB bewerben wollen, können Sie die aber sofort wieder vergessen. Sie müssen sich nur den Begriff »Leitzinsen« merken, um aktuelle Meldungen zu verfolgen, und damit ist in der Regel der erste Zinssatz, also der für das regelmäßige Kreditgeschäft, gemeint.

Und der steht seit dem 10. März 2016 bei: null. Heißt, Geschäftsbanken bekommen ihr Geld bei der EZB für lau. Das erklärt, warum Sie kaum eine Bank finden werden, die bereit ist, Ihnen Zinsen auf Ihr Erspartes zu zahlen. Und warum Sie kaum noch Zinsen für Hypotheken oder andere Kredite aufbringen müssen.

Angeber-Wissen für die nächste Party:

Ein *Credit Crunch* macht expansive Geldpolitik zahnlos

Je nachdem, was Ihr nächster Gastgeber reicht, haben Sie vielleicht die Chance, einen Vortrag mit dem Satz »Besser knackiges Gemüse als ein *Credit Crunch*« einzuleiten. Sie erklären Ihren erstaunten Zuhörern dann, dass wir es aktuell zumindest mit einem Ansatz von *Credit Crunch* oder zu Deutsch einer Kreditklemme zu tun haben. Davon spricht man, wenn billiges Zentralbankgeld eben nicht zu mehr Krediten für die Realwirtschaft führt. Das Zahnrädchen Geschäftsbanken klemmt also. Das liegt auch daran, dass die Banken nach der Finanzkrise stark reguliert wurden. Jetzt dürfen sie viele riskantere oder unbesicherte Kredite gar nicht mehr vergeben. Und Sie wissen ja schon, dass zudem ein Großteil des frischen Geldes nicht für Investitions- oder Verbraucherkredite, sondern für Geldanlagen verwendet wird (Stichwort *»Asset Price Inflation«*), und können also gleich weiter dozieren.

Der Zins für Einlagen der Banken bei der EZB steht bei minus 0,15 Prozent, und auch das können Sie jetzt richtig einordnen: Die EZB will kein Geld zurück und verlangt daher von den Banken eine Art Gebühr, wenn sie es trotzdem tun.

Wie viel von der bestehenden Geldmenge für Kredite und damit Buchgeldschöpfung zur Verfügung steht, kann die Zentralbank mit der Mindestreservepolitik festlegen. Die Zentralbank bestimmt dabei den Prozentsatz der Einlagen einer Geschäftsbank, der gegen Zinsen bei ihr hinterlegt werden muss. Je nachdem, ob der Reservesatz höher oder niedriger ist, steht mehr oder weniger Geld zur Kreditvergabe an die Wirtschaft zur Verfügung.

Und Sie ahnen es: Derzeit wird weltweit eine lockere Mindestreservepolitik gefahren: Die EZB will 1 Prozent der Einlagen, die Fed sogar gar nichts.

Das Steuern der Geldmenge, indem die Zentralbank Wertpapiere kauft oder verkauft, also frisches Geld in die Wirtschaft bringt oder herausholt, nennt man »Offenmarktpolitik«. (Und was Wertpapiere ganz genau sind, besprechen wir auf Seite 183). Früher war das fast so etwas wie ein Feinsteuerinstrument der Geldpolitik. Inzwischen ist es unter Namen *»Quantitative Easing«* zu einem der wichtigsten, wenn nicht dem wichtigsten Mittel der expansiven Geldpolitik geworden und wird massiv eingesetzt. Gerade als Mittel gegen die Corona-Krise, wie die *Zeit* berichtet:

4. Juni 2020

Notkaufprogramm für Anleihen: EZB stemmt sich mit Billionenpaket gegen Konjunkturabsturz

dpa, *zeit.de*[132]

Das ist hoch umstritten und zwar aus zwei Gründen: Erstens stellen einige infrage, ob der massive Aufkauf von Staatsanleihen nicht eine indirekte Staatsfinanzierung ist – und damit eigentlich per EZB-Gesetz verboten. Zwar überweist die EZB kein Geld direkt in den Staatshaushalt der Euro-Länder. Aber sie hält das Zinsniveau für Staatsschulden niedrig, weil sie als wesentlicher Käufer auftritt.

Zusätzlich akzeptiert sie als Sicherheit von den Geschäftsbanken nur ganz bestimmte Wertpapiere, darunter eben auch Staatsanleihen von wackeligen Euro-Teilnehmern. Auch das stabilisiert den Wert dieser Staatsanleihen und macht es den Ländern leichter, neue Schulden aufzunehmen. Dieses Vorgehen wurde, wie Sie sicher mitbekommen haben, bereits von verschiedenen Gerichten behandelt und im Prinzip für rechtmäßig befunden.

Zum anderen fragen sich viele, ob die unendliche Ausweitung der Geldmenge nicht der falsche Weg ist, mit den Problemen unserer Wirtschaft umzugehen. Einigen Experten ist die Diskrepanz zwischen einer ständig wachsenden Geldmenge und einer niedrigen Inflation unheimlich. Nicht wenige glauben, dass sich irgendwann der Wind drehen wird, wie der *Focus* und der Onlinedienst *Business Insider* berichten.

20. November 2020

Finanz-Profi warnt: »Ich rechne mit zweistelligen Inflationsraten«

Heike Bangert; *focus.de*[133]

24. November 2020

»Irgendwann kippt die Situation«: Die Inflation war nie verschwunden und könnte Verbraucher bald hart treffen

Christoph Damm, *businessinsider.de*[134]

Und Nullzinsen, immer mehr Schulden und eine drohende *Asset-Price*-Blase: Das kann auch gehörig schiefgehen. Und eine Rückkehr zu einer »normalen« Geldwirtschaft ist auf absehbare Zeit nicht denkbar. Würden die Zinsen steigen, wären mit einem Schlag einige Staaten und

Unternehmen in Bedrängnis, weil sie ihren Schuldendienst nicht mehr aufbringen könnten. Das heißt aber auch: Besitzer von Geldvermögen bekommen nach wie vor keine Zinsen und werden damit schleichend enteignet (siehe Realzinsfalle Seite 264).

Sechs angesehene ehemalige Zentralbanker haben daher bereits 2019 – also noch vor der jüngsten Runde von Anleihenkäufen und anderen Maßnahmen der EZB – einen Appell gegen die ständige Ausweitung der Geldmenge verfasst und lassen dabei kein gutes Haar an der aktuellen Geldpolitik. Nicht notwendig, schädlich und gefährlich sei die extrem expansive Politik – lautet das Credo. Hier ein paar der Argumente der Ex-Notenbanker:

Memorandum zur Geldpolitik der EZB
(Auszüge)[135]

- Das häufig verwendete Argument, dass die EZB mit niedrigen Inflationsraten ihr Mandat verletzen würde, ist einfach unzutreffend. Im Vertrag von Maastricht ist dieses Mandat verankert, und diesem gemäß ist das vorrangige Ziel der EZB die Wahrung der Preisstabilität.
- Die negativen Auswirkungen des extrem niedrigen Zinsumfelds reichen vom Bankensystem über Versicherungen und Pensionsfonds bis hin zum gesamten Finanzsektor. Die Umverteilungseffekte zugunsten der Eigentümer von Sachwerten führen zu erheblichen sozialen Spannungen. Die jungen Generationen sehen sich der Möglichkeit beraubt, durch sichere zinstragende Anlagen für ihr Alter zu sorgen. Die Suche nach Renditen treibt den Preis von Vermögenswerten künstlich auf ein Niveau hoch, das letztlich zu einer abrupten Marktkorrektur oder sogar in eine tiefe Krise zu führen droht.
- Umfangreiche Kredite zu extrem niedrigen Zinssätzen halten schwache Banken und – indirekt über Kreditvergabe – schwache Unternehmen liquide, das heißt über Wasser.

Wohin führt das alles also? Das sollten Sie aufmerksam verfolgen. Es gibt ein paar Möglichkeiten, und welche letztendlich eintritt, weiß niemand. Vielleicht lebt die Weltwirtschaft einfach so weiter – ohne Zinsen und mit ständig neuem Geld. Vielleicht entsteht irgendwann doch eine Inflation – die würde die Schulden real verringern und könnte letztendlich sogar wieder zu höheren Zinsen und zu einer »normalen« Geldpolitik führen. Oder irgendein Ereignis löst eine negative Kettenreaktion aus: Kredite fallen aus, das Bankensystem bricht zusammen, die Wirtschaft kollabiert, Staaten gehen pleite.

Das sollten Sie im Auge behalten. Denn ganz sicher bleibt die Geldpolitik in den kommenden Jahren ein wichtiger Bereich und wird bestimmt eines nicht: langweilig. Zumindest die EZB scheint gewillt, den bisherigen Weg weiterzugehen, wie eine Meldung von dpa nahelegt. »Whatever it takes« – zur Not vielleicht auch mit ganz neuen Mitteln, wie die Nachrichtenagentur dpa meldet.

21. Juli 2020

EZB-Direktorin: Bei Bedarf neue geldpolitische Instrumente

dpa[136]

Teil III
Die Welt der Finanzmärkte

Fast schon eine eigene und oft sehr fremde Welt sind die Finanzmärkte. Dennoch sind sie unverzichtbar. So können Sie die Entwicklungen mit Nachrichten verfolgen.

Beim Wort »Finanzmärkte« hat jeder seine eigene Assoziation. Für die einen, wie das globalisierungskritische Netzwerk Attac, sind sie ein »Monster«, das ganz dringend gezähmt werden muss.

3. Juni 2008

Attac zur Finanzmarkt-Regulierung: Das Monster soll ein Teddy werden

Maike Brzoska, *taz.de*[137]

Haben sie recht? Aber sicher doch.

Für andere spielen sie, wie es in einem Beitrag für die Konrad-Adenauer-Stiftung steht, eine unverzichtbare Rolle in der Marktwirtschaft und haben eine »wichtige sozialpolitische Funktion«.

3. Februar 2009

Vom Segen der Finanzmärkte

Norbert Walter, *kas.de*[138]

Und stimmt das? Ja klar!

Die Finanzwelt ist eben wie das berühmte große Küchenmesser. Hat man keins, kann man aus dem schönen Kürbis keine Suppe kochen. Man kann sich aber damit auch beim Zubereiten einen Finger abhacken oder nebenbei seinen Lebensgefährten erstechen. Finanzmärkte sind also ein wichtiges, aber nicht ganz harmloses Instrument.

Für viele – und vielleicht auch für Sie – sind die Finanzmärkte aber einfach nur eines: undurchschaubar. Das wollen wir in diesem Kapitel ändern.

Kommen Sie doch noch einmal mit in die Lutscher-Maschinen-Halle (ich verspreche, das ist das letzte Mal). Wir gehen mal ein bisschen näher an die Maschine heran. Jetzt können wir es sehen: In den Geldleitungen und vor allem an allen Kreuzungen der Geldleitungen sind kleine und größere Pumpen eingebaut, die ständig schnurren. Die brauchen wir, denn Geld ist zähflüssig. Ohne Pumpen würde vermutlich so gut wie nichts fließen. Offensichtlich sind sie verstellbar und können Geld entweder aus Leitungen heraussaugen oder hineinpumpen.

Was das ist? Die Finanzinstitutionen, also Banken, Börsen und alle anderen, die Geld von A nach B bringen. Wenn das die Spieler sind, die an den Finanzmärkten unterwegs sind, stellt sich die Frage: Womit spielen die Spieler (oder um es nicht so zu verniedlichen, denn die Sache ist ernst: womit handeln sie) und wo tun sie das, also auf welchen Märkten? Genau das schauen wir uns nun näher an.

Wer sich an den Finanzmärkten tummelt

Das Finanzsystem besteht aus einer Vielzahl von Institutionen und Märkten. So behalten Sie die wichtigsten im Blick.

Stellen wir uns doch einen Moment vor, es gäbe keine Banken, Investmentgesellschaften, Börsen oder sonstigen Finanzinstitute. Wir schreiben den Corona-Herbst 2020. Es klingelt an Ihrer Haustür, davor steht eine Beamtin des Finanzministeriums – natürlich mit korrekter Atemschutzmaske. Sie erklärt Ihnen, dass der Staat jetzt viel, viel Geld aufnehmen muss, und fragt Sie, ob Sie ihr nicht eine Staatsanleihe abkaufen wollen (was das genau ist, steht auf Seite 195).

Gerade als die freundliche Dame dabei ist, die Zinshöhe und die Rückzahlungskonditionen für Ihren Kredit an den Staat zu erläutern, kommt Ihre Nachbarin dazu. Sie will wissen, ob Sie Ihr Bargeld nicht lieber für eine Hypothek für ihr neues Haus hergeben wollen. Gegenüber sehen Sie den asiatisch aussehenden Mann mit Ihrer Nachbarin diskutieren, der Ihnen gestern Anteile an südkoreanischen Unternehmen verkaufen wollte. Davor bemerken Sie zwei Männer, die sich um den letzten Parkplatz streiten. Der eine fährt ein Auto mit dem Logo der »Kindergeld-Verteil-Stelle«, der andere hat den Firmennamen Ihres Arbeitgebers auf seiner Maske aufgedruckt – den kennen Sie schon, denn er bringt einmal im Monat Ihr Gehalt. Eine Geldbotin auf einem Fahrrad umkurvt die Streithähne geschickt, die will wahrscheinlich das Geld für die letzte Online-Bestellung abholen.

Okay, genug! Machen wir die Haustür schnell wieder zu. Wir haben verstanden, wie hilfreich es ist, dass es Unternehmen und Institutionen gibt, die Geld einsammeln und verteilen oder von einem zum anderen bringen.

Die nennt man »Finanzintermediäre«, ein Wort, das Sie gerne sofort wieder verdrängen können, weil es wirklich abscheulich zu merken und auszusprechen ist. Denken Sie einfach nur an die Bedeutung von »Intermediär« (aus dem Lateinischen für »dazwischenliegend«). Das beschreibt die Funktion des Finanzsystems ganz gut.

Finanzhäuser bringen also Geld von einem zum anderen. Und das gilt nicht nur, wenn Sie eine Rechnung überweisen wollen. Sondern vor allem auch für alle Summen, die irgendwie in einem Haushalt, Unternehmen oder sonst wo übrig sind, also gespart werden. Das Finanzsystem sorgt dafür, dass es dorthin gelangt, wo gerade Kapital gebraucht wird und sinnvoll eingesetzt werden kann.

Weil die Summen und die Vorstellung über den Rückzahlzeitpunkt und das Risiko der Anlage in der Regel ganz verschieden sind, packt das System die Geldbeträge dabei ständig um. Das nennt man »Transformation«, und das ist tatsächlich eine der wichtigsten volkswirtschaftlichen Aufgaben des Finanzsystems: Passend machen, was eigentlich nicht passt.

Klingt schwierig, macht aber jede auch der kleinen Sparkassen jeden Tag: Sie nimmt viele kleine Spareinlagen an und vergibt dann vielleicht damit nur eine Handvoll große Kredite. Sie finanziert eventuell mehrere aufeinanderfolgende kurzfristige Verbraucherkredite mit Einzahlungen in einen langfristigen Sparplan. Und sie verwendet die Beträge auf die sicheren Sparbücher, um – mit einem entsprechenden Zinsaufschlag und einer sinnvollen Streuung – im Vergleich riskantere Unternehmenskredite auszugeben.

Bei Letzterem – der Risikotransformation – übernimmt das Finanzsystem quasi nebenbei eine weitere immens wichtige volkswirtschaftliche Funktion: die sinnvolle Verteilung von endlich viel Kapital auf die aussichtsreichsten wirtschaftlichen Aktivitäten. Das nennt man »Kapitalallokation«, und meist funktioniert das ganz gut.

Die Mitarbeiter der Kreditabteilung jeder Bank tun nämlich beruflich nichts anderes, als Unternehmen und andere Antragsteller von Krediten und Darlehen ganz genau unter die Lupe zu nehmen (wenn Sie je eine Selbstauskunft für einen Kredit oder eine Hypothek ausgefüllt haben, wissen Sie, was »ganz genau« bedeutet). Und genehmigen dann Kredite nur an die Unternehmen, die gute Chancen auf wirtschaftlichen Erfolg haben. Und eine Heerschar von Analysten und Anlegern an den Börsen macht beruflich nichts anderes, als mit allen möglichen Daten und Gedankengängen herauszufinden, wo die Chancen auf Wachstum und Gewinne am höchsten sind, und ihr Geld genau dort zu investieren.

Kredite dürften daher nur in die solidesten Unternehmen fließen, Kapital von den Börsen nur in die aussichtsreichsten Länder, Branchen und Unternehmen – zumindest in der Theorie. In der Praxis kam es in der Vergangenheit aber immer wieder zu massenpsychologischen Fehleinschätzungen von epischen Ausmaßen.

Was passieren kann, wenn die Allokationsfunktion des Finanzsystems weltweit schlagartig versagt und plötzlich viel gutes Geld in schlechte Anlagen geht, haben wir alle in den Jahren der Finanzkrise erlebt (und wir schauen uns ab Seite 249 noch an, was damals genau passiert ist).

Behalten Sie bitte trotzdem das segensreiche Wirken und die wichtigen Funktionen der Finanzunternehmen im Hinterkopf, wenn wir uns nun im Folgenden die einzelnen Arten und Ausprägungen etwas genauer ansehen. Und sehen Sie auch die grundsätzlich positive Funktion von Börsen und anderen Handelsplätzen, die wir ab Seite 190 besprechen. Vor allem immer dann, wenn wir über die eine oder andere Nische der Finanzmärkte ordentlich schimpfen werden.

Jetzt sind wir aber bereit, einzelne Bereiche der globalen Finanzmärkte zu erkunden.

Banken: ein relevantes System

In einer Marktwirtschaft spielt das Bankensystem eine zentrale Rolle. Sein Zustand strahlt auf die komplette Wirtschaft aus.

Sie haben ein Konto? Mit Guthaben? Dann dürften Sie daran interessiert sein, dass Ihre Bank auch morgen noch Geld auszahlen kann. Okay, alle Beträge bis 100.000 Euro pro Person sind in Europa durch eine Einlagenversicherung abgedeckt, die bekommen Sie also auf jeden Fall zurück. Sie heben Ihr Geld trotzdem lieber unter dem Kopfkissen auf, weil

Sie gerne ganz auf der sicheren Seite sein wollen? Dann sollten Sie wissen: Die Folgen von Bankenpleiten würden Sie trotzdem spüren. Denn so etwas hat weit größere Auswirkungen als »nur« den Verlust von Spareinlagen. Die Aussage von Hans-Walter Peters, Präsident des Bundesverbandes deutscher Banken (BdB), über die der *Mannheimer Morgen* berichtet, sollte uns alle daher freuen:

16. Oktober 2020

»Das Bankensystem in Deutschland ist stabil«

Rolf Obertreis; *Mannheimer Morgen*[139]

Warum das so wichtig ist? Wir alle kennen uns ja derzeit sehr gut mit Pandemien aus. Daher denken wir mal in virologischen Dimensionen: Banken sind da so etwas wie die am stärksten von Ansteckungen bedrohten Mitglieder der Gesellschaft. Denn wenn sie ihren Job ausfüllen wollen, ist das mit dem *»social distancing«* (oder hier besser: *»economic distancing«*) unmöglich. Banken haben unglaublich viele wirtschaftliche Kontakte: mit so gut wie jedem Haushalt über Konten, Spareinlagen, Immobiliendarlehen und Verbraucherkredite. Mit Unternehmen, die sie finanzieren und deren Guthaben sie verwalten. Und untereinander, weil sich auch Banken zum Beispiel gegenseitig Geld leihen und oft bei großen Finanzierungen gemeinsame Verträge aufsetzen.

Ist also irgendein Teil der Gesellschaft mit einer Krise infiziert, stecken sich die Banken leicht an. Die werden nämlich krank, sobald sie zu viele faule Kredite in den Büchern haben, bei denen der Schuldendienst infrage steht. Das ist immer dann der Fall, wenn die Kreditnehmer ihre Zinszahlungen und Tilgungsraten nicht mehr vollständig und pünktlich leisten können. Ansteckung droht also, wenn zum Beispiel viele private Kreditnehmer gleichzeitig in Zahlungsverzug kommen, weil die Arbeitslosigkeit stark ansteigt. Oder wenn es eine Krise gibt, die viele Unternehmen auf einmal in Bedrängnis bringt.

Kranke Banken werden wegen ihrer vielen Kontakte dann schnell zu Superspreadern der Krise: Sind sie in Schwierigkeiten, können sie auch eigentlich gesunde private Haushalte, Unternehmen und sich gegenseitig infizieren. Weil die Banken dann Guthaben nicht mehr auszahlen, Verträge nicht mehr erfüllen und Kredite nicht mehr geben können.

Fertig ist die Bankenkrise und mit ihr in der Regel auch die allumfassende Wirtschaftskrise. »Systemrelevant« ist inzwischen schon fast ein Schimpfwort für die Banken geworden, aber es trifft den Kern der Sache ganz gut.

Schön also, dass uns der Bankenverbandspräsident Peters bescheinigt, dass es unseren Geldhäusern gerade gut geht?

Na ja, so gut auch nicht. Denn Banken leben von Zinsdifferenzen, also davon, dass sie mehr für Kreditzinsen einstreichen, als sie an Sparer abgeben müssen. Damit finanzieren sie zum Beispiel ihren Verwaltungsapparat und den ganzen Prüfaufwand für Kredite. Weil Geld aber derzeit für lau bei der Zentralbank zu haben ist und keiner einen Vorteil davon hat, Sparer mit besonders gutem Service anzulocken, ist die Konkurrenz brutal geworden. Zumal im Internet immer mehr neue Wettbewerber (sogenannte »FinTechs«, siehe Seite 192) auftauchen und Banken seit der Finanzkrise einige sehr lukrative, aber gefährliche Geschäfte nicht mehr machen dürfen.

Sollte Corona also für eine Reihe von Unternehmenspleiten sorgen, weil der Staat irgendwann nicht mehr jeden retten wird, könnte es eng werden für die Banken. Davor warnen einige Experten wie die Deutsche Bundesbank, wie die *FAZ* berichtet:

13. Oktober 2020

Bundesbank warnt: Die Zahl der Pleiten wird steigen – und auch die Banken treffen

Christian Siedenbiedel; *faz.net*[140]

Wie es den Banken so geht, sollten Sie auf jeden Fall im Auge behalten und auch Meldungen zur Entwicklung bei den Insolvenzen verfolgen. Denn kranke Banken sind auf jeden Fall eines: teuer für die Steuerzahler, denn sie pleitegehen zu lassen, ist meist gar keine Option.

Banken sind also tatsächlich relevant für das Wirtschaftssystem. Und weil das auch Politiker wissen, unterliegen sie auch einer besonders strengen Regulierung und einer staatlichen Aufsicht. Zuständig sind in Deutschland die Deutsche Bundesbank sowie die Bundesanstalt für Finanzdienstleistungsaufsicht, kurz BaFin. Ja, Letztere ist genau die Behörde, die sich 2020 bei der betrügerischen Pleite des Finanzdienstleisters Wirecard nicht gerade mit Ruhm bekleckert hat.

Beide können aber natürlich nur all das prüfen, was als gesetzliche Regel vorgesehen ist. Die Politik spielt also eine große Rolle. Das Problem dabei: Nationale Regelungen nutzen wenig, denn es ist nicht schwer, Kapital zum Arbeiten ins Ausland zu schicken, wenn dort mehr erlaubt ist. Eine Überweisung genügt.

Vor der Finanzkrise wollte die Politik aber gar nicht strenger regeln, sondern eher weniger. Weltweit lautete das Motto: Deregulierungen, also die Abschaffung oder Lockerung von Vorschriften, erhöhen den Wohlstand für alle. Dass das nicht unbedingt richtig ist, ist allen dann in den wilden Jahren 2008 und 2009 aufgefallen, und seither gab es gerade eine Welle von neuen Ideen und Vorschriften für Bankgeschäfte. Wenn Sie Begriffe wie »MiFID« oder »Basel II« (das war allerdings schon vor der Finanzkrise) hören: Das sind Initiativen der G20 oder auch europäische Richtlinien, die Einzelheiten zu Bankgeschäften festlegen – und die sind alle sehr schwer verständlich, deshalb tauchen wir hier nicht in die Details ein.

Halten wir uns also lieber an den Versuch, einen Überblick zu behalten, wie gut unsere Geldhäuser überwacht werden. Und stellen fest: Inzwischen hat sich einiges getan. Banken müssen mehr eigenes Geld in die Kreditvergabe stecken, dürfen viele riskante Wertpapiergeschäfte nicht mehr betreiben, und es gibt sogar eine Idee, wie man eine einzelne notleidende Bank schließen könnte, ohne dass sie alle anderen mit in den Abgrund zieht.[141]

Ganz große Banken werden in Europa nun zudem von der Europäischen Zentralbank überwacht, die sie regelmäßig einem »Stresstest« unterzieht. Da werden alle zwei Jahre irgendwelche größeren Einbrüche an den Finanzmärkten oder in der Realwirtschaft simuliert und nachgeschaut, welche Bank dann welches Problem hätte. Bisher waren die

Ergebnisse meist gut, wie zum Beispiel *Cash-online.de* für den Test 2019 berichtete:

7. Oktober 2019

Bankenstresstest 2019 erstaunlich positiv

Cash-online.de[142]

Und 2020? Wie fiel der Stresstest im Corona-Jahr für die wichtigsten europäischen Banken aus? Gar nicht, wie wir einer offiziellen Mitteilung der EZB entnehmen können:

> Aufgrund der außergewöhnlichen Umstände, die aus der Coronavirus-Pandemie (Covid-19) erwachsen, hat die EBA beschlossen, den EU-weiten Stresstest auf das Jahr 2021 zu verschieben. Die EZB unterstützt diese Entscheidung und hat ihren eigenen SREP-Stresstest 2020 ebenfalls auf 2021 verschoben. Auf diese Weise soll den Banken operative Flexibilität gewährt und die Möglichkeit gegeben werden, sich auf die Weiterführung ihrer Kerngeschäftstätigkeiten, einschließlich der Unterstützung ihrer Kunden, zu konzentrieren.[143]

Dabei wäre es gerade jetzt natürlich besonders spannend. Achten Sie auf jeden Fall darauf, was der nächste Stresstest bringt, der jetzt für 2021 geplant ist. Und achten Sie auch darauf, ob die Regeln für Banken eher wieder gelockert werden. Denn nicht wenige glauben, diese seien jetzt zu streng.

Bankenpolitik verläuft eben auch nicht viel anders, als Kinder zu erziehen: Erst sieht man die Sache eine Weile locker, dann schlagen die Kleinen über die Stränge. Und anschließend ist man eben erst einmal extra streng. Und nach einer Weile denkt man wieder darüber nach, ob man die Zügel nicht doch ein bisschen lockerer lassen sollte.

Denn übermäßige Strenge hat natürlich auch ihre Schattenseiten: Im Fall der Bankenpolitik zum Beispiel die, dass ein neuer und teilweise gefährlicher Finanzsektor jenseits der Banken Auftrieb bekommt. Denn der muss keine oder weniger Regeln beachten als Banken – und das ist ein großer Wettbewerbsvorteil. Wer das genau ist, das schauen wir uns jetzt gleich einmal genauer an.

Von Schatten- und Nichtbanken

Nicht einmal die Hälfte der Bewegungen an den Finanzmärkten verursachen Banken. Behalten Sie im Blick, wie es den anderen Teilnehmern an globalen Finanzmärkten geht – und wer davon gefährlich werden könnte.

Arbeiten Sie bei der Allianz, bei Siemens, Volkswagen oder in einer Baufirma? Dann sind Sie wie viele deutsche Arbeitnehmer vermutlich über Ihren Betrieb Mitglied in einer Pensionskasse und haben ein Stückchen Ihrer Altersvorsorge darüber abgesichert. Oder Sie haben noch eine Kapitallebensversicherung? Für die Jüngeren unter uns: Das war früher der Renner. Es verbindet eine Risikolebensversicherung mit hohen Versicherungssummen, die im Todesfall an Hinterbliebene bezahlt werden, mit Sparraten für ein Kapitalvermögen, das zum Rentenbeginn oder einem anderen vereinbarten Zeitpunkt ausgezahlt wird. Je nach dem Zeitpunkt des Vertragsabschlusses sind die Auszahlungen ganz oder teilweise steuerfrei.

Egal was, in beiden Fällen haben Sie mit einer »Nichtbank« Geschäfte gemacht. Nichtbanken (was für ein Begriff!) sind alle Organisationen und Unternehmen, die Geld einsammeln und an andere verleihen oder Vermögensgegenstände damit kaufen. Sie sind aber eben – wie der Name aufmerksamen Zeitgenossen vermittelt – nicht als Bank registriert und deshalb auch nicht entsprechend reguliert.

Versicherungen gehören zu den Nichtbanken, aber auch andere Altersvorsorgeeinrichtungen – zum Beispiel ein Pensionsfonds. Auch der kassiert über Jahre Beiträge seiner Mitglieder ein, legt sie an den Finanzmärkten an und zahlt am Ende eine Rente aus. Sie machen also ähnliche

Geschäfte wie Banken – Geld einsammeln, transformieren und wieder herausgeben. Im Gegensatz zu »echten« Banken gilt für Nichtbanken aber:

- Sie haben kein Konto bei der Zentralbank und können sich deshalb dort kein Geld leihen.
- Sie unterliegen nicht der Bankenregulierung.
- Und die Einlagen der Anleger sind auch nicht durch die Einlagenversicherung abgesichert.

Das ist im Fall von Versicherungen und Pensionsfonds nicht wirklich besorgniserregend. Denn auch sie werden reguliert und überwacht – von der BaFin (der Bundesanstalt für Finanzdienstleistungsaufsicht), die darauf achtet, dass die Unternehmen die Kundengelder »nach dem Grundsatz der unternehmerischen Vorsicht anlegen«.[144] Konkret heißt das, dass die Anlagemanager der Institutionen nur wenige riskante Geldanlagen wählen dürfen. Und das ist ein Grund dafür, warum die gute alte Lebensversicherung in Zeiten von Nullzinsen vollkommen unattraktiv geworden ist. Wer nur auf sichere Geldanlagen setzen muss, kann momentan keine Vermögenszuwächse erwirtschaften (dazu mehr auf Seite 264).

Neben den Versicherungen spielen auch ein paar staatliche oder öffentliche Institutionen an den Finanzmärkten mit. Zum Beispiel die Zentralbanken, wenn sie ihre Anleihenkaufprogramme abwickeln (siehe Seite 160). Oder Staatsfonds, wie der aus Norwegen, der einen Teil der Gelder aus dem Ölgeschäft verwaltet und anlegt. Auch das beunruhigt uns nicht weiter.

Nervös werden sollten wir bei einem anderen Sektor, der unter dem Namen »Schattenbanken« zusammengefasst wird. »Schattenbanken« – das klingt nach Schwarzmarkt, organisierter Kriminalität und dunklen Hinterzimmern. Doch genau das sind sie meist nicht: Sie sind in der Regel ganz offiziell angemeldete, legale Firmen, gerne mal mit Sitz an feiner New Yorker Adresse – öfter aber auf einer der Inseln, auf denen man so gut wie keine Steuern zahlen muss. Sie sind nicht illegal und nicht kriminell – aber teilweise dennoch brandgefährlich für unser

Wirtschaftssystem – und einige von ihnen von sehr begrenztem gesellschaftlichem Nutzen.

Bevor wir allerdings so richtig mit dem Schimpfen und dem Ruf nach politischem Handeln beginnen, schauen wir erst noch einmal schnell, wie groß die Anteile der einzelnen Bereiche an den globalen Finanzmärkten eigentlich sind:

Anteile am verwalteten Vermögen verschiedener Finanzintermediäre weltweit 2018

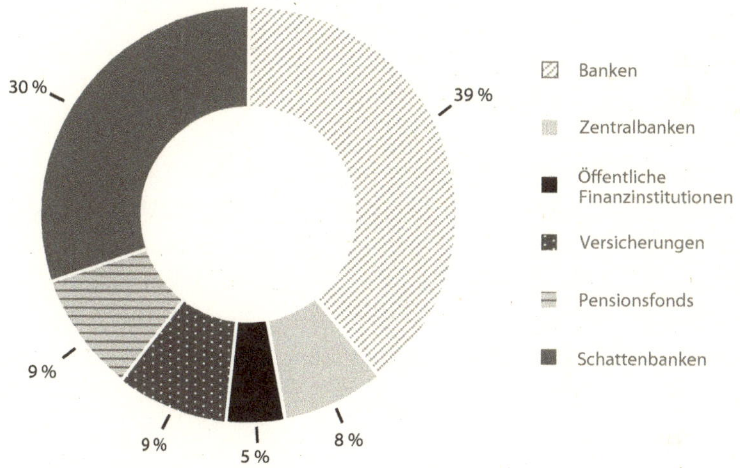

Quelle: Financial Stability Board[145]

Der Schattenbanksektor ist also der zweitgrößte Spieler auf den weltweiten Finanzmärkten und hat damit schon fast so eine große Rolle wie alle Banken zusammen. Gruselig, oder? Noch gruseliger ist allerdings, wenn man sich anschaut, wie dynamisch er wächst, während der Anteil der traditionellen, regulierten Banken stetig abnimmt.

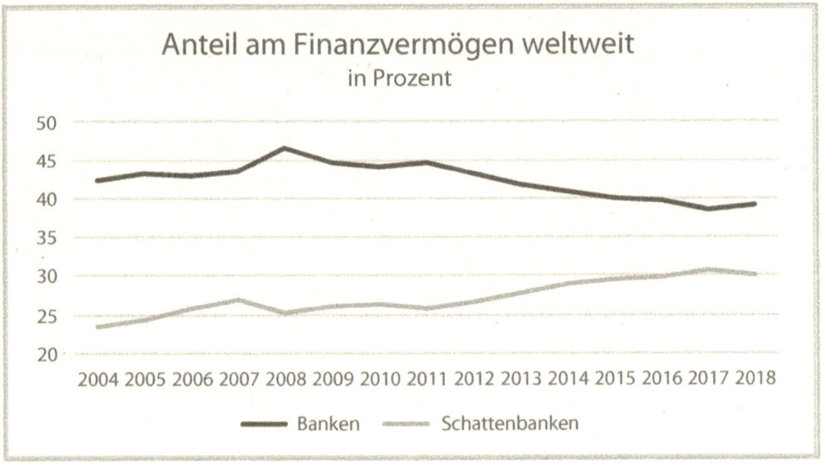

Quelle: Financial Stability Board[146]

»Schattenbanken« ist übrigens ein sehr neuer Begriff, der erst seit 2007 existiert und seither ziemlich Karriere gemacht hat. Denn eine Weile lang gab es auch von ganz offiziellen Stellen wie dem Finanzstabilitätsrat (kurz »FSB« für englisch »Financial Stability Board«) Studien zum Thema »Schattenbanken«. Jetzt ist den seriösen Analysten aufgefallen, wie schräg das klingt und dass damit ein Teil der Branche nicht gerecht behandelt wird. Sie sprechen seit Neuestem nur noch von »OFIs« (für »Other Financial Intermediaries« – also »andere finanzielle Intermediäre«) – aber raten Sie mal, ob sich der Begriff in den Medien gegen das schöne »Schattenbanken« durchsetzen wird?

Das FSB wurde nach der Finanzkrise gegründet und gehört zur Bank für Internationalen Zahlungsausgleich (also dem Club der Zentralbanken, siehe Seite 51). Ihm verdanken wir, dass es inzwischen halbwegs vernünftiges Zahlenmaterial über den Schattenbanksektor – pardon, den OFI-Sektor – gibt. Demnach hat der Bereich 2018 Vermögen im Wert von 114,3 Billionen US-Dollar verwaltet.[147] Das klingt nach viel und ist es auch. Zum Vergleich: Das Welt-BIP, also alles, was irgendwo auf unserem Globus erwirtschaftet wurde, betrug im selben Jahr deutlich weniger, nämlich rund 85 Billionen US-Dollar.

Um zu verstehen, wie Schattenbanken arbeiten, müssen wir uns allerdings noch mit etwas ganz anderem beschäftigen, das an den Finanzmärkten eine zentrale Rolle spielt: der Verbriefung.

Damit werden Kreditforderungen oder Eigentumsrechte an den Finanzmärkten in Wertpapiere umgewandelt. Die Rechte werden dabei in viele kleine Stücke zerteilt und sind nicht mehr ein Vertrag zwischen zwei Parteien, sondern viele Papiere, auf denen die anteiligen Rechte und Pflichten aus dem Vertrag festgehalten sind.

Ein Beispiel: Eine Bank, die Gläubiger AG, gibt Frau Schwanhild Uldner (abgekürzt »Sch.Uldner«) einen Kredit über 1.000 Euro. Aus irgendeinem Grund will die Gläubiger AG den Kredit aber aus ihren Büchern haben und deshalb weitergeben. Sie findet zehn Kunden, die bereit sind, jeweils 100 Euro zu investieren. Deshalb schreibt sie zehn rechtsgültige Papiere, in denen genau steht, dass Frau Sch.Uldner dem Inhaber dieses Schriftstücks jeweils 100 Euro zahlen muss, samt aller Bedingungen für den Kredit, also dem Rückzahlungszeitpunkt, den Zinszahlungen und so weiter. Damit hat die Bank den Kredit verbrieft und weiterverkauft und dabei gleichzeitig ein Wertpapier geschaffen.

Verbriefung funktioniert im Prinzip mit so gut wie allen Investments: Unternehmensanteile, Lieferansprüche, Forderungen und vieles mehr. Das ist unglaublich praktisch, weil es aus großen, trägen Verträgen viele kleine flexible Stückchen macht. Nur dadurch ist es möglich, dass auch Sie sich, wenn Sie wollen, ohne Aufwand an einem Milliardenkredit für einen Staat oder an irgendeinem riesigen Konzern irgendwo auf dem Globus beteiligen können. Normalerweise wäre so ein Eigentumsrecht oder eine Kreditforderung nur sehr umständlich, eventuell sogar nur mit einem Notartermin, übertragbar – ganz abgesehen davon, dass die Summen so hoch sind, dass sich das so gut wie niemand leisten könnte.

Ein Wertpapier dagegen läuft meist über einen überschaubaren Betrag und kann jederzeit einfach an der Börse oder an anderen Handelsplätzen ge- oder verkauft werden.

Verbriefung ist allerdings auch ein wichtiges Werkzeug für die gefährliche Sorte der Schattenbanken und hat in der Finanzkrise 2008 eine unrühmliche Schlüsselrolle gespielt. Ein weiteres großes Küchenmesser also, das der Gesellschaft nutzen, aber auch großen Schaden anrichten kann.

So, nun lassen Sie uns also mal genauer nachsehen, wer und was sich hier in dem Schattenbankenbereich tummelt und was davon tatsächlich warum gefährlich ist. Zu dem Bereich gehören ganz unterschiedliche Unternehmen, gemeinsam ist ihnen nur, dass sie Geld einsammeln und für ihre Kunden an den Finanzmärkten in Vermögenswerte investieren. Da gibt es zum einen die Gattung der Investmentfonds: Die investieren das Geld ihrer Kunden in Aktien, Immobilien oder Anleihen.

Die größte Schattenbank der Welt, die Firma BlackRock aus den USA, gehört zu den Investmentfonds. Sie alleine verwaltete 2020 ein Vermögen von 7,8 Billionen Dollar.[148] Von der haben Sie vielleicht schon gehört, zum Beispiel in der ARD oder im *Handelsblatt*.

7. Dezember 2018

Blackrock, die heimliche Weltmacht

Thomas Spinnler, *boerse.ard.de*[149]

Ja, das ist die Firma, bei der der CDU-Politiker Friedrich Merz bis Anfang 2020 arbeitete. Und was macht BlackRock so genau? Die Firma kauft Aktien und andere Wertpapiere mit Anlegergeldern und verwaltet die Bestände ihrer Kunden. Dadurch hat BlackRock Anteile an Zehntausenden Unternehmen weltweit in seinen Kundendepots – auch an vielen, vielen deutschen Firmen.

Das ist an und für sich nicht bedenklich, weil die Unternehmensanteile ja nicht BlackRock, sondern den Kunden gehören. Doch die geben ihre Stimmrechte an BlackRock ab, das heißt die Schattenbank kann weltweit als Eigentümervertreter bei der Führung Zehntausender Unternehmen mitreden. Und auch ansonsten mischt sich der Gründer und Chef Larry Fink gerne in die Politik ein, wie wir einer Schlagzeile aus dem *Handelsblatt* entnehmen können:

4. September 2019

Blackrock-Chef fordert von Deutschland: »Der Staat muss mehr investieren«

Sven Afhüppe, *handelsblatt.com*[150]

Das hinterlässt ein ungutes Gefühl. Dennoch kann man lange streiten, ob BlackRock und andere Vermögensverwalter, insbesondere Investmentfonds, ein Problem für unser Finanzsystem sind oder eher hilfreich, weil sie auch weniger reichen Kunden den Zugang zu Investments zum Beispiel in Aktien ermöglichen. Und dass das durchaus sinnvoll ist – vermutlich auch für Sie persönlich –, besprechen wir im letzten Kapitel dieses Buches noch ausführlich.

Zudem muss man den Investmentfonds eines lassen: Sie gefährden unser Finanzsystem und damit unsere Weltwirtschaft sogar ein kleines bisschen weniger als unsolide Banken. Das liegt an den rechtlichen Verhältnissen. Geht ein Investmentfonds pleite, passiert vergleichsweise wenig, denn das Anlagevermögen gehört nicht der Firma, sondern eben den Kunden und ist damit von einer Insolvenz nicht betroffen. Insgesamt kann man Investmentfonds also einen gesellschaftlichen Nutzen nicht absprechen.

Das ist in anderen Bereichen in der Gruppe der Schattenbanken aber ganz anders, für die man kaum ein gutes Argument finden kann: Einen ersten Hinweis auf deren Geschäftsmodelle bekommen wir, wenn wir uns die Marktanteile der Schattenbanken in einzelnen Ländern anschauen. In Deutschland sind sie für knapp 18 Prozent des verwalteten Vermögens hierzulande zuständig. In Luxemburg und auf den Cayman Islands sind es gut 90 Prozent. Warum? Weil (legal) Steuern vermeiden ein wichtiges Motiv für die Gründung einiger ganz spezieller Sorten von Schattenbanken ist: der Finanzierungsgesellschaften. Auch deutsche Unternehmen sind hier aktiv, nach einer Untersuchung der Linken im Bundestag haben die 30 Unternehmen, die im Aktienindex DAX gelistet sind (siehe Seite 221) insgesamt 3.791 Beteiligungen an Unternehmen, die in Steueroasen angesiedelt sind.[151] Warum? Das Motiv dürfte in der Regel das gleiche sein, das zum Beispiel VW laut dem *Spiegel* nach Luxemburg treibt:

28. Oktober 2017

Heimliches Firmengeflecht in Luxemburg: Wie VW am deutschen Finanzamt vorbeifährt

Simon Hage, Martin Hesse und Blaz Zgaga, *spiegel.de*[152]

Steuern vermeiden ist also das Motto. Mit Firmen, die mit einer Handvoll Mitarbeitern Milliarden bewegen. Wie funktioniert das? Ein einfaches und weitverbreitetes Modell ist folgendes: Ein Unternehmen – nennen wir es SSFD AG (Abkürzung für »Steuern sind für Doofe«) – macht in Deutschland ziemlich gute Geschäfte und müsste ordentlich Steuern zahlen. Die Firma will investieren und braucht Geld. Das leiht sie sich aber nicht zu guten Konditionen bei ihrer Hausbank, sondern zu extrem hohen Zinsen bei der SSFD-Finance Ltd. auf den Cayman Islands.

Die SSFD-Finance Ltd. ist eine Tochtergesellschaft der SSFD AG. Die Zinsen sind dort leider so hoch, dass die Stammfirma SSFD AG nun keinen Gewinn mehr macht – und deshalb in Deutschland auch keine Steuern mehr zahlt. Die Tochtergesellschaft SSFD-Finance Ltd. dagegen verdient prächtig. Aber das macht ja nichts, weil auf den Caymans so gut wie keine Steuern auf den dicken Gewinn fällig werden.

Dass so etwas nicht schlau, sondern unsozial ist, dürfte jedem klar sein. Doch bislang hat die Politik keine Mittel gefunden, solche Praktiken zu unterbinden, auch wenn es immer wieder Bemühungen gibt. Und gerade Deutschland bekleckert sich dabei nicht mit Ruhm:

19. August 2020

Kampf gegen Steuervermeidung: Deutschland verhindert EU-Initiative

Philipp Eckstein, Jan Lukas Strozyk und Benedikt Strunz; *tagesschau.de*[153]

Obwohl die Bundesregierung das Thema Steuergerechtigkeit zu einem Schwerpunktthema der Ratspräsidentschaft erklärt hat, blockiert sie also Beschlüsse, die solche Machenschaften vieler großer Firmen zumindest erschweren würden. Warum? Weil sie offensichtlich die Geschäftsmodelle ihrer großen Firmen schützen will, die eben auch auf Steuervermeidung basieren. Solche Manöver mit Finanzierungsgesellschaften sind also schlecht für uns alle; aber sie sind noch lange nicht die gefährlichste Ausprägung aller Schattenbankenkonzepte.

Denn da gibt es noch alle diejenigen, die mit Kapital jonglieren, riskante Wetten eingehen und dabei ganz nebenbei ganze Länder in die Bredouille bringen und unser Finanzsystem gefährden können. Sie heißen »Hedgefonds« oder »Verbriefungsgesellschaften« oder »Verbriefungsvehikel« (auf Englisch »Structured Finance Vehicles«) oder irgendwie anders.

Und hier ist die fehlende Regulierung ein echtes Problem und eine echte Gefahr für uns alle. Denn diese Schattenbanken kaufen und verkaufen Verträge zu verschiedensten Anlageformen. Sie wetten auf steigende oder fallende Preise von Rohstoffen, Aktien, Anleihen, Währungen und auf mehr oder weniger Schwankungen am Aktienmarkt. Sie setzen auf die Pleite von angeschlagenen Unternehmen oder ganzen Staaten und bringen diese mit ihren Geschäften zusätzlich unter Druck. Sie verbriefen irgendwelche Schulden und verkaufen sie weiter. Und das Gefährlichste daran ist: Oft sind die Verträge so gestaltet, dass die möglichen Verluste einer Schattenbank ihren Kapitaleinsatz um ein Vielfaches überschreiten. Das geht mit Geschäften wie Future-Kontrakten oder Optionen. Wie die funktionieren, schauen wir uns ab Seite 239 genauer an.

Machen Schattenbanken Gewinn, behalten sie ihn für sich und ihre Anleger. Und zwar in der Regel komplett, weil sie gerne in Steueroasen ansässig sind. Liegen sie aber daneben, droht die Pleite, und damit gefährden sie andere Mitglieder der Finanzmärkte, die dann auf Milliardenforderungen sitzen bleiben und dadurch in existenzbedrohliche Schwierigkeiten geraten. Genau das ist in der Finanzkrise 2008 passiert (siehe Seite 249).

Okay, zugegeben: Nicht jeder einzelne Hedgefonds ist eine potenzielle Zeitbombe, und nicht jede Verbriefungsgesellschaft macht ausschließlich hochriskante Geschäfte ohne jeden Nutzen für die Gesellschaft. Und seit der Finanzkrise haben die Regulierungsbehörden einiges unternommen, um die gefährlichen Schattenbanken einzudämmen und vor allem die Verbindungen zu den anderen Bereichen der Finanzmärkte zu kappen. Aber die Zahl derer, die uns gefährden oder uns schaden können, ist immer noch hoch genug. Und die Geschichte zeigt: Im Zweifel genügt die Schieflage einer einzigen großen Schattenbank, um das gesamte Finanzsystem zum Wackeln zu bringen.

Angeber-Wissen für die nächste Party:

Mit Nobelpreisträgern in den Abgrund

Sie wollen Ihrer Kritik an Schattenbanken der gefährlichen Art Ausdruck verleihen? Dann untermauern Sie das mit einem Ereignis aus der jüngeren Geschichte: Schon 1998, als es den Begriff »Schattenbanken« noch gar nicht gab, stand die Weltwirtschaft nämlich wegen der Schieflage eines einzigen Hedgefonds vor einer globalen Finanzkrise.

Erzählen Sie die Geschichte des Fonds Long-Term Capital Management – kurz »LTCM«. Hangeln Sie sich dabei an John Meriwether entlang – einem ehemaligen Bankmitarbeiter, der Ende der 1980er-Jahre im Rahmen eines Betrugsskandals seinen Job verloren hatte. Der hatte LTCM 1994 gegründet. Meriwether versammelte eine Handvoll genialer Mathematiker und Professoren um sich. Zwei von ihnen erhielten später einen Nobelpreis für Wirtschaftswissenschaften. Die Genies sollten mit komplizierten Berechnungen herausfinden, wo und wie am US-Anleihenmarkt winzige Preisdifferenzen mithilfe von komplizierten Geschäften in große Gewinne verwandelt werden können.

Das lief eine Weile sehr gut: Anfang 1998 machte der Fonds hohe Gewinne und hatte ein Eigenkapital von 2,2 Milliarden Dollar eingesammelt. Zudem wurde mit ein paar Milliarden an geliehenem Geld spekuliert. Bis ein paar Monate später schlechte Nachrichten aus Asien und Russland kamen, die die Finanzmärkte ordentlich aus dem Tritt brachten. Weil in einigen Ländern ein

Absturz der Währung drohte, wollten viele Anleger lieber sichere Anlagen haben als riskante – nämlich US-Staatsanleihen – und deren Kurse stiegen sprunghaft. Genau das war in allen Berechnungen der Professoren aber nicht vorgesehen.

Plötzlich rutschten die Verträge der LTCM alle auf einmal dramatisch in die Verlustzone. Und in den Büchern von Banken, Unternehmen und anderen Finanzmarktteilnehmern standen quasi über Nacht Forderungen in Höhe von 1,25 Billionen US-Dollar an die LTCM, die diese auf keinen Fall bedienen konnte. (Betonen Sie hier das Wort »Billionen«.) Niemand – nicht einmal Meriwethers Nobelpreisträger – konnten vorhersagen, was passieren würde, wenn weltweit auf einmal Forderungen von 1,25 Billionen Dollar wertlos würden.

Letztendlich organisierte die amerikanische Notenbank Fed in einer dramatischen Aktion eine Rettungsgruppe von Banken, die LTCM schließlich übernahmen. Die Welt sprang einer globalen Finanzkrise also noch einmal von der Schippe – für genau zehn Jahre, denn dann kam die Finanzkrise.

Schließen Sie Ihren Vortrag mit einer kleinen Randnotiz ab, die zeigt, dass das Thema Schattenbanken bis heute aktuell ist: Meriwether gründete schon 1999 – also ein Jahr nach dem LTCM-Drama – einen neuen Hedgefonds, der schnell 3 Milliarden Dollar verwaltete. Der Fonds JWM Partners kam allerdings in der Finanzkrise 2008 unter die Räder und wurde 2009 geschlossen. Kein Grund für Meriwether, nicht weiterzumachen: Seit 2010 leitet er seinen dritten Fonds – JM Advisors –, der bis heute allerdings vergleichsweise wenige Investoren gefunden hat.

Börsen und andere Marktplätze

Geld von A nach B bringen, das geht auch ohne eine Bank oder andere Institutionen – an den Börsen.

Banken und Nichtbanken sind also die großen Finanzvermittler in unserer Wirtschaft. Sie verschieben gigantische Summen an kurzfristigem Geld und langfristiges Kapital hin und her – zwischen Privatleuten und Unternehmen oder Staaten und auch untereinander. Dabei sind aber auch die Finanzprofis auf Marktplätze angewiesen. Damit ein Bankmitarbeiter, der gerade ein paar Millionen in Aktien investieren soll, nicht alle anderen Banken in Deutschland durchtelefonieren muss, um welche zu finden, gibt es Börsen. Und die schauen wir uns hier einmal genauer an.

Gehandelt werden können die Wertpapiere, die bei der Verbriefung entstehen, theoretisch überall. Und einige werden auch tatsächlich »über den Ladentisch« der Banken geschoben. Dass nennt man »OTC-Handel« (Abkürzung von englisch »over the counter«). Für sehr viele Wertpapiere gibt es aber ein Börsenpflicht, das heißt Käufe und Verkäufe müssen dort stattfinden. Das regelt jedes Land anders, in Deutschland zum Beispiel stehen diese und viele andere Regeln zum Handel an der Börse im Börsengesetz.

Börsen sind nichts anderes als die Markthallen für Lebensmittel in vielen großen Städten. Verkäufer können hier ihre Waren anbieten, Käufer das finden, was sie suchen. Auch die Börsen sitzen in der Regel in einem großen Gebäude in der Innenstadt. Einen Unterschied gibt es allerdings: In der Markthalle können Sie jederzeit selber vorbeischauen, an der Börse müssen Sie einen zugelassenen Profi beauftragen, Ihnen die Wertpapiere zu besorgen.

Die Börsen der Welt haben sich in den vergangenen Jahrzehnten unglaublich gewandelt. Denn wo früher tatsächlich Börsenmakler und Händler schreiend und Zettel werfend herumgerannt sind und Wertpapiere mit Gesten und ganz eigenen Begriffen gehandelt haben, herrscht heute mehr oder weniger Ruhe. Bei den meisten großen Börsen findet der Handel inzwischen digital statt – seit 2012 auch in Deutschland. Der

Handelssaal der größten deutschen Börse in Frankfurt (das berühmte Börsenparkett) ist heute somit nicht mehr viel mehr als ein besonders repräsentatives Großraumbüro für Börsenmitarbeiter und Dienstleister. Und natürlich eine beliebte Fernsehkulisse für die Berichterstattung.

Die Deutsche Börse AG ist übrigens selber eine Aktiengesellschaft, an der Sie Anteile über Aktien erwerben können, was zu lustigen Schlagzeilen wie folgender bei *finanzen.net* führen kann:

> 31. Dezember 2020
>
> **Deutsche Börse-Aktie aktuell: Deutsche Börse kaum verändert**
>
> *finanzen.net*[154]

Auch die größte und berühmteste Börse der Welt, die New York Stock Exchange (NYSE), auch als »Wall Street« bekannt, ist ein privates Unternehmen. Wie die Deutsche Börse AG auch ist die NYSE ein richtiggehender Konzern, der an verschiedenen anderen Börsen weltweit beteiligt ist. Denn Börsenunternehmen und -plätze gibt es sehr viele – so gut wie jedes Land hat mindestens eine Börse, manche wie die USA oder auch Deutschland sogar viele.

Alle Börsen verdienen ihr Geld mit verschiedenen Dienstleistungen für den Wertpapierhandel von Banken, Investmentgesellschaften und anderen Nichtbanken – also auch indirekt von Privatleuten.

Dass Sie tatsächlich über einen Mittelsmann selber an der Börse Wertpapiere kaufen und verkaufen können, macht den besonderen Charme von Börsen aus. Sie können hier Ihr Geld also direkt in einen Kredit (in Form von Anleihen) oder einen Unternehmensanteil (als Aktie) stecken, ohne dass eine Bank oder ein anderes Finanzhaus Ihr Kapital erst irgendwie transformiert und dafür hohe Gebühren verlangt. Wie Sie das sinnvoll nutzen können, schauen wir uns im letzten Kapitel an.

Angeber-Wissen für die nächste Party:

Die FinTechs kommen

Die Digitalisierung hat nicht nur die Börsen erreicht, sie ist dabei, viele Bereiche der Finanzmärkte zu erobern. Beklagen Sie zunächst einmal, dass der Begriff noch recht schwammig ist. Selbst die BaFin räumt ein, dass eine klare Definition bisher noch nicht existiert: Sie schreibt: »Als Kombination aus den Worten ›Financial Services‹ und ›Technology‹ versteht man unter FinTechs gemeinhin junge Unternehmen, die mit Hilfe technologiebasierter Systeme spezialisierte und besonders kundenorientierte Finanzdienstleistungen anbieten.«[155]

FinTech machen also irgendwas mit Finanzen – in der Regel im Internet. Das reicht von echten Bankdienstleistungen, die dann der BaFin unterstehen, über die automatisierte Anlageberatung *(Robo-Advisor)* bis hin zur Kapitalvermittlung, wie es zum Beispiel *Crowdfunding* tut. Zeigen Sie sich offen und technikaffin. Loben Sie, dass *Crowdfunding* eine neue Art ist, mit der Künstler, Unternehmer, Start-up-Firmen oder auch Privatleute die Finanzierung für verschiedenste Projekte auf die Beine stellen können. Weisen Sie aber auch darauf hin, dass der Bereich in Sachen Sicherheit und Datenschutz schwierig sein kann.

Vielleicht ergreift Ihr Gesprächspartner jetzt die Chance, das Gespräch beim Stichwort »Künstler« auf irgendeine neue Ausstellung zu lenken. Dann sollten Sie ihn vielleicht in Ruhe lassen, ansonsten können Sie mit dem Thema Kryptowährungen weitermachen, die wir auf Seite 212 besprechen. Denn auch die zählen zu den FinTechs.

Was gehandelt wird: vom Sparbuch bis zu Schweinehälften

An den Finanzmärkten wird in ganz verschiedene Güter, Wertpapiere oder Verträge investiert – oder damit spekuliert. Die Nachrichten sind voll davon.

Stellen Sie sich vor, es ist mal wieder Lockdown. Sie gehen in den Supermarkt und beobachten die Lage vor dem Klopapierregal. Einige greifen zu. Klar, jeder weiß, dass er das Gut Klopapierrollen in der nächsten Zeit aufbraucht, also konsumieren will. Damit gelangt Geld in die Klopapier-Industrie-Zufluss-Leitung, das wissen wir ja.

Ein junger Mann fällt Ihnen auf. Sie kennen ihn, denn im letzten Lockdown haben Sie ihm drei Rollen für extrem viel Geld auf dem Schwimmbadparkplatz abgekauft. Er hat sehr viele Packungen auf drei Einkaufswagen geladen, und es ist ziemlich klar, dass er diese Vorräte auch bei guter Verdauung selber nicht konsumieren kann.

Was tut er da? Er spekuliert. Er steckt Geld in die Klopapier-Industrie-Zufluss-Leitung, weil er darauf baut, dass sein Geldanlageobjekt – Klopapier – in Zukunft zu höheren Preisen gehandelt wird und er damit einen Gewinn machen kann. Damit verlässt er die reale Wirtschaftswelt und begibt sich mitten in die Finanzmärkte.

Immer wenn jemand nämlich etwas kauft, ohne dass er es selber (oder als Unternehmer in seiner Firma) verbrauchen oder nutzen will, ist er entweder (wie unser junger Mann, der gerade mit seinen drei Einkaufswagen kämpft) ein Spekulant – oder ein Investor.

Ein Spekulant hofft darauf, dass sich die Preise für etwas ändern, zum Beispiel weil es eine Knappheit gibt und er daraus einen Gewinn schlagen kann. Auch ein Investor hofft darauf, dass ihm sein Anlageobjekt Gewinne bringt, allerdings nicht einfach nur, weil die Preise dafür steigen. Er rechnet damit, dass das, was er gekauft hat, wächst oder selber Geld abwirft. Ein Anteil an einem Unternehmen etwa, das mit seiner Geschäftstätigkeit Gewinne erwirtschaftet. Oder eine Wohnung, die Mieteinnahmen bringt. Das geht natürlich nicht von jetzt auf gleich, deshalb hat der Investor in der Regel einen längeren Zeithorizont.

Der Unterschied zwischen dem Investor und dem Spekulanten ist allerdings fließend: Auch ein Investor hofft, dass die Preise für seine Wohnung höher stehen werden, wenn er sie verkaufen will. Und auch ein Investor kauft vielleicht mal einen Barren Gold, und der kriegt ja bekanntermaßen keine Junge, sprich er zahlt keine Zinsen aus. Allerdings sind seine Motive dafür oft andere als die des Spekulanten: Er will sich mit Gold vielleicht für ganz schlechte Zeiten absichern oder er hat nach gründlicher Marktanalyse herausgefunden, dass Gold in den nächsten Jahren knapp wird. Der Spekulant dagegen setzt auf kurzfristige Preisbewegungen.

Teil der Finanzwelt ist ein Investor aber nur dann, wenn er sein Gut tatsächlich nicht selber nutzt. Kauft jemand zehn Wärmelampen für seine eigene Hühnerzucht, ist er ein Privatmann oder Unternehmer, der investiert und damit Teil der realen Welt. Finanziert er seinem Nachbarn die Wärmelampen gegen ein wöchentliches Frühstücksei, ist er im Prinzip ein Finanzinvestor und das Ei der Gewinn, den seine Investition abwirft. Den Ertrag, den eine Geldanlage in einem festgelegten Zeitraum abwirft, nennt man »Rendite«, und die wird in der Regel in Prozent zum Kapitaleinsatz pro Jahr angegeben. In unserem Eier-Fall zum Beispiel:

Investition: 10 Wärmelampen à 15 Euro	150,00 Euro
Jährlicher Ertrag: 52 Eier à 0,25 Euro	13,00 Euro
Rendite: Verhältnis von Ertrag zur Investition pro Jahr in Prozent	8,7 %

Keine schlechte Geldanlage in den heutigen Zeiten, wo Ihnen die Bank für Ihre Einlagen mit Glück 0,4 oder 0,5 Prozent anbietet. Sie sollten gleich mal nachsehen, ob es in Ihrer Nachbarschaft eine Hühnerzucht gibt.

Nun spielen Supermärkte, Nachbarn, Klopapierrollen und Hühnereier in der Finanzwelt eher eine sehr überschaubare Rolle. Zeit für uns also, dass wir uns mit den wirklich wichtigen Gütern und Wertpapieren befassen, die an den Märkten gehandelt werden. Wir machen das so: Wir schauen uns an, welche Arten von Vermögensgütern es gibt, was sie ausmacht und auch gleich, wo sie gehandelt werden.

Wir beschäftigen uns also mit Assetklassen – so nennt man im Fachjargon Anlageobjekte mit ähnlichen Merkmalen, wie zum Beispiel alle Zinsanlagen. Wie ein Anleger sein Geld über die verschiedenen Klassen verteilt, heißt daher »*Asset Allocation*«. Und ich finde, das klingt gleich wichtiger und fachmännischer als Vermögensaufteilung, oder?

Strenggenommen gibt es nur eine Handvoll Assetklassen: Zinsanlagen, Aktien, Rohstoffe, Devisen und ein paar andere Sachwerte. Und die kann man direkt kaufen – oder über Finanzprodukte wie Investmentfonds. Wir gehen im Folgenden mal alles einzeln durch.

Zinsanlagen

Kredite und andere Zinsanlagen machen den größten Bereich der Finanzmärkte aus. Hier ein Überblick, welche Arten von Zinsanlagen es gibt und welche Nachrichten sie beeinflussen.

Eines ist sicher. Wenn Sie nicht gerade in einem Dorf leben, in dem nur Naturalien getauscht werden, sind Sie definitiv ein Teil dieser Finanzmarkt-Abteilung: dem Markt für Zinsanlagen. Egal ob Sie ein Guthaben oder ein Minus auf Ihrem Konto haben – beides gehört in die Kategorie Geldmarkt, auf dem ganz kurzfristige Kredite vergeben werden. Und sollten Sie einen Verbraucher- oder Immobilienkredit haben, sind Sie auch in den mittel- oder langfristigen Kapitalmärkten dabei.

Aber von vorne: Zinsmärkte sind grundsätzlich alle Geschäfte, bei denen eine Seite – der oder die Gläubiger – einer anderen Seite – dem Schuldner – Geld leiht. In der Regel gibt es dafür Zinsen. Einen Kredit vergeben Sie nicht nur, wenn Sie einem Bekannten etwas auslegen, sondern auch, wenn Sie zum Beispiel ein Festgeldkonto bei der Bank einrichten. Denn damit leihen Sie de facto der Bank Ihr Geld.

Es gibt nun die verschiedensten Varianten, solch ein Geschäft abzuschließen: Das geht theoretisch per Handschlag, in der Regel fühlen sich aber alle wohler, wenn es einen schriftlichen Kreditvertrag gibt. Für Ihr Konto gibt es eine Art Rahmenvertrag.

Oder der Kredit wird verbrieft (falls Sie jetzt kurz gezuckt haben, sollten Sie noch mal auf Seite 183 zurückblättern). Dann entsteht eine Anleihe, und diese Wertpapiere dominieren den Markt für mittel- bis langfristige Kredite. Im dritten Quartal 2020 gab es global Anleihen mit einem Volumen von knapp 119 Billionen Dollar, plus ein paar Billionen anders verbriefter Kredite. Die Anleihenmärkte – echte Börsianer nennen sie »Rentenmärkte«, weil sie regelmäßig Zinsen kassieren und damit so was wie eine Rente haben – haben die klassischen Bankkredite an Unternehmen damit schon lange überholt und dürften in etwa doppelt bis dreimal so viel Kapital umfassen.[156]

Jeder Kreditvertrag und jede Anleihe ist anders. Es gibt nämlich einiges zu vereinbaren: Wer leiht sich das Geld, wie hoch sind die Zinsen, wie lange ist es ausgeliehen und so weiter. Je nachdem unterteilen die Finanzprofis die riesige Zinsanlagewelt in verschiedene Gruppen. Das ist deshalb praktisch, weil man dann schneller beurteilen kann, ob eine Anleihe vergleichsweise attraktiv ist oder nicht. Denn es gibt immer kleine Zinsdifferenzen, je nachdem um welches Marktsegment es geht. Ist ein Schuldner zum Beispiel wirtschaftlich wackelig auf den Beinen, wollen Anleger für ihr Risiko mehr Zinsen sehen. Hier ein paar Marktsegmente, denen Sie in den Nachrichten begegnen könnten:

Nach dem Schuldner

Natürlich steht in jedem Kreditvertrag und jeder Anleihe, wer das Geld geliehen hat und zurückzahlen muss. Im nicht verbrieften Sektor gibt es Märkte für Verbraucherkredite, Baukredite, Unternehmenskredite. Auf dem Anleihenmarkt unterscheidet man zwischen Unternehmens- und Staatsanleihen, Anleihen von Finanzinstitutionen wie Banken und von internationalen Organisationen. Am größten ist der Markt für Staatsanleihen. Hier eine Übersicht, wie sich die einzelnen Segmente in den letzten Jahren entwickelt haben:

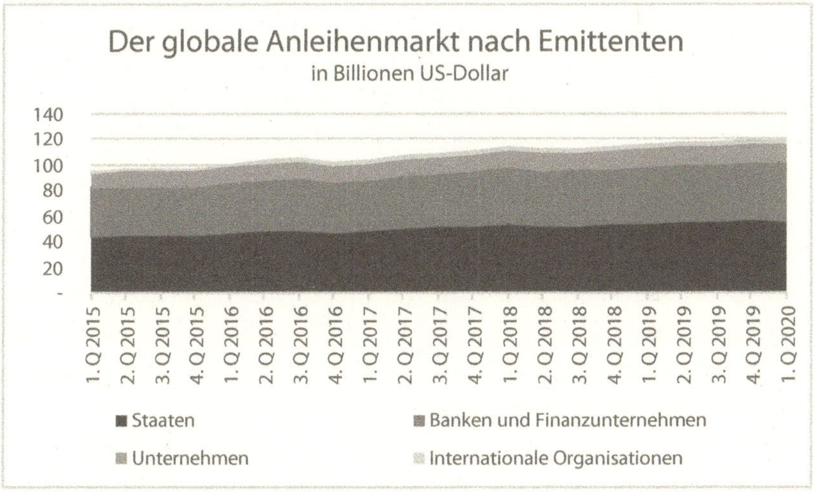

Quelle: Bank für Internationalen Zahlungsausgleich[157]

Nach der Dauer des Kredits

Diese Unterscheidung kennen wir schon von Seite 195: Wann soll der Betrag zurückgezahlt werden? Je nachdem sprechen wir eben von Geld- oder Kapitalmärkten. In normalen Zeiten (die sind aber jetzt schon ein bisschen her) zahlen Kreditnehmer mehr Zinsen, wenn sie das Geld dafür längerfristig zur Verfügung haben. Das heißt, am langfristigen Kapitalmarkt wären die Zinsen dann höher als am Geldmarkt. Aber normal ist in Zeiten der Geldflut der Zentralbanken schon lange nichts mehr am Zinsmarkt: Für kurzfristige Einlagen bei Banken bekommen Sparer derzeit so gut wie gar nichts mehr oder müssen kleine Negativzinsen hinnehmen. Und für Anlagen zum Beispiel in Staatsanleihen des Bundes müssen sie sogar mit einer deutlich negativen Rendite leben. Bei kurzfristigen Bundesanleihen ist das Minus besonders groß – im November

2020 betrug die Rendite zweijähriger Papiere minus 0,75 Prozent, die zehnjähriger Papiere minus 0,55 Prozent.

Nach dem Rating

Wer sein Geld verleiht, schaut sich in der Regel die wirtschaftliche Situation seines Schuldners genauer an, weil er ja wissen will, ob er in der Lage ist, das Geld zurückzuzahlen. Die Kreditwürdigkeit wird auch »Bonität« genannt, und es gibt spezialisierte Unternehmen, die das mit dem »genauer Anschauen« übernehmen: die Ratingagenturen.

Sie beurteilen laufend die Lage von Unternehmen, Staaten und anderen Schuldnern. Je nachdem, wie wahrscheinlich es ist, dass ein Schuldner Probleme mit dem Kredit bekommt, verpassen ihm die Ratingagenturen wie Moody's, S&P und Fitch eine Note.

Ihre Noten, die Ratings, sind wichtig, denn alles, was schlecht abschneidet, muss höhere Zinsen zahlen. Zudem dürfen viele große Investoren wie Versicherungen nur Papiere kaufen, die bei der Prüfung der Agenturen anständig wegkommen. Kein Wunder also, dass einige Staatschefs nicht unbedingt gut auf Ratingagenturen zu sprechen sind, wenn die ihr Land herunterstufen. Wir nehmen einmal wieder die Türkei als Beispiel, weil wir aus den ersten Kapiteln ja wissen, welche Probleme das Land derzeit hat.

15. Juli 2019

Ratingagentur senkt Kreditwürdigkeit: Türkei rutscht immer tiefer in den »Ramschbereich«

focus.de[158]

Ramschbereich? Nun, so bezeichnen Anleger alle Papiere, die in der Beurteilung der Ratingagenturen nicht besonders gut abschneiden. Auf Englisch heißt das *»Junk Bonds«*. Anleihen, die gut oder mittel abschneiden, haben dagegen den sogenannten Investmentgrade – und das ist wichtig, weil einige Finanzhäuser, wie zum Beispiel Versicherungen, nur solide anlegen dürfen und daher auch nur Anleihen mit Investmentgrad kaufen dürfen.

Ratingagenturen kamen in der Finanzkrise 2008 denkbar schlecht weg. Sie hatten nämlich genau die Papiere mit Bestnoten ausgezeichnet, die später massenhaft wertlos wurden und Milliardenlöcher in die Bilanzen vieler Banken und Anleger gerissen haben. Seither haben Ratingagenturen aber keine ähnlich großen Fehleinschätzungen mehr abgeliefert.

Nach der Währung

In welcher Währung wird der Kredit gegeben und zurückgezahlt? Aus Sicht europäischer Anleger gibt es hier die Euro-Anleihen und -Kredite und entsprechende Pendants in Fremdwährungen (zum Beispiel Dollar-Anleihen). Fremdwährungsanleihen sehen oft verlockend aus, denn die Renditen sind manchmal deutlich höher als die für Euro-Anleihen. Damit gehen Anleger aber ein Währungsrisiko (siehe Seite 208) ein, denn die Schulden werden in der ausländischen Währung zurückgezahlt. Ist die aus irgendeinem Grund abgesackt, ist der Betrag in Euro deutlich geringer.

Nach dem Verwendungszweck

Wofür wird der Kredit oder die Anleihe eingesetzt? Hier gibt es Autokredite, Immobilienkredite (auch »Hypothekenkredite« genannt) oder auch Unternehmenskredite, und jedes Segment hat seine eigene Dynamik und eigene Zinssätze. So sind die Konditionen für Hypothekenkredite wesentlich günstiger als die von Verbraucherkrediten. Denn hier hat die Bank die beliehene Immobilie als Sicherheit.

Auch Staaten begeben manchmal Anleihen für einen bestimmten Zweck – in letzter Zeit Gott sei Dank keine Kriegsanleihen mehr. Einige große Anleihen bekommen von den Medien einen Spitznamen verpasst, zum Beispiel die neuen Anleihen der EU für die Bewältigung der Corona-Krise. Sie heißen, na? Richtig: »Corona-Anleihen«.

Nach den Zinskonditionen

Die meisten Kredite und Anleihen werden zu einem festen Zinssatz vergeben, einige beinhalten aber eine flexible Verzinsung. Meist wird hier vereinbart, dass der Schuldner einen Aufschlag auf einen Referenzzins zahlen muss. Verändert sich der, verändert sich auch die Verzinsung der Anleihe. Entsprechend reden wir von festverzinslichen oder variabel verzinslichen Krediten und Anleihen.

Angeber-Wissen für die nächste Party:

Für den Euribor in den Knast

Kleinvieh macht auch Mist? Aber ja doch, besonders an den Anleihemärkten. Weil in dem Markt für Anleihen und Kredite so viel Geld unterwegs ist, leben die meisten Akteure von winzig kleinen Zins- und Kursbewegungen. Frei nach dem Motto: 0,01 Prozent von einer Milliarde sind auch 100.000 Euro.

Suchen Sie sich einen Gesprächspartner, der sich für Kriminalfälle interessiert. Und erzählen Sie ihm die Geschichte vom Euribor-Skandal: Sie müssen natürlich vorab erklären, dass »Euribor« die Abkürzung für »Euro Interbank Offered Rate« ist. Das ist der Zinssatz im Euro-Raum, für den sich Banken gegenseitig kurzfristig Geld leihen. Richtig wichtig ist er, weil er meist als Referenzzins dient, wenn eine variable Verzinsung eines Kredits oder einer Anleihe vereinbart wird. Der Kunde oder Emittent einer Anleihe bezahlt dann Euribor plus x Prozent für seinen Kredit.

Ermittelt wurde der Euribor (wie auch der Libor, die »London Interbank Offered Rate«, der ebenfalls systematisch manipuliert wurde) durch eine Art Umfrage bei den Bankern: Händler durften einmal am Tag schätzen, zu welchem Zins sie sich bei anderen Banken kurzfristiges Geld leihen konnten.

Und da hatten findige Banker in London schon irgendwann im vergangenen Jahrhundert eine Idee: Wenn man ein ganz kleines bisschen übertreibt und den Zinssatz ein ganz kleines bisschen höher angibt, als er tatsächlich ist, dann müssen Kunden für Milliardenkredite ein ganz kleines bisschen höhere Zinsen bezahlen und die Bank verdient spürbar mehr. Was ja bekanntermaßen die Boni der Banker erhöht.

Mehr als ein Dutzend Banken beteiligten sich an dem Schwindel. Weisen Sie darauf hin, dass sich die Liste der beschuldigten Geldhäuser wie das *Who's Who* der internationalen Bankenszene liest: Dabei waren unter anderen die Credit Suisse, die Deutsche Bank, die Royal Bank of Scotland, JPMorgan, die UBS und die Bank of America.

Die Euribor- und Libor-Masche lief vermutlich schon jahrzehntelang gut, bis die Praxis aufflog. Denn natürlich ist diese Art, Gewinne zu erwirtschaften, illegal. Die beteiligten Banken mussten teilweise Milliardenstrafen zahlen, die beteiligten Mitarbeiter wurden zu Haftstrafen von bis zu 14 Jahren verurteilt.[159]

Bleiben wir noch ein Weilchen bei den Anleihen und all den Begriffen, denen Sie begegnen, wenn Sie einen Artikel zu diesen Märkten lesen. Erst einmal werden neue Anleihen nicht einfach »verkauft«, sondern »begeben« oder »emittiert« (was bedeutet, jemand verkauft doch, aber eben ganz neue Papiere, die es bisher noch nicht gab). Entsprechend nennt man den Schuldner (also den, der sich das Geld mit der Anleihe beschaffen will) den »Emittenten«. Die Summe, um die es geht, heißt »Emissionsvolumen«.

Neue Anleihen werden auch nicht am Tag x irgendwo verscherbelt, sondern in der Regel gibt es ein Angebot, für das sich Interessenten eintragen lassen können. Sie geben also ein Gebot ab, im Fachjargon spricht man auch davon, dass jemand eine Anleihe »zeichnet« – wenn Sie das mal irgendwo lesen, hat das also nichts mit Bildern und Malerei zu tun. Und die Zeichnungsfrist ist dann auch keine terminliche Vorgabe des Auftraggebers gegenüber einem Künstler, sondern der Zeitraum, in dem

Interessenten ihre Wertpapiere bestellen können. »Überzeichnet« ist ein Gebot, wenn es mehr Interesse als Wertpapiere gibt, und die Zuteilung ist dann das Verfahren, nach dem die Papiere auf die einzelnen Interessenten verteilt werden.

Ist die Anleihe einmal unters Volk – okay, zu großen Teilen meist unter die Banken und andere Profi-Anleger – gebracht, wird sie an Börsen oder auch zwischen Banken oder anderen Finanzinstituten gehandelt.

Spätestens dann schauen viele nicht mehr so sehr auf den Kurs einer Anleihe, obwohl der natürlich wichtig ist, weil es das ist, was man dafür bezahlt oder bekommt. Auch der ursprünglich vereinbarte Zinssatz, der »Coupon« genannt wird, interessiert nicht mehr wirklich, sondern die Rendite. Warum? Weil das der jährliche Ertrag ist, den ein Anleger bekommt, wenn er genau die Anleihe genau heute zu genau dem Kurs kauft.

Okay, das ist ein bisschen abstrakt. Wir rechnen es einmal durch: Ein Unternehmen hat vor zehn Jahren eine Anleihe begeben, die 15 Jahre läuft. Weil es damals noch hohe Zinsen gab, hat sie einen Coupon von 5 Prozent. Für eine Anleihe, die ursprünglich 100 Euro gekostet hat, bekommt der Anleger also jährlich 5 Euro.

Das ist für heutige Verhältnisse gigantisch, also will jeder eine solche Anleihe haben. Die Nachfrage ist riesig, aber wenige verkaufen. Deshalb steigt der Preis, also der Kurs der Anleihe, sagen wir mal auf 110. Die Gretchenfrage ist: Rentiert sich das noch? Denn für den Kurs kassiert der Anleger ja erstens prozentual weniger Zinsen (5 Euro je 110 Euro sind eben weniger als 5 Euro je 100 Euro). Und zweitens bekommt er auch nur einen Teil seines Geldeinsatzes zurück, nämlich nur 100 Euro statt der 110, für die er das Ding gekauft hat. Weil es so schön ist, rechnen wir das jetzt einmal mit der Renditeformel:

$$\text{Rendite in Prozent} = \\ (\text{Coupon} + ((\text{Emissionskurs–Kaufkurs}) \,/\, \text{Restlaufzeit in Jahren}) \,/ \\ \text{Kaufkurs}) \times 100$$

Also in unserem Beispiel:

$$(5+((100-110)/5)/110) \times 100 = 2{,}72\ \%$$

Okay, wenn Sie jetzt ausgestiegen sind, ist das kein Problem, denn Sie müssen die Formel nicht benützen. Sie steht hier nur, um zu zeigen, wie genial die Rendite als Informationsquelle ist. In ihr stecken nämlich viele wichtige Angaben über eine Anleihe: Die (Rest-)Laufzeit, der Coupon und der Kaufkurs. Alles in einem Paket.

Also: Durchschnaufen, und jetzt belohnen Sie sich selber, indem Sie folgenden Artikelausschnitt aus dem Angebot der ARD lesen, und feiern Sie einfach, wie gut Sie so etwas jetzt verstehen. Der Autor hat hier nämlich einiges in wenige Sätze hineingepackt, das Sie wissen wollen, wenn Sie sich dafür interessieren, ob eine neue Anleihe Interesse findet: Wer ist der Emittent, wie hoch ist das Emissionsvolumen, und wie gut ist die Anleihe angekommen?

Erste Corona-Anleihe heiß begehrt

Die erste Kreditaufnahme der Europäischen Union zur Bewältigung der Corona-Krise hat offenbar eine riesige Nachfrage auf sich gezogen. Während eines Verkaufs zweier Anleihen im Gesamtwert von 17 Milliarden Euro seien insgesamt Gebote über 233 Milliarden Euro eingegangen, berichtete die Nachrichtenagentur Bloomberg mit Verweis auf einen Insider. Die Nachfrage war damit fast 14-mal so hoch wie das Emissionsvolumen.
20.10.2020, *Boerse.ard.de*[160]

Darauf sollten Sie achten

Anleihen und andere Wertpapiere werden rund um die Uhr gehandelt, und die Rendite verändert sich dabei ständig. Um einen Überblick über die Zinsentwicklung zu haben, orientieren sich Anleger vor allem an zwei Kennziffern, die auch immer wieder in den Medien auftauchen und die Sie kennen sollten.

Das eine ist die Rendite der deutschen Bundesanleihen. Die Bundesrepublik gilt als bester und zuverlässigster Schuldner überhaupt, daher muss sie so wenig Zinsen bezahlen wie sonst niemand.

Die aktuelle Rendite für ihre Anleihen liegt bei minus 0,55 Prozent (das gilt natürlich nur heute, am 13.11.2020, denn Kurse und Rendite ändern sich ja ständig). Das heißt, Anleger bezahlen Zinsen dafür, dass sie Bundesanleihen kaufen können. Das liegt daran, dass viele große Institutionen wie Versicherungen oder Pensionsfonds per Gesetz ihr Kapital sicher anlegen müssen und daher einen großen Teil entweder auf schnell verfügbaren Konten (wo es auch Negativzinsen für große Summen gibt) oder eben in erstklassige Staatsanleihen investieren müssen. Koste es, was es wolle.

Die Renditezahl für die Bundesanleihen ist aber zudem ein zuverlässiger Gradmesser dafür, wie sicher oder unsicher sich die Finanzmärkte aktuell fühlen. Denn auch andere Anleger ziehen viel Geld zum Beispiel aus den Aktienmärkten ab und »fliehen« dann in erstklassige Anleihen, wenn die Zeiten unruhig sind. Das steigert die Nachfrage nach Bundesanleihen und die Rendite sinkt dann.

Die zweite wichtige Kennzahl ist der Euro-Bund-Future. Denn der gibt uns ein Gefühl dafür, wie die Finanzmärkte die weitere Entwicklung der Zinsen einschätzen. Ein Future ist so etwas wie eine verbindliche Bestellung eines Gutes (oder hier eines Wertpapiers) zu einem festgelegten Preis und Liefertermin. Im Fall des Euro-Bund-Futures einigen sich die beiden Kontrahenten darauf, dass der eine dem anderen an einem festen Datum in maximal neun Monaten eine zehnjährige Bundesanleihe liefert. Die sollte einen Coupon von 6 Prozent haben (eine solche Bundesanleihe gibt es derzeit nicht, deshalb wird immer ein Korb von Ersatz-Bundesanleihen bestimmt). Glauben viele Anleger jetzt, dass die Zinsen in ein paar Monaten niedriger sind als jetzt, wollen viele die gut verzinste Anleihe jetzt bestellen und der Kurs des Euro-Bund-Future wird steigen. Fallende Kurse signalisieren dagegen die Erwartung, dass die Zinsen steigen werden.

Eine klassische Meldung von den Rentenmärkten wie die folgende aus dem *Handelsblatt* nennt also die beiden Kennziffern und ordnet sie in die aktuelle Situation ein, in diesem Beispiel mit einem Verweis auf die Unsicherheiten, die die Wahl des US-Präsidenten an dem Tag verursacht hat.

Deutsche Anleihen legen zu – Wahlausgang in den USA weiter unklar

Als sicher angesehene Bundesanleihen haben vor dem Hintergrund des weiterhin offenen Wahlausgangs in den USA zugelegt. Der richtungweisende Terminkontrakt Euro-Bund-Future legte am Mittwochmorgen um 0,39 Prozent auf 176,71 Punkte zu. Die Rendite der zehnjährigen Bundesanleihe sank auf minus 0,66 Prozent.
04.11.2020, dpa-AFX, *onvista.de*[161]

Devisen

Devisenmärkte sind wichtig, aber schwer zu prognostizieren, denn hier kämpfen viele Akteure um ihre Interessen.

Kramen wir doch mal in den vergrabenen Regionen Ihrer Erinnerungen aus der Vor-Corona-Zeit. Sie stehen vor einem Restaurant in einem fremden Land und studieren die Speisekarte. Dabei haben Sie ein Problem. Zwar sind die Gerichte auf Englisch oder sogar auf Deutsch aufgeführt, manchmal ist sogar ein Foto dabei. Dahinter steht aber eine Zahl, die Sie beschäftigt. Vielleicht so was wie 850. Sie sind verzweifelt am Rechnen: Wenn 130 ein Euro ist, wie viel ist dann …? Was Sie da gerade machen? Einen Wechselkurs anwenden.

Der Wechselkurs ist der Preis, den eine Währung in Euro gerechnet hat, oder umgekehrt. Die verschiedenen Währungen der Welt nennt man »Devisen«, und deren Handel ist ein wichtiger Teil der Finanzmärkte.

Und wie entsteht so ein Wechselkurs? Manchmal legen ihn Regierungen oder Zentralbanken fest. Das geht aber auf Dauer oft nicht gut. Meistens entsteht der Kurs auf den internationalen Devisenmärkten, und die sind ein wichtiger Teil der internationalen Finanzmärkte.

Der Mechanismus ist derselbe wie auf allen Märkten: Ist etwas beliebt, steigt der Preis. Will also jeder plötzlich zum Beispiel US-Dollar, muss man mehr Euro dafür bezahlen. Der Wechselkurs ist dann nicht mehr 1,18, sondern vielleicht 1,07. »Moment!«, werden Sie jetzt sagen, »1,18 ist aber mehr als 1,07« – und da haben Sie nach der Zahlenordnung natürlich recht. Das liegt daran, dass der Euro-Dollar-Kurs bei uns sozusagen aus Sicht des Euros angegeben wird: Für einen Euro bekommt man also weniger Dollar (in unserem Beispiel 11 US-Cent weniger). Der Euro hat somit abgewertet, der US-Dollar aufgewertet.

Wie verändern sich nun Angebot und Nachfrage auf dem Devisenmarkt? Das finden wir erst einmal heraus, indem wir darüber nachdenken, wann Sie eine fremde Währung brauchen würden. Natürlich wenn Sie ins Ausland fahren und dort übernachten, essen und shoppen wollen. Aber auch wenn Sie etwas dort bestellen. Aber nur dann, wenn der Verkäufer auf Bezahlung in heimischer Währung besteht? Falsch, selbst wenn Sie in Euro bezahlen, will der Verkäufer die dann über kurz oder lang in seine eigene Währung umtauschen und tritt damit als Anbieter von Euro und Nachfrager seiner eigenen Währung auf.

Alle Geschäfte, die in der Leistungsbilanz erscheinen (siehe Seite 31), lösen also eine Aktion am Devisenmarkt aus (außer natürlich, sie finden in einem Währungsraum wie dem Euro statt): Exporte, Importe, Übertragungen und so weiter.

Und das ist für rund 1 Prozent der Transaktionen am Devisenmarkt verantwortlich. Nur 1 Prozent? Ja, denn rund 99 Prozent der Geschäfte am Devisenmarkt gelten als »spekulativ«, sind also Transaktionen ohne realwirtschaftlichen Hintergrund. Und hier ist der Begriff »spekulativ« ein klein bisschen irreführend. Denn nicht jeder, der Devisen kauft, tut das alleine, um an einer Preisänderung des Dollar oder Euro zu verdienen. Gigantische Summen von Kapital werden auch umgetauscht, weil sie von Land A nach Land B fließen, um dort angelegt zu werden. Als Einlage auf ein gut verzinstes Konto, als Investition in Aktien, Immobilien oder andere Vermögenswerte in Land B oder als sogenannte Direktinvestition, also Kauf oder Gründung einer Firma.

Und dann gibt es sie natürlich doch: diejenigen, die auf eine Preisänderung zwischen Währung A und Währung B hoffen, also mit Währungen spekulieren. Das tun sie nicht mit Dollar-Scheinen oder Euro-Münzen, sondern mit Derivaten wie Futures (die gibt es nämlich nicht nur für den Euro-Bund, sondern auch für alles Mögliche andere, wie auch Währungen, siehe Seite 239). Die Spekulanten orientieren sich dabei an den beiden anderen Sektoren und stellen sich in der Regel zwei Fragen:

- Wie sieht die Leistungsbilanz aus, welche Währung profitiert von ihr?
- Wie attraktiv ist das Land für Kapitalanleger? Wie hoch sind also die Zinsen, wie aussichtsreich der Aktienmarkt und so weiter?

Die zweite Frage spielt dabei kurzfristig die größere Rolle. Erinnern Sie sich an die Schlagzeilen zur Türkei auf Seite 149? Die haben darüber berichtet, dass sich Präsident Erdoğan massiv in die Geldpolitik der Türkei eingemischt hat. (Ja, ich weiß, die Türkei kommt hier ein bisschen zu oft vor und geht Ihnen langsam auf die Nerven, aber es ist einfach so ein drastisch schönes Beispiel.) Erdoğan hat dafür gesorgt, dass die Leitzinsen in der Türkei niedrig geblieben sind, und daraufhin ist die Lira abgestürzt. Weil das Land für Kapitalanleger damit einfach nicht mehr attraktiv ist, wenn es kaum Zinsen gibt und gleichzeitig die Währung schwach ist.

Dann drohen nämlich Währungsverluste, also unter dem Strich ein Minus, wenn das Kapital erst einmal hingebracht, angelegt und dann zurückgeholt ist. Am besten können wir das verstehen, wenn wir das kurz für ein fiktives Land durchrechnen: In dem Land, wir nennen es »Erland«, gibt es 10 Prozent Zinsen. Ein Investor will also dort 1.000 Euro anlegen und tauscht sie in Erlandos (so heißt die Landeswährung). Die notiert gerade eins zu eins, also für 1 Euro gibt es 1 Erlando. Nach einem Jahr holt er seine Erlandos samt Zinsen wieder ab und tauscht sie in Euro zurück. Der Wechselkurs ist aber inzwischen auf 0,8 zu eins gefallen. Jetzt gibt es für 1 Erlando also nur noch 80 Euro-Cent.

Die Rechnung sieht dann so aus:

	in Euro	**in Erlando**
Investition (Wechselkurs von 1/1)	1.000	1.000
Kapital inklusive Zinsertrag nach einem Jahr		1.100
Wert beim Wechselkurs von 0,8/1	880	1.100

Unser Investor hat also einen netten Zinsgewinn, aber einen heftigen Währungsverlust gemacht und steht insgesamt somit mit einem Minus da. Entsprechendes gibt es übrigens natürlich auch in der Variante Währungsgewinn.

Zurück aber zur Türkei: Seit dem Kapitel IV ist ein wenig Zeit ins Land gegangen, und es hat sich wieder etwas getan: Der neue Zentralbankchef hat sich über den Widerstand des Präsidenten Erdoğan hinweggesetzt, wie wir einer Meldung aus der ARD entnehmen können.

24. September 2020

Überraschender Schritt: Lira springt nach Zinserhöhung nach oben

boerse.ARD.de[162]

Dass diese neue Lira-Stärke aber schon wieder infrage steht, können Sie inzwischen selber schließen, sobald Sie folgende Schlagzeile aus dem Angebot von *ntv.de* lesen:

7. November 2020

Erdogan feuert erneut Zentralbank-Chef

jwu/rts/AFP; *ntv.de*[163]

Und hier kommt eine der Lektionen, die einem die Finanzmärkte immer mal wieder verpassen: Es hört nie auf, und was gerade noch richtig war, ist eben schon falsch. Denn die Geschichte geht noch weiter. Erdoğan hat inzwischen einen neuen Chef für die Zentralbank ernannt, und Finanzexperten halten ihn für fähig. Daher folgende Meldung aus dem Angebot der ARD:

9. November 2020

Neuer Notenbankchef in der Türkei: Türkische Lira springt an – vorerst?

Ts; *boerse.ard.de*[164]

Nein, nicht vorerst, denn der neue Zentralbankchef hat sich tatsächlich durchgesetzt. Ich denke aber, hier verlassen wir die Türkei, bevor es noch eine neue Wendung gibt.

Eines müssen Sie auch noch über die Devisenmärkte wissen, und dann sind wir aber weitgehend durch: Jede Krise (nein, ich nenne jetzt mal kein Beispiel, denken Sie doch selber einfach an etwas aus der jüngeren Vergangenheit) verändert normalerweise auch die Wechselkurse. Denn dann wollen Anleger lieber auf der sicheren Seite sein und ihr Geld in Länder bringen, die politisch und wirtschaftlich stabil sind und nicht so schnell zusammenbrechen. In die USA zum Beispiel oder nach Europa. Lange Zeit galt der US-Dollar als der »sichere Hafen« schlechthin. Die Politik von Donald Trump hat das aber in jüngster Zeit relativiert, wie auch *finanzen.net* berichtet.

23. Juli 2020

Führungsrolle in Gefahr? US-Dollar dürfte durch Corona-Krise an Beliebtheit verlieren

finanzen.net[165]

Das wäre alles vielleicht sogar amüsant, wären Währungen nicht einer der Faktoren, die das Schicksal eines Landes wesentlich mitbestimmen. Denn sie können den internationalen Wettbewerb erheblich verschieben. Wertet eine Währung ab, wirkt das wie eine große Rabattaktion für sämtliche Waren und Dienstleistungen für das Land. Wertet sie auf, verliert die Wirtschaft an preislicher Wettbewerbsfähigkeit. Länder haben daher ein Interesse, ihre Währung zwar stabil zu halten, um Kapitalgeber nicht abzuschrecken, aber bitte auch nicht zu stark, um die Exportwirtschaft nicht zu schwächen.

Genau das ist eine der Aufgaben der Zentralbanken, die den Wechselkurs ihrer Währung daher in jede Zinsentscheidung mit einbeziehen. Zudem halten sie für Notfälle hohe Summen an Reserven in fremden Währungen, um im Zweifel mit einer Intervention am Devisenmarkt Kurse mit zu beeinflussen.

Darauf sollten Sie achten

Eines der größten wirtschaftlichen Probleme der USA ist ihr gigantisch hohes Handelsbilanzdefizit, das zu einem großen Teil aus dem Warenverkehr mit China entsteht. Besonders Donald Trump hat in seiner Amtszeit als US-Präsident daher (erfolglos) alles versucht, dieses Defizit zu verringern. Mit Strafzöllen, die manche schon als »Handelskrieg« bezeichneten. Seit einer Weile droht die nächste Eskalationsstufe:

24. Mai 2019

Devisenmarkt: Droht ein Währungskrieg zwischen China und den USA?

Jan Mallien; *handelsblatt.com*[166]

Ein Währungskrieg ist also ein Wettlauf um einen möglichst niedrigen Wechselkurs, und bei dem gibt es – wie bei allen Kriegen – am Ende eigentlich nur noch jede Menge Verlierer. Weil sich die Geldpolitik dann vor allem am Wechselkurs orientieren muss, ist die Geldmenge meist nicht mehr optimal für das Wirtschaftswachstum im Land. Zudem kommt schnell eine Abwertungsspirale in Gang. Am Ende ist das Verhältnis der beiden Währungen, die Anlass für den Krieg waren, meist kaum verändert, nur auf viel niedrigerem Niveau. Darunter leiden dann alle unbeteiligten Länder, die nicht mithalten können.

Die Rolle von China in der Weltwirtschaft wird auch nach der Abwahl von Donald Trump ein riesiges Thema bleiben. Ein Währungskrieg zwischen den USA und China ist also noch lange nicht abgewendet. Bleiben Sie dran.

Nur einen Bereich sollten wir uns jetzt noch in Sachen Zahlungsmittel genauer anschauen: den Markt für Kryptowährungen, also Bitcoin und Co. Davon haben Sie wahrscheinlich schon gehört – und sei es nur in Spam-Mails, wo Ihnen jemand versprochen hat, dass Sie gaaaanz schnell gaaaanz reich damit werden können.

Bitcoin und Kryptowährungen generell sind Zahlungsmittel, die im Computer hergestellt – oder in der Ich-kenn-mich-aus-Sprache: »geschürft« werden. In der Ich-kenn-mich-aus-und-kann-sogar-Englisch-Sprache heißt das »Mining«.

Bitcoin ist die wichtigste der Kryptowährungen, aber es gibt mehrere davon. Sie heißen zum Beispiel »Ethereum«, »Ripple« oder »Litecoin«, sind aber wenig verbreitet. Selbst der Bitcoin – der König unter den Kryptowährungen – fristet im globalen Zahlungsverkehr ein Nischendasein. Er wird vor allem von Technikfreaks, Zockern oder für dubiose Geldgeschäfte genutzt. Zwar gibt es vereinzelte Cafés oder Pizzaboten, die Bitcoin zum Bezahlen akzeptieren. Richtig große Bedeutung hat er aber nur in einigen sehr kriminellen Branchen, zum Beispiel dem Geschäft mit Erpressung in der Online-Welt. Daher sind Schlagzeilen wie die folgende aus dem *Spiegel* nicht ungewöhnlich, die eine kriminelle Machenschaft und Bitcoin in einem Satz nennt.

7. November 2020

Krimi um Darknet-Drogengeld: US-Ermittler beschlagnahmen Bitcoin-Vermögen

Jörg Breithut, *spiegel.de*[167]

Den Alltag der meisten von uns tangiert das aber bislang nicht. Doch spätestens seit der Ankündigung von Facebook, eine eigene neue Kryptowährung – Diem – zu schaffen, ist absehbar: Jeder Internet-User könnte früher oder später mit dem Thema konfrontiert werden. Also erkundigen wir uns lieber mal jetzt schon, worum es genau geht.

Entstanden sind Bitcoin in einer technikaffinen Gemeinde, die nach Freiheit strebt und den Anarchismus liebt. Anarchismus im Sinne von

Abwesenheit von staatlicher Gewalt und gesetzlichen Zwängen. Und dazu wollte man sich auch aus der Macht der Geldpolitik und der Banken befreien und ein demokratisches, freies Zahlungsmittel schaffen. Jeder kann Bitcoin minen oder kaufen, niemand lenkt das Geschehen.

Politiker und Geldpolitiker mögen die Kryptowährungen daher natürlich nicht so gerne. Sie hebeln nämlich nicht nur die Macht der Zentralbanken aus, sondern erschweren auch alle Bemühungen, kriminelle Aktivitäten oder Terrorismus über die Geldströme zu stoppen. Gegen das Diem-Projekt (vormals Libra) von Facebook gab es einen Sturm der Entrüstung durch eine ungewöhnlich breite Allianz an Politikern – von der deutschen Linken bis hin zum damaligen US-Präsidenten Donald Trump (Macht abgeben ist eben nicht so die Sache von Donald Trump, wie wir aus der Zeit nach der Präsidentschaftswahl wissen).

Ein neuer Bitcoin entsteht durch eine höchst komplizierte Technik – die Blockchain-Technologie. Im Prinzip funktioniert das so: Um einen neuen Bitcoin zu schaffen, muss ein Computer erst einmal eine lange Reihe an Berechnungen nachvollziehen, mit denen all die bereits bestehenden Bitcoins geschaffen wurden, und dann noch eine draufsetzen. Die ist dann Teil der Berechnungen, wenn jemand den nächsten Bitcoin schafft, und so weiter.

Einige andere Kryptowährungen werden nicht nur kompliziert berechnet, sondern zusätzlich zum Beispiel mit real existierenden Währungen wie dem US-Dollar hinterlegt. Das heißt, für jeden Coin gibt es einen Bezug zum US-Dollar, wodurch der Kurs weniger stark schwanken kann. Dies nennt man dann »Stable Coins«.

Gerade der Bitcoin-Markt ist seit einiger Zeit der Lieblingsspielplatz der ganz hartgesottenen Zocker – und Betrüger. Denn Bitcoin kann man gegen reale Währungen kaufen und verkaufen – allerdings nur an eigenen, nicht wirklich regulierten Internetbörsen, von denen sich immer mal wieder eine als große Betrugsveranstaltung herausgestellt hat.

Die Kurse der gängigen Bitcoin-Börsen zeigen aber: Hier sind nicht nur anarchistische Technikfreaks unterwegs, sondern der Markt ist in den letzten Jahren immer mehr zum Lieblingsspielplatz vor allem privater Finanz-Zocker geworden. 2017 stieg der Kurs für einen Bitcoin von ein paar Hundert Euro auf mehr als 15.000 Euro, fiel dann zurück auf rund 3.000 Euro und ist seither – unter heftigsten Schwankungen – wieder am Klettern. Wohin, ist nicht sicher, im November 2020 knabberte er gerade an der Marke von 16.000 Euro, im Frühjahr 2021 sogar an 40.000 Euro.

10. November 2020

Kursziel 100.000 Dollar? Die Profis steigen am Bitcoin-Markt ein

Felix Holtermann, Mareike Müller, *handelsblatt.com*[168]

9. November 2020

30 Prozent Bitcoin-Rückgang möglich: Kein Grund zur Sorge

Michaël van de Poppe, *cointelegraph.com*[169]

Für Anleger ist der Bitcoin also eher weniger geeignet. Eine Rolle werden Kryptowährungen in Zukunft aber dennoch spielen. Denn sie sind einfach unglaublich praktisch. Darauf setzte auch Facebook mit seinem Diem-Projekt.

Das haben auch andere erkannt, die sich gerade daran machen, neue Währungen aus dem Computer zu schaffen: die Zentralbanken. Hier gibt es gerade einen regelrechten Wettlauf, wer als Erster eine allgemein akzeptierte Kryptowährung an den Markt bringen kann.

14. März 2020

Zentralbanken treiben Arbeit an Krypto-Euro, Cyber-Franken & Co. voran

Pierre Bonnet, *finanzen.ch*[170]

Vor allem die USA und China liefern sich hier eine weitere Schlacht. Das Rennen ist offen, und es bleibt spannend.

Angeber-Wissen für die nächste Party:

Bitcoin oder Norwegen
Wenn Sie mal einen Bitcoin-Fan treffen, sprechen Sie ihn doch einfach auf den Klimawandel an. Denn abgesehen von allen anderen Einwänden ist die Kryptowährung mit Sicherheit eines: ein gigantischer Energiefresser. Die Berechnung der Blockchain ist aufwendig und lässt Hochleistungsserver stundenlang arbeiten – und die brauchen dann eben vergleichsweise viel Strom. Die Universität Cambridge hat ausgerechnet, dass der weltweite Bitcoin-Markt jährlich 120 Terawattstunden (TWh) verbraucht – und das ist so viel Strom wie Argentinien oder Norwegen benötigt.

Ihr Gegenüber wird dann vermutlich darauf hinweisen, dass ein Großteil der Bitcoin-Minen (und jetzt wissen Sie ja, was das ist) mit Wasserkraft oder anderem Ökostrom betrieben werden. Kontern Sie damit, dass auch regenerative Energie immer einen Eingriff in die Natur bedeutet (Wasserkraft braucht eben zum Beispiel einen Staudamm) und der Strom für *Bitcoin Mining* aus Klimasicht woanders besser eingesetzt wäre – zum Beispiel dort, wo Energie über Kohleverstromung gewonnen werden muss.

Immobilien und andere Sachwerte

Vermögen, das in Gegenstände investiert ist, nennt man Sachvermögen. Dazu gehört mehr, als man zunächst denkt.

Cybercoins – oder auch andere Währungen – gehören nicht unbedingt zu einer seriösen Geldanlage. Zinsanlagen aber schon, und auch eine andere Gruppe von Vermögenswerten ist unverzichtbar: die Sachwerte. Zu ihnen zählt dabei mehr, als man denkt. Sie können Ihr Geld nicht nur in wertvolle Gemälde, teure und alte Weine oder Antiquitäten investieren, sondern auch in jede Art von Immobilien – vom Apartment bis hin zum Waldstück. Oder Sie kaufen eine Maschine, oder gleich ein ganzes oder ein kleines Stück eines Unternehmens, also eine Aktie – auch das ist eine Sache, genau wie ein Goldbarren oder eine Tonne Weizen.

Grundsätzlich können wir Sachanlagen danach unterscheiden, ob sie einen Ertrag erwirtschaften oder nicht. Immobilien tun das, denn man kann damit Mieteinnahmen erzielen, ein Wald bringt Erlöse aus dem Holzverkauf, ein Gasthof eine Pacht. Und auch Unternehmen und damit auch Aktien zählen zu den Sachwerten, die Rendite erwirtschaften, denn sie machen Gewinne – das ist zumindest der Plan.

Andere Sachwerte stehen oder hängen dagegen einfach nur so rum – um auf dem Kunstmarkt Geld zu verdienen, muss man also billiger gekauft haben, als man verkauft. Natürlich können Sie aus unproduktiven Sachwerten manchmal eine Einnahmequelle machen: Sie können die Fahrzeuge aus Ihrer Oldtimersammlung einfach tageweise vermieten. Die Regel ist das aber nicht, mit einem Goldbarren oder einer wertvollen Flasche altem Wein ist das nämlich schwieriger.

Gemeinsam ist allen Sachwerten aber eine sehr angenehme Eigenschaft: Sie sind inflationsgeschützt. Und das ist in den heutigen Zeiten, wo keiner mit Sicherheit sagen kann, wie die lockere Geldpolitik auf Dauer wirkt, ein gutes Argument. Anders als Zinsanlagen: Wenn Sie 1.000 Euro verleihen, bekommen Sie irgendwann genau 1.000 Euro zurück – auch wenn eine Hyperinflation dafür gesorgt haben sollte, dass sie davon gerade mal noch einen Laib Brot bezahlen können. Weil Inflation aber ja nichts anderes ist, als dass die durchschnittlichen Preise für Sachen steigen, steigen die Preise für Sachwerte eben mit.

Die Märkte für Wertgegenstände wie Antiquitäten, Münzen oder Briefmarken folgen ganz eigenen Gesetzen. Sie werden normalerweise auf Messen oder im Internet organisiert. Gemeinsam ist ihnen nur, dass die Preise natürlich mit dem Wohlstand potenzieller Käufer steigen. Wenn Sie planen, hier aktiv zu werden, sollten Sie die einschlägigen Fachzeitungen verfolgen.

Auf jeden Fall interessant für so gut wie jeden Anleger sind Immobilien. Auch wenn die Märkte viel mehr aufgesplittet sind als zum Beispiel der Aktienmarkt. Das liegt daran, dass Immobilien ja per Definition nicht verpflanzbar sind und sie auch – anders als ein Wertpapier – niemals vollständig gleichwertig sind.

Dass die vielen regionalen Märkte für Immobilien inzwischen trotzdem zu einem großen internationalen Finanzmarkt geworden sind, dafür sorgen nationale und internationale Investoren mit den üblichen Mitteln: Eigentum an Immobilen wird immer häufiger gebündelt und verbrieft.

Da gibt es einerseits die Immobilienfonds, die für den Vermögenstopf ihrer Anleger ein Bündel an Häusern, Supermärkten oder Ähnlichem kaufen. Oder auch Unternehmen wie der DAX-Wert Deutsche Wohnen, die sich auf den Kauf und die Vermietung von Wohnimmobilien konzentrieren (und die aufgrund ihrer Geschäftspolitik bei Mietern und Politikern nicht sehr beliebt sind). Unternehmen, die als AG firmieren und ihre Geschäfte mit Immobilien machen, heißen »REITs« (aus dem Englischen: »Real Estate Investment Trusts«, also »Immobilien-Investment-Trusts«). Den Unterschied zwischen einem Fonds und einer AG besprechen wir in den folgenden Abschnitten ab Seite 218 noch ausführlich.

Die Fonds und AGs und andere Profi-Immobilienbesitzer sind also auf dem Vormarsch und spielen in einigen Regionen bereits eine extrem wichtige Rolle, wie die *Zeit* berichtet:

10. November 2020

Studie: Großvermieter dominieren in Berlin

dpa, *zeit.de*[171]

Die Geldschwemme durch die Zentralbanken hat in den vergangenen Jahren dazu geführt, dass immer mehr Anleger global nach rentablen Sachwerten gesucht haben (wir haben uns auf Seite 156 ja schon mit der *Asset Price Inflation* befasst). Zudem haben die niedrigen Zinsen den Traum von den eigenen vier Wänden für immer mehr private Anleger möglich gemacht. Die Folgen sind bekannt: Seit Jahren steigen die Kaufpreise und Mieten für Immobilien heftig. Mit Mietpreisbremsen und anderen Mitteln versucht die Politik mancherorts, die Entwicklung zu entschleunigen.

Einen Markt zu regulieren ist aber immer ein zweischneidiges Schwert, und die Diskussion – und auch die Ergebnisse der Bemühungen – sollten Sie verfolgen. Die Corona-Krise hat zumindest keine Trendwende hervorgerufen, wie unter anderem der *Focus* berichtet:

> 3. November 2020
>
> **Häuser und Wohnungen: Preise weiter hoch – Immobilien-Käufer geben Hoffnung auf Corona-Schnäppchen auf**
>
> *focus.de*[172]

Wenn man ein bisschen darüber nachdenkt, ist das allerdings logisch. Sachwerte mit Rendite sind gerade in unsicheren Zeiten sicherlich eine gute Idee für übriges Anlagevermögen. Und davon haben wir dank der Maßnahmen der Zentralbanken ja mehr als genug.

Aktien

Aktienmärkte helfen, die Wirtschaft zu finanzieren, und versprechen Anlegern hohe Gewinne und guten Inflationsschutz. So filtern Sie die wichtigsten Trends aus dem täglichen Sturm an Börsenmeldungen.

Haben Sie mal so was wie »DAX« als Nachrichten im Internet gegoogelt? Tun Sie es besser nicht. Sie werden von einigen Millionen Treffern überrannt. Kein Wirtschaftsteil einer Zeitung, keine seriösen Fernsehnachrichten und keine Anlegerzeitschrift kommen ohne eine Berichterstattung über die Aktienmärkte aus. Zusätzlich gibt es auch all die Spezialzeitungen, Sendungen und Internetseiten, die kein anderes Thema haben als: die Aktienbörsen.

Dabei sind die Aktienmärkte im Vergleich zu den Anleihenmärkten eigentlich weniger wichtig. Das zeigt ein Blick auf den zusammengerechneten Kurswert sämtlicher Aktien, die irgendwo auf der Welt gehandelt werden (das wird »Marktkapitalisierung« genannt). Der lag 2018 bei knapp 70 Billionen Dollar, also rund 40 Billionen niedriger als der aller Anleihen.

Warum also sind Börsen (die wir ab hier wie alle als Synonym für »Aktienmärkte« verwenden, obwohl das nicht ganz richtig ist) so präsent in allen Nachrichten, Anleihenmärkte aber eher weniger? Weil es einfach ständig unglaublich viele spannende Entwicklungen gibt.

Aktienmärkte sind ein faszinierendes Abbild der ganzen Welt. Und sie sind weit mehr als Wirtschaft. Politik, Naturkatastrophen, einzelne Charakterköpfe, kriminelle Akteure, edle Gesten oder Moden und Trends – es gibt nichts, was die Kurse von Aktien nicht beeinflussen kann, und jeden Tag ist alles anders und neu. Eine *Daily Soap* mit Suchtpotenzial also.

Wie es sich für so eine Soap gehört, finden hier auch echte Dramen statt, und es menschelt ungemein: Anders als an den Anleihenmärkten sind die Kursbewegungen oft heftig. An den Börsen werden Vermögen gemacht – und auch ab und zu vernichtet. Und Gefühle wie Angst oder Gier bestimmen oft das Marktgeschehen.

Lassen Sie uns die Welt der Aktienmärkte also so weit erkunden, wie wir das auf ein paar Seiten tun können. (Wir werden aus Platzgründen ein paar Lücken lassen müssen.) Bevor Sie aber weiterlesen, beachten Sie bitte folgenden Hinweis und sagen Sie bitte hinterher nicht, ich hätte Sie nicht gewarnt:

Börsennachrichten können süchtig machen!

Okay, werden wir aber erst mal wieder nüchtern und schauen uns an, worüber die Medien in Sachen Aktienmärkte in der Regel berichten und was Sie wissen müssen, um die Nachrichten zu verstehen und einzuordnen.

Die Euphorie dämpfen wir am besten erst einmal mit ein paar juristischen Fakten: Wie wir wissen, werden an der Börse Anteile von

Unternehmen gehandelt, genauer von Aktiengesellschaften, kurz »AGs«. Die haben ihr Eigentum vom ersten Tag an quasi per Definition verbrieft. Für jede Einlage von Kapital bei der Gründung gibt es Aktien, und die sind dann handelbar.

Gehandelt werden können Aktien quasi überall, am besten geht das aber natürlich an der Börse, denn dort trifft ein Verkäufer auf viele potenzielle Käufer (und manche dürfen auch nur dort gehandelt werden). An die Börse darf aber nicht jede AG. Sie braucht eine Börsenzulassung, und die ist je nach dem Börsensegment, in das die Aktiengesellschaft aufgenommen werden will, an spezielle Kriterien gebunden.

Im regulierten Markt gibt es strenge gesetzliche Vorschriften: Das Unternehmen muss mindestens drei Jahre bestehen, in denen es regelmäßig seine Jahresabschlüsse offengelegt hat, und es muss zum Börsengang – auf Englisch »IPO« (»Initial Public Offering«) – einen Prospekt veröffentlichen, der so etwas wie ein vollständiges Porträt der Firma und des Wertpapiers sein soll – inklusive aller Angaben zur Aktie, aber auch Zweck und Umfang der AG, Kapitalhöhe und -zusammensetzung, Gewinnentwicklung der vergangenen fünf Jahre und so weiter.[173] Daneben gibt es in Deutschland noch den *»Open Market«*, der früher »Freiverkehr« hieß. Hier sind die Kriterien nicht ganz so streng.

Wir gehen jetzt aber mal davon aus, dass die Aktien, die es letztendlich in den geregelten Handel an die Börse schaffen, auf Herz und Nieren geprüft sind – und ignorieren ganz fest die Tatsache, dass die Wirecard AG es sogar ins Königssegment der Deutschen Börse, den DAX, geschafft hat, während sie einen Bilanzbetrug von epischen Ausmaßen durchgezogen hat. Die Manager von Wirecard hatten nämlich über Jahre Umsätze und Vermögen in Milliardenhöhe einfach erfunden – unter der Aufsicht ihrer Wirtschaftsprüfer, der BaFin und der Börse.

Das war nicht der erste oder der größte und wahrscheinlich auch nicht der letzte Betrugsfall eines börsennotierten Unternehmens. (Ich hatte Ihnen ja versprochen, dass Börse immer wieder mal wie ein Krimi ist.) Die Regel ist das aber sicher nicht, und so einen Fall verpassen Sie nie, denn das finden Sie mit Sicherheit in Wirtschaftsmedium Ihres Vertrauens.

Und apropos DAX: Was wir auch noch wissen müssen, bevor es losgeht, ist, was ein Index wie der DAX genau ist.

Er ist auf jeden Fall eine sehr praktische Sache, denn ein Index gibt einem Anleger einen schnellen Überblick, wie sich die Kurse in einem Land oder für ein gewisses Segment von Unternehmen entwickeln. An der Deutschen Börse zum Beispiel sind rund 800 Aktien gelistet. Will man kurz nachsehen, wie ein Handelstag so gelaufen ist, müsste man also 800 Kurse checken. Stattdessen kann man aber auch einfach schnell die Indizes anschauen. Hier werden nach einer festgelegten Formel die Kursveränderungen von einem Bündel von Aktien erfasst. Je nach Bedeutung eines Unternehmens haben seine Aktien mehr oder weniger Gewicht im Index.

Angeber-Wissen für die nächste Party:

Mit Indizes beeindrucken

Stellen Sie sicher, dass Ihr Gegenüber weiß, was ein Aktienindex ist. Dann können Sie loslegen. Erzählen Sie, woher die Indexidee stammt: Im Jahr 1884 hatten die Börsenreporter Charles Dow und Edward Jones nämlich eine Eingebung. Sie wollten ihren Lesern täglich einen schnellen Überblick über die Lage an der Börse in New York geben. Die beiden berechneten daher für die wichtigsten Aktien – damals waren das rund ein Dutzend Unternehmen, vor allem Eisenbahngesellschaften – eine Art gemeinsamen Kurs. Dafür zählten sie die Kurse aller Aktien zusammen und teilten das Ergebnis anschließend durch die Zahl der Unternehmen. Der Dow Jones Industrial Average (»average«: englisch für »Durchschnitt«) war geboren und mit ihm der erste Börsenindex.

Im Laufe der Jahre erhöhte sich nicht nur die Anzahl der Unternehmen im Dow Jones – heute sind die wertvollsten 30 US-Unternehmen vertreten –, sondern auch die Berechnungsmethoden wurden verfeinert. Erklären Sie, warum die Aussagekraft des Ur-Dow eingeschränkt war. Denn die teuersten Aktien hatten am meisten Gewicht, auch wenn sie nicht unbedingt zu den wichtigsten Unternehmen zählten. Und dann weisen Sie darauf hin, dass alle Börsenindizes heute daher mit Gewichtungsformeln berechnet werden, in die verschiedene Faktoren einfließen, die die Bedeutung der Unternehmen widerspiegeln.

Das gilt natürlich auch für die bekanntesten Indizes, die Sie nun problemlos herunterrattern können, wenn es passt: Das sind neben dem Dow Jones Industrial Average (von Händlern liebevoll »der Dow« genannt) der S&P 500 aus den USA, in dem – wie der Name schon sagt – 500 Aktien zusammengefasst sind. In Deutschland sind die 30 wichtigsten Aktien im Deutschen Aktienindex (DAX) enthalten. Moment mal: 30? Nein, denn da hat sich etwas getan: Ab September 2021 werden im DAX 40 Unternehmen gelistet. Erwähnen Sie, dass Sie das gut finden, denn so ist die deutsche Wirtschaft in ihrer Vielfalt besser vertreten. Und weisen Sie auch gleich darauf hin, dass jeder Index lebt: Firmen, die schlechter dastehen, werden regelmäßig gegen Aufsteiger ausgetauscht (oder auch unregelmäßig wie im Fall von Wirecard).

Mittelgroße deutsche Firmen sind im MDAX und die kleinen im SDAX. Technologiefirmen haben eigene Indizes, in den USA ist das der Nasdaq, in Deutschland der TecDAX. Und es gibt auch Indizes für die ganze Welt, zum Beispiel den MSCI World oder den FTSE Developed. Wenn Sie wollen, können Sie stundenlang weitermachen. Denn Aktienindizes gibt es für alle Länder, in denen es börsennotierte Unternehmen gibt, aber auch für ganze Regionen wie zum Beispiel die Euro-Zone oder die *Emerging Markets* oder für Branchen oder bestimmte Gruppen von Unternehmen oder für nachhaltige Unternehmen oder noch viel mehr.

Irgendwann sollten Sie mit den Namen aber aufhören, bevor Ihr Gegenüber aggressiv reagiert. Schließen Sie den Vortrag elegant ab, indem Sie erwähnen, dass Indizes teilweise von Börsen, teilweise aber auch von darauf spezialisierten Finanzdienstleistern konstruiert und berechnet werden und beides gute Ergebnisse zeigt.

So, wir gehen also mal davon aus, es gibt eine Firma, die GRANDIOS AG. Neulich beim Friseur haben Sie einen Kunden belauscht, der überaus überzeugend verkündet hat, dass Anleger mit GRANDIOS-Aktien ganz sicher ganz schnell reich werden können. »Das nächste große Ding«, erklärte er der mäßig interessierten Friseuse, als die gerade seinen Nacken rasierte. Und nun sind Sie ernsthaft in Versuchung, ein paar Aktien zu kaufen.

Jetzt müssen Sie sich entscheiden: Sind Sie ein Spekulant oder ein Investor? Als Spekulant können Sie gleich losrennen und ein paar GRANDIOS-Aktien kaufen – in der Hoffnung, dass der Mensch recht hat. Sie wetten dann einfach darauf, dass die Aktien wertvoller werden. Das kann gut ausgehen, aber auch ganz fürchterlich enden.

Als Investor sollten Sie sich am Wochenende nichts vornehmen, denn Sie müssen recherchieren. Und jetzt wird's spannend.

Was müsste passieren, damit der Kurs – also der Preis – der GRANDIOS-Aktie steigt? Grundsätzlich steigt der Preis für etwas, wenn es mehr Menschen kaufen wollen, als andere es verkaufen wollen.

Einen Unternehmensanteil kaufen Anleger dann, wenn sie davon ausgehen, dass er künftig Rendite abwirft – sie schauen also in die Zukunft.

Rendite kann man mit Aktien auf zwei Arten erzielen: entweder weil man Anteile am Gewinn kassiert – das nennt man »Dividenden«, und die werden im Fachsprech nicht »ausgezahlt«, sondern »ausgeschüttet«. Gibt es höhere Ausschüttungen, wollen mehr Anleger die Aktie haben. Und der Kurs steigt. Oder die Firma behält ihr verdientes Geld und investiert es. Dadurch wird das Unternehmen größer und wertvoller, und auch das lässt den Kurs steigen. Gewinne sind also immer gut.

Als Erstes müssen Sie also darüber nachdenken, ob die Firma tatsächlich gute Geschäfte und schöne Gewinne macht. Dazu sollten Sie sich mit dem Geschäftsmodell auseinandersetzen, also der Methode, mit der das Unternehmen sein Geld verdient. Heißt die GRANDIOS mit vollem Namen »GRANDIOS Fly« und wir haben gerade mal wieder eine Covid-19-Welle, ist das vielleicht keine ganz so gute Idee. Denn das Geschäftsmodell – Flüge verkaufen – dürfte eher schleppend laufen und Gewinne machen ist da schwer.

Als Nächstes sollten Sie dann die wichtigsten Kennzahlen für die Aktie und das Unternehmen checken. Ich habe Ihnen hier mal eine Liste zusammengestellt, was da so warum interessant ist (und die beinhaltet wirklich nur die allerwichtigsten Zahlen, es gibt noch viel mehr):

Kennzahl	**Was steckt drin?**	**Was will uns das sagen?**
Marktkapitalisierung	Ist der Wert aller gehandelten Aktien eines Unternehmens.	Nicht unbedingt, ob es sich um ein großes Unternehmen handelt, denn es kann auch sein, dass ein großer Anteil der Aktien in privatem oder staatlichem Besitz ist und nicht gehandelt wird. Es sagt aber, ob die Aktie viel gehandelt wird, wir also im Zweifel einen Käufer oder Verkäufer finden, wenn wir einen brauchen.
Streubesitz	Gibt an, wie viel Prozent der Aktien eines Unternehmens an der Börse gehandelt werden.	Ist der Streubesitz klein, gibt es irgendwen, der einen hohen Anteil am Unternehmen besitzt und nicht verkaufen will. So jemand hat dann viel Einfluss. Das muss nicht schlecht sein, wenn es zum Beispiel der geniale Gründer ist. Wer Mehrheitsaktionär ist, sollten Sie aber herausfinden.
Gewinn	Sagt, wie viel das Unternehmen verdient.	Jetzt wird's kompliziert. Denn Gewinn ist nicht gleich Gewinn. Börsianer verwenden gerne den EBIT oder EBITA also den Gewinn vor Zinsen und Steuern oder zusätzlich noch vor Abschreibungen. Warum: weil das eine bessere Einschätzung gibt, wie ertragreich das Geschäft ist. Interessant ist aber vor allem, ob der Gewinn wächst, egal welcher.
Kurs-Gewinn-Verhältnis (KGV)	Errechnet, wie viel man im Verhältnis zum erwarteten Gewinn für die Aktie bezahlen muss.	Gibt ein Gefühl dafür, ob eine Aktie teuer oder günstig ist. Je kleiner das KGV, desto schneller wäre der Kapitaleinsatz mit Gewinnen wieder hereingeholt – wenn ein niedriges KGV nicht oft gleichzeitig auf kommende Probleme für das Unternehmen hinweisen würde.
Dividendenrendite	Ist Rendite für den Kapitaleinsatz, die alleine aus den Dividendenzahlungen entsteht.	Galt eine Weile als eine Art Zinsersatz. Im Gegensatz zu Zinsen haben Anleger aber keinen Anspruch auf Dividenden – die gibt es nur, wenn es dem Unternehmen wirklich gut geht.

Zusätzlich genauer anschauen sollten Sie sich als Nächstes nun die Branche der GRANDIOS, die Konkurrenzsituation und die Aussichten, aber auch, wie das Unternehmen selber organisiert und geführt ist. Gucken Sie nach, ob GRANDIOS seine Kosten im Griff hat und wie es bisher am Markt agiert hat. Suchen Sie Interviews mit dem oder der Vorstandsvorsitzenden und entwickeln Sie ein Gefühl dafür, ob dieser oder diese Krisen managen und Chancen nutzen kann. Lesen Sie Analysen von Banken oder anderen über die Firma. Irgendwann haben Sie dann ein Gefühl für die internen Faktoren, die den Erfolg der Firma ausmachen.

Es ist jetzt zwar schon Samstag spätnachts, aber fertig sind Sie noch nicht. Denn selbst wenn die Prüfung der GRANDIOS grandios ausgefallen ist, sollten Sie noch darüber nachdenken, ob die Chancen für Aktien allgemein gut oder schlecht stehen. Nach ein paar Stunden Schlaf sollten Sie also alles durchdenken, was wir in den ersten Kapiteln besprochen haben, und auf die GRANDIOS-Geschäfte beziehen.

Wird die Konjunktur in nächster Zeit rundlaufen? Es ist einfach leichter, Gewinne aus den Geldleitungen abzuzapfen, wenn diese prall gefüllt sind. Was wird die Politik vermutlich als Nächstes tun – und könnte das der GRANDIOS nutzen oder schaden? Gibt es irgendwelche drohenden Externen Effekte, die alle Pläne zur Makulatur machen? Und nicht zuletzt: Sorgt die Geldpolitik weiter dafür, dass so viel freies Kapital um die Welt wabert, dass ein Teil davon sicher auch bei der GRANDIOS landet?

Ganz wichtig ist auch folgende Frage: Wie ist die Stimmung an den Börsen? Es gibt nämlich Zeiten, in denen Anleger in Panik geraten und alles, auch Aktien guter Unternehmen, verkaufen. In anderen Zeiten wird gekauft, als gäbe es kein Morgen. Denn die Psychologie spielt an den Börsen eine immens wichtige Rolle.

Angst oder Gier bestimmen das Verhalten von Anlegern immer wieder – und beides ist ansteckend. Deshalb kommt es an den Börsen oft zu übertriebenen Kursbewegungen. Gibt es gute Nachrichten, will jeder am Aufschwung mitverdienen, gibt es Probleme, wollen alle möglichst schnell alle Aktien verkaufen.

Schauen Sie sich doch noch einmal den Chart zum Konjunkturverlauf auf Seite 64 an und ziehen Sie gedanklich die Wellenlinien deutlich nach oben und unten – schon haben Sie einen klassischen Börsenverlauf über die Zeit. Nur dass die Beschriftung der Welle nicht »Boom«, sondern »Hausse« und nicht »Depression«, sondern »Crash« heißen muss.

Crashs kommen mit schöner Regelmäßigkeit aus den verschiedensten Anlässen und machen Anlegern dann einen dicken Strich durch ihre Rechnung – zumindest vorübergehend. Denn bislang haben so gut wie alle Aktienmärkte Kursstürze wieder aufgeholt, und es gilt dasselbe wie für die Konjunktur: Die Schlangenlinie ist leicht schräg gestellt, das heißt über die Zeit zeigt der Kurstrend nach oben.

Angeber-Wissen für die nächste Party:

Runter kommen sie alle – aber auch wieder rauf

Beeindrucken Sie durch Ihr Wissen zu Börsencrashs. Seit es Aktienmärkte gibt, gibt es Crashs – und das wird vermutlich auch immer so bleiben. Ein Crash wird entweder durch eine vorangegangene Spekulationsblase ausgelöst oder durch einen Externen Effekt, den Sie inzwischen ganz locker erklären können, zum Beispiel an der Corona-Krise.

Charakteristisch für einen Crash nach einem Externen Schock ist, dass die Kurse hier in wenigen Tagen sehr schnell fallen. Lernen Sie dazu ein paar Zahlen auswendig: Covid-19 drückte den DAX im Frühjahr 2020 innerhalb von nur 28 Tagen um 38 Prozent. Während der Finanzkrise 2008 hatte der Index für einen ähnlichen Verlust 102 Tage gebraucht.[174] Und betonen Sie ausdrücklich, dass allen Crashs der Geschichte aber eine gute Nachricht gemeinsam ist – zwar konnte sich nicht jedes einzelne Unternehmen, jede Branche und jedes Land wieder erholen. Die breiten Indizes haben ihre Verluste aber früher oder später wieder hereingeholt und ihre Erfolgsgeschichte fortgesetzt.

Je nach Verlauf Ihres Gesprächs können Sie jetzt über die wichtigsten Einbrüche des vergangenen Jahrhunderts und ihre Ursachen dozieren und darüber, wie sie wieder aufgeholt wurden:

1929: Der Schwarze Donnerstag
Erklären Sie, dass dies der längste und folgenreichste Crash aller Zeiten war. Plötzlich und ohne konkreten Anlass war die Party vorbei: Am Donnerstag, den 24. Oktober 1929, gerieten die Kurse aller Aktien an der Wall Street vollkommen unerwartet ins Rutschen und fanden über viele Jahre keinen Boden mehr. Ursache war eine gigantische Spekulationswelle, bei der zuvor jeder – oft auch auf Kredit – Aktien haben wollte, weil die Kurse immer weiter nach oben gingen. 1929 ist damit ein Paradebeispiel für einen Crash, der durch das Platzen einer Spekulationsblase ausgelöst wird. Dieser hier hatte allerdings gigantische Folgen: Der »Schwarze Donnerstag« schlug Schockwellen rund um die Welt und markierte den Beginn der Weltwirtschaftskrise.

Die Börse holte die Verluste erst 25 Jahre später wieder ein und erreichte im Herbst 1954 ein neues High. Nach den ersten Kapiteln diese Buches dürften Sie keine Probleme haben, zu erklären, warum das alles so lange gedauert hat: So gut wie alle Verantwortlichen haben über Jahre nach dem Crash komplett versagt: Die Politik glaubte an die Selbstheilungskräfte der Marktwirtschaft und ließ die Wirtschaft ungebremst in eine Abwärtsspirale rauschen. Und die Geldpolitik erhöhte die Zinsen drastisch, um weitere Spekulationen zu erschweren. Damit trieb sie aber Privatleute und auch eigentlich überlebensfähige Bauern, Betriebe und Geschäfte endgültig in die Pleite. Eine erste zarte Erholung wurde dann vom Zweiten Weltkrieg unterbrochen. Falls Sie mögen, können Sie die Weltwirtschaftskrise als Lektion darüber verwenden, wie es nicht funktioniert, und nun einfach Ihr ganzes Wissen zu Wirtschafts- und Geldpolitik anbringen.

1987 und 2010: Der Crash kommt aus dem Computer
Falls Sie lieber beim Thema Crash bleiben wollen, sind das hier zwei wirklich kuriose – und der zweite der kürzeste der Geschichte: Ebenfalls ohne konkreten Anlass kam es am 19. Oktober 1987 zu einem der höchsten Tagesverluste an der New Yorker Börse jemals: Damals gerieten die Aktienkurse wegen Gerüchten über

Zinserhöhungen und ein gestiegenes US-Handelsdefizit unter Druck – tatsächlich war ein leichter Rückgang der Börse durchaus berechtigt, weil sich die Rahmenbedingungen verschlechterten. Doch plötzlich befanden sich die Kurse in einem gigantischen Abwärtsstrudel. Grund dafür waren wohl die automatischen Kursorders aus Computern, die immer mehr Banken und Anleger einsetzen. Am Ende waren es 23 Prozent minus an nur einem Handelstag. Die Börse begann aber schnell damit, die Übertreibung zu korrigieren. Nach zwei Jahren waren die Verluste wieder ausgeglichen. Noch schneller ging es beim erneuten »Crash aus dem Computer« am 6. Mai 2010: Hier löste eine einzige Order einen Dominoeffekt aus, und die Kurse purzelten innerhalb von Minuten dramatisch. Nach einer halben Stunde war der Spuk vorbei.

2000: Die Dotcom-Blase platzt

Der Scheibchen-Crash im Jahr 2000 wurde durch Platzen einer Spekulationsblase ausgelöst. Alle glaubten an die *New Economy* und daran, dass jedes Unternehmen, das irgendetwas mit dem Internet zu tun hat, eine prächtige Zukunft haben würde. Für Aktien dieser »Dotcoms« wurden Märchenpreise gezahlt. Das Problem: Die meisten der Wunderfirmen verdienten kein Geld. Als die ersten pleitegingen, platzte die Illusion. Die Kurse der schönen neuen Unternehmen stürzten um bis zu 90 Prozent ab, einige verschwanden ganz, und auch alle anderen Aktien zog es mit. Sechs Jahre dauerte es, bevor die Kurse aller anderen Aktien wieder das Niveau von Anfang 2000 erreicht hatten. Das lag allerdings daran, dass die Börse weitere heftige Rückschläge verkraften musste: die Terroranschläge vom 11. September 2001 und wenig später die Pleite des US-Energiegiganten Enron, die das weltweite Vertrauen in Unternehmensbilanzen erschütterte. Die hatte Enron nämlich einfach gefälscht. (An der Stelle könnten Sie zu Wirecard überleiten.)

2008: Die Finanzkrise

Das ist vielen von uns noch in Erinnerung: Auch die Finanzkrise war im Prinzip das Platzen einer Spekulationsblase, allerdings weniger für Aktien als für US-amerikanische Hypothekenpapiere (hierfür könnten Sie vorsichtshalber vorher die Seiten 249 bis 253 lesen, nur falls Nachfragen kommen). Als die reihenweise auszufallen drohten, weil der Preisboom am US-Häusermarkt zu Ende ging, wurde klar: Global hatten Banken so viele von diesen Papieren gekauft, dass die Finanzwirtschaft und mit ihr die Weltwirtschaft am Abgrund stand. Die Rettung durch Regierungen und Zentralbanken verursachte dann später die Euro-Krise. Insgesamt brauchten die Aktienmärkte gut vier Jahre, um die Verluste wettzumachen.

Prüfen Sie also unbedingt, wie die Stimmung an der Börse so ist, bevor Sie einige Stücke der GRANDIOS ordern. Nervös sollten Sie immer dann werden, wenn alle anderen bester Laune sind. Denn zu viel Optimismus und nicht zu viel Skepsis ist der Stoff, aus dem Abschwung oder gar ein Crash gemacht wird. Dann haben die meisten Investoren nämlich ihr Geld bereits voll in Aktien gesteckt, weil sie an eine goldene Zukunft glauben. Will nun irgendwer Aktien verkaufen, ist keiner mehr da, der noch zugreifen kann, und die Kurse purzeln.

Übrigens bedienen sich nicht nur geldpolitische Kommentatoren der Begriffswelt der Zoologie (siehe Seite 151). Auch Börsianer sprechen gerne über Tiere: Anleger, die mit steigenden Kursen rechnen, werden in den Medien gerne als »Bullen« bezeichnet, die sich »bullish« verhalten – also Aktien kaufen – und so für »Bullenmärkte« sorgen, also Börsen mit steigenden Kursen. Schlechte Börsenphasen werden dagegen als »Bärenmärkte« bezeichnet, weil die »Bären« – also pessimistische Anleger – dominieren und die Kurse fallen.

Ein Letztes sollten Sie noch anschauen: Drohen irgendwelche politischen Entscheidungen oder Externen Effekte, die nicht über die Konjunktur, sondern ganz speziell auf die Aktienmärkte wirken? Zum Beispiel eine neue Steuer für Dividenden?

Hey, es ist immer noch Sonntag – okay, schon 23:59 Uhr –, aber schon sind Sie fertig!

Hier noch mal eine Übersicht, damit Sie nichts vergessen, falls Sie tatsächlich mal eine Aktie auf Herz und Nieren prüfen wollen (übrigens als kleiner Spoiler: Ab Seite 232 besprechen wir, wie man sich den ganzen Aufwand sparen kann).

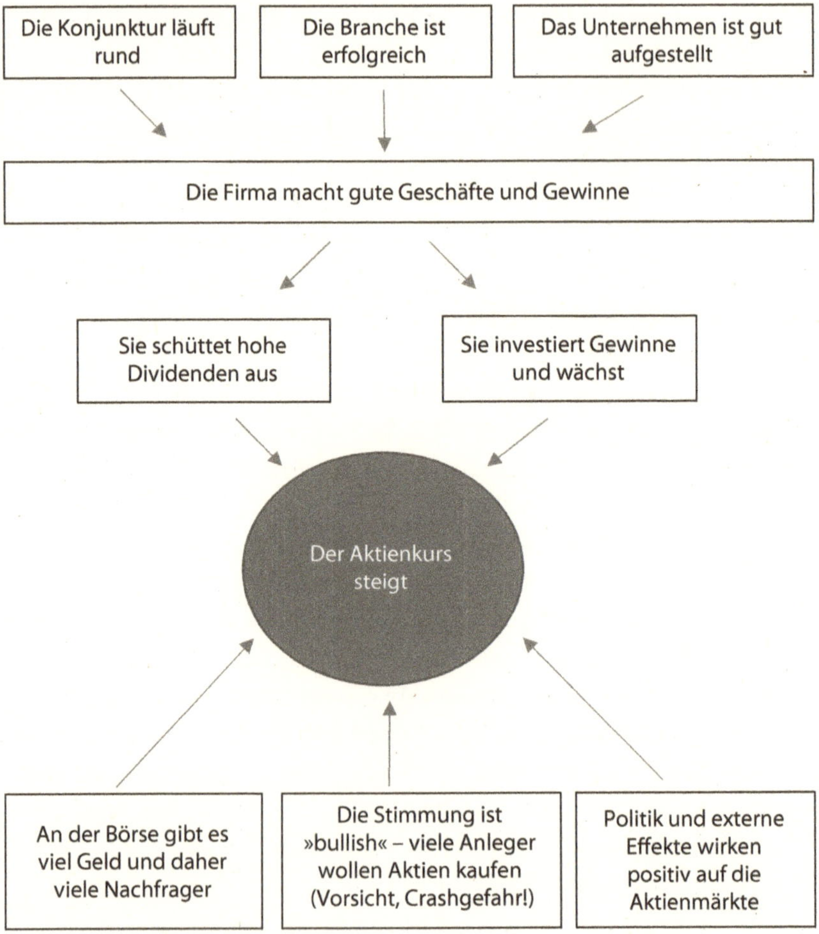

So eine gründliche Aktienanalyse kann durchaus interessant sein. Allerdings ist das Thema damit nicht erledigt. Für Ihre Einschätzung gilt nämlich dasselbe wie für jede Konjunkturprognose: Sie werden sie ständig überprüfen und anpassen müssen, denn erstens haben Sie sicher irgendetwas übersehen, zweitens ändert sich ja dauernd was.

Und: Sie sollten auf keinen Fall Ihr Geld ausschließlich in eine Aktie stecken, egal wie gut Ihre Prüfung ausgefallen ist. Sie brauchen einen Mix aus mehreren Aktien, denn niemand kann garantieren, dass der Finanzvorstand von GRANDIOS sich nicht doch von Wirecard hat inspirieren lassen und ein paar Milliarden in die Bilanz geschrieben hat, die es gar nicht gibt. Oder der Clan der Externen Effekte eine ganz neue originelle Idee findet, die ausgerechnet diese Firma zerstört. Zu Deutsch: So gut wie alle Wochenenden sollten ab jetzt für Aktienanalysen reserviert sein.

»Ha!«, werden Sie jetzt vielleicht sagen, »ich wusste es: Börse ist nichts für Privatanleger.« Und ich widerspreche Ihnen ja ungern – immerhin sichern Sie als mein Leser mein Einkommen, da will man höflich sein. Aber: An der Börse und an Aktien kommen Sie dennoch und definitiv nicht vorbei, wenn Sie sinnvoll langfristig ein Vermögen aufbauen wollen. Zugegeben: Einzelaktien sind tatsächlich ein schwieriges Investment für die meisten Privatanleger – auch wenn es sinnvoll ist, dass wir uns das hier etwas genauer angesehen haben, und Sie dafür die grundlegenden Mechanismen verstehen.

Sie brauchen aber einen Weg an die Börse, der Ihnen die Wochenenden frei hält. Und – hurra – es gibt ihn, gleich zweifach: Entweder Sie wählen einen anderen Ansatz und setzen nicht auf einzelne Aktien, sondern kaufen gleich die ganze Börse. Oder Sie delegieren die Arbeit einfach an Profis. Beides geht mithilfe der Institutionen, die wir im nächsten Abschnitt besprechen: mit Fondsgesellschaften.

Fonds

Fonds bringen auch kleine Vermögen breit gestreut an die Finanzmärkte.

Das wissen wir jetzt: Mit wenig Geld in große Geschäfte einsteigen, das geht dank Verbriefung und Wertpapieren. Und wenn Sie nicht gerade auf den ersten 100 Plätzen der *Forbes*-Liste der reichsten Menschen der Welt stehen, haben Sie aus Sicht der Märkte definitiv wenig Geld.

Aber nicht nur bei Aktien, sondern generell gilt: Alles auf eine Karte setzen, ist eine ganz schlechte Idee. Sie müssen also streuen, sowohl über die Assetklassen hinweg als auch innerhalb (siehe Seite 268) – und das ist nicht nur aufwendig, sondern bringt Sie mit Ihrem aus Sicht der Märkte kleinem Vermögen früher oder später an Ihre finanziellen Grenzen.

Doch wie gesagt – hurra! Die Fondsgesellschaften haben eine Lösung für uns. Um zu verstehen, wie Fonds funktionieren, bemühen wir mal ein viel zitiertes Beispiel: das der Niederländischen Ostindien-Handelsgesellschaft. Sie wurde 1602 gegründet und war die erste Aktiengesellschaft, bei der jeder Bürger Anteile erwerben konnte.

Das Geschäftsmodell der Gesellschaft war einfach: Sie beförderte Waren und Menschen per Schiff, und spätestens mit der Kolonialzeit und unter den ungerechten Machtverhältnissen damals war das ein höchst einträgliches Geschäft. Vor allem an den Handelsrouten mit Gewürzen aus Indien verdiente die Handelsgesellschaft prächtig.

Ein paar Tücken hatte die Sache allerdings: Erstens war es nicht gerade billig, das Kapital für ein Schiff bereitzustellen. Nicht nur die Ausgaben für die Schiffbauer, auch die Heuer für die Mannschaft und die Kosten für die Waren mussten erst einmal finanziert werden. Dafür war schon ein richtig großes Vermögen notwendig. Und zweitens war das Schifffahrtsgeschäft hochriskant. Denn die Investitionen konnten im wahrsten Sinne des Wortes komplett untergehen: Stürme, Piraten, Meuterei – immer wieder einmal war ein Schiff einfach weg.

Die Niederländische Ostindien-Handelsgesellschaft löste beide Probleme auf einen Schlag: Sie war eine Aktiengesellschaft, das heißt jeder konnte sich mit vergleichsweise niedrigem Kapitaleinsatz an ihr beteiligen. Und gleichzeitig setzte der Anleger damit nicht nur auf das Schicksal eines einzelnen Schiffes, sondern gleich auf eine ganze Flotte mit ein paar Hundert Schiffen. Dadurch war das Risiko, alles zu verlieren, so gut wie ausgeschlossen.

Dasselbe Prinzip verfolgen Fonds bis heute. Sie werden von Fondsgesellschaften »aufgelegt« – das ist das Fachwort für »organisiert«. Fondsgesellschaften sind Teile der Nicht-Banken-Welt und kaufen für ihre Anleger bis heute ganze Flotten an Vermögenswerten: Investmentfonds gibt es für Aktien, Anleihen, beides zusammen, Immobilien und vieles mehr.

Indem die Fondsgesellschaften die Anrechte einzelner Anteilseigner auf diese Flotten verbriefen, schaffen sie ein neues Wertpapier – einen Fondsanteil, der bei der Gesellschaft selber ge- und verkauft werden kann und oft zusätzlich auch an der Börse gehandelt wird.

Mit einem Fondsanteil kaufen Sie also das Anrecht auf Teile eines Pools an anderen Wertpapieren oder Vermögensrechten. Sind Sie noch dabei? Gut! Dann denken Sie auch mal dies hier durch: Es gibt auch Dachfonds, die wiederum Fondsanteile in ihrem Portfolio halten. Das sind dann also zwei Stufen bis zum ursprünglichen Vermögenswert.

Investmentfonds gibt es in verschiedenen Varianten. Man unterscheidet sie nach den Vermögenswerten, in denen sie investiert sind, also beispielweise nach Aktien-, Anleihen- (auch »Rentenfonds« genannt), Misch- oder Immobilien-Fonds. Es gibt Fonds, die eine spezielle Anlagestrategie verfolgen, die zum Beispiel auf die Aktien setzen, die besonders hohe Dividenden ausschütten. Oder auch Fonds, die sich einem speziellen Thema widmen, wie dem nachhaltigen Investment. Oder in einen abgegrenzten Bereich wie der Technologie-Branche investieren. Diese Produkte treffen Sie oft in den Medien wie hier in *dasinvestment.com* oder dem *Handelsblatt*:

14. September 2020

Nachhaltige Fonds erleben Mega-Zuflüsse

Iris Bülow; *dasinvestment.com*[175]

18. Oktober 2020

Investmentfonds-Bilanz: Bis zu 73 Prozent: Gold- und Tech-Aktien haben Anlegern die größten Renditen beschert

Ingo Narat; *Handelsblatt.com*[176]

Einteilen können wir Fonds auch danach, wer sie kaufen kann: Wenn das jeder darf, heißen sie »Publikumsfonds«, sind sie für ganz bestimmte Anleger wie zum Beispiel nur für Versicherungen, Banken oder Pensionsfonds konzipiert, heißen sie »Spezialfonds«. Es gibt sie als geschlossene Fonds – das ist dann sozusagen eine *Limited Edition* –, bei denen es eine feste Zahl an Anteilsscheinen für einen festgelegten Vermögenspool gibt, oder als offene Fonds: Hier werden beliebig viele Anteile verkauft, und das Fondsvermögen wird durch Zukäufe und Verkäufe entsprechend angepasst.

So, falls Sie ob der ganzen Begrifflichkeiten jetzt kurz vor dem Einschlafen sind: Können Sie sich vielleicht einen Kaffee holen oder kurz frische Luft schnappen? Denn gerade jetzt hätte ich Sie gerne mal hellwach. Eine Unterscheidung sollten Sie nämlich unbedingt kennen, falls Sie darüber nachdenken, Ihr Geld über Fonds an den Anleihen- oder Aktienmärkten für sich arbeiten zu lassen (und das wäre eine gute Idee, falls Sie vernünftig ein Vermögen aufbauen wollen, siehe Seite 266): die zwischen aktiven und passiven Investments.

Ein aktiver – oder korrekt: ein aktiv gemanagter – Fonds ist nämlich einer, bei dem es eine zentrale Figur gibt: die des Fondsmanagers. Der erledigt mit seinem Team von Analysten für Sie die Arbeit, die Sie sonst an den ganzen Wochenenden machen müssten: Er analysiert den Aktienmarkt, einzelne Länder und Unternehmen, die Konjunktur und die Geldpolitik und wählt dann die aussichtsreichsten Wertpapiere aus. Die kauft er dann für das Portfolio, an dem Sie Anteile haben.

Mit dem Fonds, den Sie auswählen, legen Sie also nicht nur fest, in welche Länder, Branchen, Anleihen oder sonst was Ihr Geld gesteckt wird, sondern auch, wer es tut. Und wie immer im Leben gibt es gute, sehr gute und weniger gute Fondsmanager.

Wenn Sie sich also für ein Investment in Fonds interessieren, sollten Sie in den Medien verfolgen, wer derzeit am besten agiert, zum Beispiel mit Rankings oder Analysen wie diesen aus *dasinvestment.com*, *e-fundresearch.com* oder *Börse Online*:

15. Oktober 2020

Die besten europäischen Aktien-Strategiefonds

Egon Wachtendorf; *dasinvestment.com*[177]

1. November 2020

Ranking: Die (bislang) besten Aktienfonds 2020

e-fundresearch.com [178]

1. November 2020

Die besten Deutschland-Fonds: Besser als ihr Ruf

boerse-online.de[179]

Besser als ihr Ruf? Nun, aktiv gemanagte Fonds haben einen großen Nachteil, der sich immer mehr herumspricht: Die Fondsmanager und ihre Analysten arbeiten nicht gerade im Niedriglohnsektor, und auch das Büro, all die Computer und Reisen zu Kongressen, Tagungen und Unternehmen wollen finanziert sein. Und wer bezahlt? Natürlich die Anteilseigner, die jedes Jahr eine »Managementgebühr« entrichten müssen. Zwischen 1,2 und 2 Prozent des angelegten Geldes kostet das Anleger jährlich, und um genau den Betrag sinkt deshalb die Rendite eines aktiv gemanagten Fonds. Weil sich zudem nicht alle Profis bei ihrer Wertpapierauswahl als treffsicher erweisen, sind die Ergebnisse immer wieder einmal enttäuschend (also doch so schlecht wie ihr Ruf).

Denn die wenigsten können »den Markt schlagen«. Darunter verstehen Börsianer Anlagestrategien, die höhere Renditen bringen als der Index, der das Anlagegebiet am besten widerspiegelt. Den Gesamtertrag einer Anlage nennt man »Performance«, (und das hat ganz und gar nichts mit Kunstaktionen zu tun).

Ein Aktienfonds für große deutsche Unternehmen müsste sich also am DAX oder einem anderen deutschen Aktienindex messen lassen und eine bessere Performance nach Kosten bringen. Den Index, an dem sich der Fondsmanager messen lassen muss, nennt man »Benchmark« oder »Vergleichsindex« – dem Begriff werden Sie sicher öfter begegnen, wenn Sie etwas über Fonds lesen oder hören werden.

Die Benchmark übertreffen aktiv gemanagte Fonds aber so gut wie nie. Der amerikanische Indexanbieter S&P vergleicht die Ergebnisse von aktiven Fonds seit 2002 regelmäßig mit denen, die ein Investment in Indizes in der entsprechenden Region gebracht hätte. Mit ernüchterndem Ergebnis: Bei einer Anlagefrist von zehn Jahren liefen 85 Prozent der aktiv gemanagten Fonds, die sich auf Deutschland konzentrierten, schlechter als der entsprechende S&P-Index. Für US-Aktienfonds liegt die Rate bei 98 Prozent und für weltweit anlegende Fonds sogar bei 99 Prozent. Der Index ist also erfolgreicher.

Und genau den können Sie kaufen. Mit Indexfonds. Das sind Fonds, die alle Wertgegenstände eines Index genau in der Mischung nachkaufen, die sie eben auch in dem Index haben. Das machen überwiegend Computer, und daher ist das billiger.

Vielleicht haben Sie auch schon einmal das Kürzel »ETF« gehört? Das sind Exchange-Traded Funds, also Indexfonds, die an der Börse gehandelt werden, und die sind in Deutschland die am weitesten verbreitete Form von Indexfonds. Und das sollten Sie sich merken. Warum diese auch in Ihrer Geldanlage eine wichtige Rolle spielen könnten, besprechen wir im letzten Kapitel (Seite 255).

Angeber-Wissen für die nächste Party:

Nachmachen geht auf verschiedene Arten

Sie sprechen über Geldanlage? Dann zeigen Sie sich informiert. Sie wissen nämlich nicht nur, was ein Indexfonds und ein ETF ist, sondern auch, wie sie gemacht werden. Theoretisch kauft die Fondsgesellschaft eines solchen Fonds alle Vermögenswerte aus einem Index genau nach ihrer Gewichtung und passt das Depot jedes Mal an, wenn sich die Indexanteile der einzelnen Bestandteile verändern – also der Aktien, Anleihen oder was immer der Index zusammenfasst. Diese Methode nennt man »physische Nachbildung«. Sie ist vor allem für Indizes mit einer begrenzten Zahl von Aktien, wie dem Dow Jones mit 30 Aktien, praktikabel.

Nun gibt es aber auch Indizes, die Hunderte oder gar Tausende von Aktien enthalten, zum Beispiel den MSCI World. Weisen Sie darauf hin, dass ausgerechnet diese wegen ihrer breiten Streuung besonders interessant für den Vermögensaufbau sind. Fondsgesellschaften stoßen damit jedoch an ihre Grenzen. Bei so vielen Aktien ständig deren Indexanteile anzupassen, ist nämlich nicht nur aufwendig, sondern auch teuer, denn jeder Kauf oder Verkauf kostet Gebühren an den Börsen.

Jetzt können Sie auftrumpfen und erklären, wie die Fondsgesellschaften dem Dilemma entkommen: Dafür gibt es zwei Methoden. Entweder die Fondsgesellschaft lässt kleinere Aktiengesellschaften einfach weg und ersetzt sie durch größere, die sich nach Computermodellen wie der entsprechende Marktindex verhalten. Das nennt man »Sampling-Methode«.

Oder sie wendet die »synthetische Replikation« an. Auch hier werden zwar Aktien gekauft, aber nicht unbedingt diejenigen, die im Index enthalten sind, sondern leicht handelbare. Durch einen Vertrag mit einer Investmentbank wird zugleich ein Aktientauschgeschäft abgeschlossen. Mit diesem »Swap« (englisch »Tausch«) lässt sich die Fondsgesellschaft garantieren, dass sich das Vermögen genauso entwickelt wie der Index, auf den es lautet.

Schließen Sie mit einer beruhigenden Nachricht: Die Redaktion von *Finanztest* der Stiftung Warentest hat alle drei Methoden untersucht und kommt zu dem Schluss, dass es für den Anleger keine Rolle spielt, welche Methode ein Anbieter für die Nachbildung des Index verwendet.

So, jetzt können Sie wieder mit dem Kaffeetrinken aufhören.

Derivate

Wie Derivate grundsätzlich funktionieren und wie Sie dranbleiben und verfolgen können, was sich am Derivatenmarkt tut.

Derivate sind wirklich eine ganz eigene Welt. Und noch dazu eine extrem dynamische: Jeden Tag kommen neue Derivate auf den Markt, mit neuen Konditionen, Vorteilen – und Risiken für Anleger und immer wieder mal für die gesamte Wirtschaft. Die sind in der Regel kompliziert konstruiert und daher schwer zu begreifen. Um alles zu erfassen, müssten Sie ein Buch mit dem Titel »Derivate endlich verstehen« kaufen. (Vielleicht sollte ich mal eines schreiben, weil ich dann beim Recherchieren selber noch viel lernen würde.)

Wir konzentrieren uns hier also darauf, zu begreifen, was Derivate grundsätzlich sind, wie sie generell funktionieren, warum es tatsächlich manchmal sinnvoll ist, welche zu haben, und wo die Risiken liegen.

Fangen wir mit dem Wort »Derivat« an. Das stammt aus dem Lateinischen und heißt »abgeleitet«. Denn Derivate gibt es sozusagen nicht alleine, sondern nur in Bezug (Ableitung) auf andere Vermögenswerte.

Futures, die wir auf Seite 204 ja schon mal besprochen hatten, sind zum Beispiel Derivate. Sie verbriefen das Recht, einen bestimmten Vermögensgegenstand zu einem festgelegten Preis an einem festgelegten Datum zu kaufen oder zu verkaufen. Der Vermögensgegenstand, also zum Beispiel eine Aktie oder auch eine Schweinehälfte (ja, das gibt es), ist dann das »Basisinstrument« des Derivats, auch »Underlying« genannt.

Derivate sind also

- ❒ immer abgeleitete Rechte in Bezug auf einen anderen Vermögenswert,
- ❒ manchmal wirtschaftlich sinnvoll, oft aber gefährlich, besonders weil
- ❒ sie oft mit einer Hebelwirkung versehen sind.

Hebel? Wir wollten doch eigentlich nicht zurück in die Maschinenhalle. Tun wir auch nicht, denn hier ist etwas anderes gemeint. Gehebelt ist ein Derivat immer dann, wenn es sich bei Kursbewegungen des Basisinstruments überproportional verteuert oder verbilligt. Okay, wieder Zeit für ein Beispiel:

Wir denken uns einen Spekulanten aus, der ein Future-Geschäft abschließt. Das Basisinstrument ist eine Aktie, die gerade bei genau 100 Dollar notiert. Unser Spekulant – Herr Spek – glaubt nun daran, dass hohe Kursverluste bei der Aktie drohen. Deshalb sucht er eine Kontrahentin – Frau Kontra –, die anders denkt. Sie ist nämlich fest davon überzeugt, dass die Aktie schon bald richtig abgehen wird. Frau Kontra freut sich, dass sie mit kleinem Geld an dem von ihr vermuteten Aufschwung der Aktie teilhaben kann. Denn sie zahlt nur einen kleinen Betrag für den Future-Kontrakt, statt 100 Dollar pro Aktie aufbringen zu müssen.

Die beiden schließen also einen Kontrakt. Herr Spek bezahlt 50 Cent je Future-Kontrakt dafür, dass er seine Aktie in drei Monaten für 99,50 Dollar verkaufen kann. Seiner Meinung nach ist das dann ein Traumpreis, er rechnet damit, dass er das Papier viel billiger bekommen wird. Er kann damit also auf fallende Kurse setzen.

Hat er recht und die Aktie ist zum Beispiel für 90 Dollar zu haben, verdient er an der Kursdifferenz zwischen dem Kauf und seinem vertraglich zugesicherten Verkauf zu 99,50 Dollar also 9,50 Dollar. Und das sind gemessen am Kapitaleinsatz von 50 Cent für den Kontrakt gigantische 1.190 Prozent Gewinn.

Vielleicht droht aber auch ein Fiasko: Herr Spek muss die Aktien in jedem Fall kaufen und für 100 Dollar weiterverkaufen, um seinen Kontrakt zu erfüllen. Steht der Kurs bei 99,50 Dollar, hätte er sich den Aufwand sparen können. Dann verdient er zwar 50 Cent an der Kursdifferenz, die musste er aber für seinen Future-Kontrakt ausgeben. Lag er falsch und die Aktie kostet ihn mehr als 100 Dollar, hat er ein Problem – vielleicht sogar ein großes. Wenn die Aktie nämlich auf 110 Dollar gestiegen ist, freut sich Frau Kontra, aber Herr Spek muss für jeden Kontrakt ein Minus von 10,50 Dollar berappen: 10 Dollar, um die Kursdifferenz der Aktie auszugleichen, und 50 Cent für den Kontrakt. Das sind 2.100 Prozent vom ursprünglichen Kapitaleinsatz.

Kurs der Aktie in drei Monaten	Kursgewinn oder -verlust der Aktien	Verlust oder Gewinn Beschaffung und Weiterverkauf der Aktie	Gewinn / Verlust des Future-Kontrakts
	gegenüber dem Anfangskurs von 100 Dollar in Prozent	Gewinn oder Verlust für die Kursdifferenz und 0,50 Dollar Kosten für den Future	im Vergleich zu dessen Kosten von 50 Cent in Prozent
90 Dollar	minus 10 %	plus 9,50 Dollar	plus 1.190 %
110 Dollar	plus 10 %	minus 10,50 Dollar	minus 2.100 %

Herrn Speks Kontrakte hatten also einen ordentlichen Hebel. Aus einer Kursbewegung von 10 Prozent werden für ihn Gewinne oder Verluste von ein paar Tausend Prozent. Wir beginnen nun also zu verstehen, wie aus Milliardeneinsätzen Billionenverluste werden können.

Nicht alle Derivate sind aber sinnloses, gefährliches Teufelszeug. Gerade Futures sind für manche Branchen ein Segen: Der Maschinenbauer etwa, der einen großen Auftrag aus einem exotischen Land erhält, freut sich sehr, dass es Termingeschäfte für Devisen gibt. So kann er nämlich seine Vorkosten und seine Arbeitszeit sicher wieder verdienen, weil er heute schon weiß, wie viel in Euro ihm der Rechnungsbetrag einbringen wird, wenn er dafür ein Termingeschäft abgeschlossen hat. Und auch Kaffeeanbauer und -röster haben Planungssicherheit, wenn sie den Rohstoff Kaffee schon vor der Ernte an der Terminbörse handeln.

Das Problem sind all die Spekulanten, die gar nichts mit dem jeweiligen Bereich zu tun haben, die Preise aber dennoch erheblich beeinflussen. Bislang ist die Politik mäßig erfolgreich darin, den Bereich besser zu regulieren oder gar auszutrocknen. Zwar wurden den Banken nach der Finanzkrise viele Geschäfte damit untersagt oder nur noch unter Auflagen erlaubt. Schattenbanken machen aber fröhlich weiter.

Ständig kommen neue Anlageinstrumente und neue Derivate dazu, die die Regierungen dann wieder regulieren wollen. Wie zum Beispiel Derivate auf Bitcoins, wie die ARD berichtet, also ein Hebelinstrument auf einen ohnehin schon spekulativen Markt (siehe Seite 212):

6. Oktober 2020

Gefährlich und intransparent? Britische Finanzaufsicht will Krypto-Derivate verbieten

AB; *boerse.ard.de*[180]

Ziemlich heiß also, was sich die Finanzmärkte da wieder haben einfallen lassen und für ein paar Aufsichtsbehörden offensichtlich zu heiß. Ein Hase-und-Igel-Spiel: Die Finanzindustrie bringt ständig neue Produkte auf den Markt, und die Regulierer hecheln hinterher und verbieten wieder den Handel mit einem Teil davon.

Auch die Ausgestaltung der Verträge, die ja jedem Derivat zugrunde liegen, ist immer wieder mal anders. Fast schon langweilig sind die weitverbreiteten Papiere wie Optionen – ein Future, bei dem eine Seite die Wahl hat, ob sie das Geschäft zu den vereinbarten Konditionen ausführen will oder nicht. Ein »Call« heißt eine Option, wenn der Anleger auf steigende Kurse setzt (und das tut er, indem er sich die Option sichert, ein Wertpapier oder ein anderes Vermögensgut möglichst billig zu kaufen). Mit einem Put tut er das Gegenteil. Er sichert sich einen fixen Verkaufspreis. Das rentiert sich vor allem, wenn die Kurse fallen.

Es gibt *Swaps* – Tauschgeschäfte, bei denen Vermögenswerte gegeneinander getauscht werden. Mit *Contracts for Difference* (CFDs) können Anleger auf steigende oder fallende Kurse setzen, aber spätestens diesen Namen müssen Sie sich nicht mehr merken. Zwar könnten Sie theoretisch als Privatanleger ins CFD-Geschäft einsteigen, die meisten dieser Geschäfte werden aber überwiegend unter »institutionellen Anlegern«, also Profiunternehmen aus dem Finanzmarkt-Universum abgewickelt – und das ist immer wieder mal schlimm genug.

Allen Derivaten ist gemeinsam, dass Sie damit mit kleinem Geld auf Kursbewegungen von etwas spekulieren können, das Sie in der Regel selber gar nicht besitzen. Mit Derivaten auf fallende Kurse zu spekulieren, ist dabei also ungefähr so, als würden Sie eine Brandversicherung auf das Haus Ihres Nachbarn abschließen. Gewinnen können Sie nur, wenn wirklich ein Schaden entsteht.

Wenn Finanzmärkte ein großes Küchenmesser sind, mit dem man Gutes und Böses anstellen kann, sind Derivate so etwas wie der Inhalt der Schachtel, die Sie ganz oben im Küchenschrank aufbewahrt haben, als die Kinder noch klein waren. Da haben Sie alles hineingeworfen, was lieber nicht in falsche Hände geraten sollte: das Feuerzeug, das Taschenmesser, die ätzenden Entkalkertabs und einiges mehr. Oder wie es der Investor Warren Buffett schon vor der Finanzkrise ausdrückte: Derivate sind die Massenvernichtungswaffen der Finanzwelt – potenziell zumindest.

Rohstoffe

Rohstoffmärkte sind eine eigene Welt, die Sie aber durchaus verfolgen sollten.

Schweinehälften, Orangensaftkonzentrat, Nickel oder Seltene Erden, Öl und Aluminium: Die Wirtschaft braucht vieles, um ihre Produkte herzustellen. Alles, was aus der Natur kommt und in der Wirtschaft weiterverarbeitet wird, nennt man Rohstoffe, und es gibt verschiedene Gruppen davon: fossile Rohstoffe wie Öl oder Kohle; Agrargüter, also Mais, Weizen, Fleisch und Co.; und Metalle wie Kupfer und andere Industrierohstoffe.

Einige dieser Rohstoffe werden auf ganz eigenen Märkten gehandelt – zum Beispiel Diamanten, für die es in Antwerpen, New York und Israel wichtige Handelsplätze gibt. Oder die Unternehmen oder gleich ganze Länder wie China versuchen, sich direkt den Zugriff auf Ressourcen zu sichern, indem sie Regierungen zum Beispiel in Afrika großzügige Entwicklungshilfe gegen Verträge zur Rohstoffversorgung zusichern, wie die *Frankfurter Rundschau* schon vor Jahren berichtete:

6. August 2012

China sichert sich Macht über Rohstoffe

Jakob Schlandt; *fr.de*[181]

Viel wird aber auch an Rohstoffbörsen gehandelt, und die größten davon sitzen in Chicago, New York und London. Und hier können Verbriefung und Derivate ihre guten und charmanten Seiten voll ausspielen: Es wäre nämlich vergleichsweise unpraktisch, jede Schweinehälfte und jede Tonne Kupfer tatsächlich nach Chicago zu karren und von dort nach erfolgreichem Verkauf zum Abnehmer zurück (abgesehen vom CO2-Ausstoß für solche Aktionen).

Rohstoffe an Börsen werden also immer über Wertpapiere und Kontrakte und nicht physisch gehandelt. Das meiste davon mit Termingeschäften, und das ist gut für alle Beteiligten, denn es schafft Planungssicherheit. Gleichzeitig zieht das natürlich die Spekulanten an wie Honig die Ameisen.

Was vom Terminmarkt »übrig« ist, also Rohstoffe, die nicht schon vorab verkauft wurden, geht an den Spotmarkt – dort könnten Sie gleich jetzt eine Tonne Nickel für sofort kaufen, wenn Sie gerade eine brauchen würden.

Weil Sie persönlich aber vermutlich gerade weder diese noch ein Fass Orangensaftkonzentrat haben wollen, sind die Rohstoffmärkte für Sie eigentlich vor allem aus einem Grund interessant: Sie sind ein guter Frühindikator für die Konjunktur. Wenn die Unternehmen nämlich ihre Produktion steigern, brauchen sie mehr (Roh-)Stoff, und dann steigen die Preise.

Um das zu beobachten, gibt es verschiedene Rohstoffindizes, die ähnlich aufgebaut sind wie Aktienindizes: Mit einer festgelegten Gewichtung werden die Preise verschiedener Rohstoffe zusammengerechnet und ergeben so einen schönen Überblick über Trends. Rohstoffpreise machen also schlauer. Oder sie sorgen für Verwirrung. Wie im Oktober 2020:

23. Oktober 2020

Ungewöhnliche Preisentwicklung bei Kupfer und Öl: Was sagt das über die globale Wirtschaft?

Jakob Blume; *handelsblatt.com*[182]

Kupfer und Öl gelten nämlich beide als zuverlässige Konjunkturindikatoren. Steigen deren Preise, ist die Wirtschaft in der Regel in einem Aufwärtstrend. Doch im Oktober 2020 sind beide plötzlich in verschiedene Richtungen gelaufen.

Aber das gehört einfach zu den Finanzmärkten: dass eben nicht immer alles lehrbuchmäßig abläuft. (Ich dachte, wir sprechen hier einmal darüber, bevor Sie das an einem größeren Engagement an der Börse lernen müssen, das völlig unerklärlich plötzlich immer weniger wert wird.)

Zwei einzelne Rohstoffe sollten Sie aber dennoch näher interessieren. Gold und flüssiges Gold (das ist der »Ich kann doch nicht in jedem Satz das Wort ›Öl‹ oder ›Rohöl‹ verwenden«-Name von Journalisten für – na? Ja: Rohöl). Gold, weil es eine gute Ergänzung für Ihre Geldanlage sein kann. Und Rohöl, weil Sie die Preise an diesem Markt bei jeder Tankfüllung im Geldbeutel spüren – egal ob der Tank in Ihrem Auto ist oder im Keller für die Heizung.

Fangen wir mit Gold an: Das ist der ultimative »sichere Hafen« für die Finanzmärkte, so etwas wie das letzte Hemd also. Es ist zwar unproduktiv, das heißt, es erwirtschaftet keine Erträge, sondern liegt einfach nur so herum. Aber: Gold ist weltweit als Zahlungsmittel anerkannt und ist transportabel (zumindest in kleineren Mengen passt es in jede Jackentasche). Selbst in dramatischen Szenarien können Sie also einen Teil Ihres Vermögens mit auf die anstehende Flucht nehmen, wenn Sie es in Gold angelegt haben. Zumindest wenn Sie es als physisches Gold, also in Form von Münzen oder Barren haben. Auch auf dem Goldmarkt wird aber ein Großteil der Geschäfte über Derivate gehandelt.

Zwar gibt es auch eine reale Nachfrage nach Gold – zum Beispiel aus der Schmuckindustrie –, die eine wichtige Rolle spielt. Bei der Preisentwicklung dominiert aber oft seine Funktion als Baldrian für angeschlagene Anlegerseelen, wenn wieder mal Krise ist und jeder sichere Anlageformen sucht. Und weil das jeder weiß, steigt der Goldpreis schon, sobald dunkle Wolken über der Weltwirtschaft aufziehen.

Deshalb ist Gold auch ein gutes Engagement, um Risiken bei der Vermögensanlage zu verringern. Wenn die Kurse aller Aktien wegen irgendeiner Krise fallen, ist es gut, wenn man auch Gold hat. Da steigen die Notierungen nämlich dann oft – zumindest nach einer Weile.

Klar war das Edelmetall während der Corona-Krise besonders gefragt und erreichte ein *All Time High* nach dem anderen – also den höchsten Kurs aller Zeiten, zu Deutsch »Allzeithoch«.

Und jetzt mal was zum Mitraten für Sie: Am 9. November 2020 verkündeten das Mainzer Start-up Biontech und sein US-Partner Pfizer, dass der klinische Test für ihren Corona-Impfstoff sehr vielversprechend ausgefallen sei und bald schon verfügbar sein könnte. Die Aktienmärkte schossen in die Höhe, weil jetzt plötzlich die Hoffnung konkret wurde, dass die Corona-Krise irgendwann einmal vorbei sein wird. Und welche Meldungen zum Goldmarkt gab es wohl an diesem Tag unter anderem im *Focus*?

Richtig!

9. November 2020

Anleger stoßen Krisenwährung ab: Goldpreis fällt um über vier Prozent

man/mit Agenturmaterial; *focus.de*[183]

Meistens sind die Finanzmärkte eben doch brav und benehmen sich nach dem Lehrbuch.

So, jetzt noch kurz alles, was Sie über die Rohölmärkte wissen sollten, um die Entwicklung dieser Märkte in den Medien zu verfolgen. Auch hier geht es um den Preis und der ist aus zwei Gründen wichtig: einerseits für die Konjunktur und die Inflation. Andererseits für den Stand in Ihrem Geldbeutel, sofern Sie ein Auto und/oder eine Heizung besitzen, die mit Öl oder Gas läuft. Warum Gas? Weil der Gaspreis mit zeitlicher Verzögerung immer dem Ölpreis folgt, denn viele Verträge mit Gaslieferanten beinhalten eine Klausel, die den Preis für Gas an den Ölpreis koppelt.

Lange Zeit war das Angebot an Rohöl fest in der Hand weniger Länder. Die Organisation erdölexportierender Länder (kurz »OPEC«) haben wir ja schon auf Seite 52 kennengelernt und wissen, dass ihre Macht inzwischen begrenzt ist. Denn immer mehr Länder fördern immer mehr

Öl. Russland zum Beispiel, aber auch die USA, die lange Zeit ein treuer Abnehmer von Rohöl der OPEC waren. Eine neue Technologie – das Fracking – macht es möglich, Rohöl aus Schiefergestein zu pressen, und davon gibt es viel in den USA. So viel, dass das Land inzwischen eine ernsthafte Konkurrenz für die OPEC geworden ist. Vor zwei Jahren berichtete das *Handelsblatt*:

7. Dezember 2018

USA sind Öl-Exporteur – zum ersten Mal seit mehr als 70 Jahren

Julia Rotenberger; *handelsblatt.com*[184]

Weil gleichzeitig die Klimadiskussion dafür sorgt, dass alle versuchen, weniger fossile Energieträger zu verbrennen, kämpfen die Anbieter von Rohöl immer öfter mal mit sinkenden Preisen. Daran ändert auch nichts, dass Russland und andere Förderstaaten inzwischen im Rahmen der OPEC+ mit den OPEC-Staaten kooperieren.

Gehandelt werden verschiedene Sorten, in den Medien werden Sie vor allem dem Begriff »*Brent Oil*« begegnen, eine Sorte, die in Europa eine große Rolle spielt. Es gibt Preisunterschiede zu anderen Sorten wie WTI (*West Texas Intermediate*), aber in der Regel bewegen sich die Preiskurven in dieselbe Richtung. Die Preise für Rohöl (heute, am 09.11.2020 um 19:39 Uhr für die Sorte Brent 42,63 Dollar) werden immer je Barrel angegeben, das ist ein Fass, in das genau 159 Liter passen.

Angeber-Wissen für die nächste Party:

Eine Frage des Lagerraums

Ein Fass – oder Barrel – ist natürlich eine unpraktische Mengeneinheit: Um einen Literpreis zu ermitteln, brauchen Sie immer einen Taschenrechner. Dass Rohöl an allen Weltmärkten trotzdem ausschließlich je Fass abgerechnet wird, gibt Ihnen aber die schöne Gelegenheit, mit Wissen aus der Wirtschaftsgeschichte aufzuwarten. Denn natürlich sind die Fass-Einheiten eine Tradition, die sehr weit zurückreicht – genauer bis zum Beginn des 18. Jahrhunderts. Da wurde nämlich das erste Mal ein Fass Öl abgefüllt und verkauft – aber nicht in der arabischen Welt oder in Texas, sondern in Pechelbronn im Elsass. Dort gab es die erste Ölförderung der Welt, die erst 1970 eingestellt wurde.[185]

Auf der Suche nach einem geeigneten Aufbewahrungs- und Transportgefäß für das gewonnene Öl kam irgendwer auf die Idee, die leeren Holzfässer zu verwenden, in denen damals gesalzene Heringe ins Elsass importiert wurden. Immerhin waren sie halbwegs groß und genormt – auf eben genau 159 Liter. Die Ölfördertechnik ging später aus Pechelbronn über die USA in die ganze Welt – samt der Fasseinheit.

Leiten Sie jetzt über zum April 2020, in dem es sehr einträglich gewesen wäre, irgendwo ein paar Tausend leere alte Heringsfässer herumstehen zu haben. Da spielte der Ölmarkt nämlich komplett verrückt.

Weil die Corona-Krise dafür sorgte, dass Flugzeuge nicht mehr flogen, Autos und Lastwagen auf dem Hof blieben und die Produktion überall heruntergefahren wurde, brauchte die Weltwirtschaft wesentlich weniger Öl als normalerweise. Im April waren die Lager der meisten Unternehmen, Raffinerien und Händler randvoll. Wie immer hatten sich in den Monaten zuvor viele Spekulanten mit Futures-Kontrakten auf Öl der Sorte West Texas Intermediate (WTI) eingedeckt, das sie eigentlich hatten weiterverkaufen wollen.

Diese Kontrakte sahen eine Lieferung Anfang Mai vor, und das war plötzlich ein richtig großes Problem: Keiner wollte zusätzlich Öl haben. Und Spekulanten haben zwar meist ein nettes Büro, aber keine Aufbewahrungsmöglichkeiten für fassweise Rohöl. Gemäß ihren Kontrakten mussten sie das Öl aber abnehmen – richtig viel Öl. Die Folgen waren bizarr: Weil viele nun gleichzeitig ihre drohenden Öllieferungen abwenden mussten – koste es, was es wolle – fiel der WTI-Preis ins Negative. Mehr als 40 Dollar bezahlten die Spekulanten kurzzeitig dafür, dass ihnen jemand Öl abnahm – pro Fass.

Vielleicht wollen Sie aber lieber etwas anderes erklären, das Sie nach diesem Kapitel endgültig verstanden haben: Wie kam es zur Finanzkrise 2008, die die letzte große weltweite Rezession vor der Corona-Rezession ausgelöst hat?

Angeber-Wissen für die nächste Party:

Ein Ausflug in die Geschichte: die Finanzkrise

Hierfür brauchen Sie eine ruhige Atmosphäre und einen geduldigen und interessierten Gesprächspartner. Denn die Geschichte ist zwar lehrreich und anschaulich. Aber sehr, sehr lang. Der Abend dürfte damit für alle Beteiligten gelaufen sein.

Wie eine Bankenkrise genau abläuft, können Sie gut an der – nein, (noch) nicht an der Corona-Krise, sondern an der Finanzkrise 2008 erklären. Ist Ihr Gesprächspartner über 30, wird er sich vermutlich noch gut daran erinnern.

Steigen Sie dramatisch ein: Erinnern Sie ihn daran, wie sich Bundeskanzlerin Angela Merkel mit Finanzminister Peer Steinbrück Anfang Oktober 2008 vor die Kameras stellte und eine Staatsgarantie für alle privaten Spareinlagen bei Banken aussprach. Sprich, jeder konnte sicher sein, sein Guthaben auf der Bank wiederzusehen – wenn nicht vom Geldhaus, dann eben vom Staat. Damit wollte die Bundesregierung einen drohenden Banken-Run verhindern. Wenn sich nämlich alle auf einmal ihre Guthaben hätten auszahlen lassen, wären die angeschlagenen Geldhäuser wohl endgültig in die Knie gegangen.

Was war passiert? Im Oktober 2008 sah es ganz so aus, als würden die Banken tatsächlich zu Superspreadern für eine ganz hässliche Wirtschaftskrise werden.

Begonnen hatte alles ein paar Jahre vorher in den USA: Das neue Jahrhundert war noch ganz frisch, und in den USA lief die Wirtschaft gut. Viele Amerikaner erfüllten sich daher einen großen Lebenstraum und kauften sich ein eigenes Haus. Das ging ziemlich problemlos, weil die Zinsen niedrig waren und die Ansprüche der Banken für einen Hypothekenkredit an ihre Kunden noch niedriger. Die Mitarbeiter der Banken waren aber nicht plötzlich alle dem Alkohol verfallen, sondern es gab ein neues bombensicheres Geschäft mit Hypotheken: Die Verträge wurden gleich nach Abschluss einfach an spezialisierte Firmen weiterverkauft – die Banken hatten daher kein Risiko, egal wie schlecht der Schuldner wirtschaftlich dastand.

Schlaue Mathematiker hatten nämlich ausgerechnet, dass es kein Problem ist, wenn ein gewisser Prozentsatz der Pizzaboten oder Hilfsarbeiter ihren Job verliert und ihr Häuschen nicht mehr abzahlen kann. Solange man ganz viele Hypothekenverträge zusammenfasst, hält sich der Schaden in Grenzen – zumal es ja immer noch das Haus als Sicherheit gab, mit dem die Kreditsumme per Zwangsversteigerung eingetrieben werden konnte.

Subprime-Kredite – also Hypotheken von Menschen mit kleinem Eigenkapital und wackliger Einkommenssituation – wurden der Renner. Erwähnen Sie etwas spöttisch, dass »subprime« aus dem Englischen kommt und in etwa so was wie »unter Spitzenklasse« heißt.

Jetzt müssen Sie Schritt für Schritt erklären und sicherstellen, dass Ihr Gegenüber gedanklich dabeibleibt: Erst einmal erläutern Sie, dass die Firmen, die die Hypothekenkredite aufgekauft hatten, sie gar nicht behielten und warteten, bis die neuen Hausbesitzer ihre Schulden abbezahlt hatten. Vielmehr verkauften sie wieder Anteile an ihrem Gesamt-Kredit-Portfolio an andere.

Erst wenn Sie das geklärt haben, schwenken Sie zu dem endgültigen Wahnsinn über, der die Finanzkrise letztendlich so groß hat werden lassen: dem massiven Einsatz von Derivaten (siehe Seite 239): Wieder andere begannen nämlich darauf zu wetten, ob die Subprime-Kredit-Portfolios mit der Zeit an Wert gewannen oder verloren – mit Derivaten. Die konnten sie erfinden, kaufen oder verkaufen, obwohl sie gar keine Anteile an den Kredit-Portfolios besaßen. Irgendwelche Hedgefonds oder andere Finanzjongleure schlossen also Geschäfte in Milliardenhöhe darauf ab, ob sich Kredit-Portfolios, die andere besaßen, besser oder schlechter entwickelten. Ein Supergeschäft für alle – bis es bergab ging.

Was die schlauen Mathematiker und all die Käufer der Subprime-Wertpapiere nämlich nicht bedacht hatten: dass es eben auch sein kann, dass nicht nur einzelne Pizzaboten in die Klemme geraten. Sondern viele auf einmal. Wenn dann zusätzlich auch noch die Preise für Immobilien so weit fallen, dass die Erlöse die Kreditsumme nicht mehr decken, enden viele der Hypotheken mit einem Schlag in einem Verlust.

Genau das ist aber passiert. 2007 waren die Zinsen so weit gestiegen, dass viele Schuldner in den USA mit ihren Kreditraten in finanzielle Schwierigkeiten kamen. Gleichzeitig waren die Preise am US-Immobilienmarkt eingebrochen. Die Rückzahlung für richtig viele der Subprime-Kredite war also plötzlich in Gefahr.

Und das Schlimmste daran war (machen Sie hier eine kleine dramatische Pause): Vor allem Banken weltweit hatten heftig in Subprime-Papiere und -Derivate investiert. Im April 2007 musste der erste führende Subprime-Hypothekenanbieter, die New Century Financial Corp., Insolvenz anmelden. Viele der Papiere auf die Hypotheken verloren daraufhin zwischen 50 und 80 Prozent ihres Werts. Und viele Banken hatten jetzt Papiere in den Büchern, die auf einmal ein paar Milliarden weniger wert waren.[186]

Nach dem Gesetz mussten sie hierfür hohe Abschreibungen vornehmen, und rein rechnerisch konnten die Banken daher die Forderungen der Sparer, Unternehmen und anderer Banken nicht mehr abdecken. Es drohten massenhafte Bankenpleiten.

In Europa kamen die französische BNP Paribas, die britische Northern Rock und zahlreiche deutsche Banken wie die Hypo Real Estate, die IKB und die Landesbanken Sachsen LB und WestLB unter immensen Druck. Die schweizerische UBS und die Citigroup in den USA meldeten Milliardenabschreibungen. Und im März 2008 stand die große US-Investmentbank Bear Stearns vor der Pleite, weil sie 200 Milliarden US-Dollar abschreiben musste. Sie konnte nur mit staatlichen Kreditgarantien und einer Notübernahme durch den Konkurrenten JPMorgan Chase gerettet werden.

Weil niemand mehr wusste, wer die Katastrophe überstehen würde, trauten sich die Geldhäuser nun gegenseitig nicht mehr und gaben sich auch am Geldmarkt keine Kredite mehr. Damit drohten auch gesunden Banken Zahlungsprobleme.

Weltweit bemühte sich die Politik, die Entwicklung in den Griff zu bekommen. Die Zentralbanken senkten die Zinsen und legten kurzfristige Kreditprogramme für Banken auf. Doch der schlimmste Tag kam erst noch: Am 15. September 2008 meldete die viertgrößte Investmentbank der USA, Lehman Brothers, Konkurs an, und ihre Konkurrentin Merrill Lynch, damals Nummer drei, entging der Pleite nur um Haaresbreite, weil sie in letzter Minute von der Bank of America übernommen wurde. Plötzlich schienen die großen Investmentbanken der Wall Street, bisher Herz und Motor der globalen Finanzmärkte, eine nach der anderen wegzusterben.

Warum die Fed und das Finanzministerium unter dem ehemaligen Goldman-Sachs-Chef Henry Paulson die Pleite von Lehman zuließen und ob das richtig oder falsch war, ist bis heute ein heftiger Streitpunkt unter Fachleuten. Viele halten es inzwischen für einen tragischen Fehler. Vielleicht dachten die Verantwortlichen einfach, dass die Krise mit einem Paukenschlag beendet werden könnte.

Erklären Sie jetzt, dass die Entscheidung gegen eine Rettung von Lehman fatale Folgen hatte: Unzählige andere Banken rund um den Globus wie die deutsche Hypo Real Estate mussten nun zusätzlich verlorene Forderungen an Lehman verkraften. Sie rutschten in Zahlungsprobleme, die sie nicht überstehen würden. Andere mussten mit Milliarden an Steuergeldern gerettet werden. Selbst Länder gerieten in den Abwärtsstrudel: Island, das extrem abhängig von einigen wenigen jetzt gefährdeten Banken war, stand vor dem Staatsbankrott.

Einen Moment lang schaute die Weltwirtschaft in einen sehr, sehr tiefen Abgrund. Denn eine massenhafte Pleitewelle unter Banken hätte unzählige Unternehmen mitgerissen. Bis schließlich Regierungen weltweit die Banken mit Steuergeldern retteten. Obwohl die meisten Patienten aus dem Bankensektor letztendlich überlebten, steckte sich die reale Wirtschaft dennoch an: Die Weltwirtschaft rutschte 2009 in eine Rezession. In den Industrieländern ging die Wirtschaftsleistung um mehr als 3 Prozent zurück, in Deutschland sogar um 5,7 Prozent.[187]

Wenn Ihr Gegenüber immer noch zuhört, können Sie jetzt auf eine Kritik am globalen Finanzsystem überschwenken. Sie räumen ein, dass der Einsatz von Steuergeldern in der damaligen Situation vermutlich tatsächlich alternativlos war – es sei denn, man betrachtet den Zusammenbruch des globalen Wirtschaftssystems als Alternative. Aber, betonen Sie: Die Verursacher der Krise wurden nicht oder kaum zur Rechenschaft gezogen, weder die Bankenmanager, noch die ganze Derivateindustrie. Schlimmer noch: Genau dieselben Spekulanten sorgten später für die Euro-Krise, die wieder nur mit Steuergeldern zu beheben war: Sie griffen diejenigen Staaten mit Spekulationen an, deren Staatsfinanzen nach dem hohen Geldeinsatz für die Bankenrettung angeschlagen waren.

Teil IV
Die Geldanlage-Welt

Jetzt, wo Sie zum Wirtschaftsfachmann oder zur Wirtschaftsfachfrau geworden sind, sollten Sie Ihre neuen Erkenntnisse auch umsetzen: Und sich darum kümmern, dass Sie Ihr Geld gut für sich arbeiten lassen.

Das hier gehört eigentlich gar nicht in dieses Buch. Denn in Sachen persönliche Geldanlage den Wirtschaftsmedien zu folgen, ist eine ganz schlechte Idee. Schauen wir mal, was Sie so jeden Tag zu dem Thema finden könnten, und zwar sowohl in etablierten Medien wie *Börse Online* auf *OnVista* (was dann oft von *The Motley Fool Deutschland* übernommen ist) oder in der *Bild der Frau* als auch auf weniger bekannten Seiten wie *extraetf.com* oder *berufebilder.de.*

13. November 2020

Die Gold-Strategie zum 150-Prozent-Gewinn

Stefan Mayriedl; *boerse-online.de*[188]

3. November 2020

Millionär mit 40: Mit diesen Aktien kannst du früh und reich aussteigen

Motley Fool Deutschland 2020 (auf *onvista.de*)[189]

2. November 2020

Mit Staubsaugern zum Erfolg: »Das kann jeder schaffen«: Millionär verrät Tipps, wie man reich wird

Mirjam Beile; *Bildderfrau.de*[190]

8. September 2020

Mit 204 Euro zur Million – dieser Sparplan macht Ihre Kinder reich

Carlos Link-Arad; *de.extraetf.com*[191]

Ach ja, und natürlich darf diese Verheißung nicht fehlen:

26. Mai 2020

Bitcoin Millionär werden; reich wie Zuckerberg und Co

Ben Mezrich; *berufebilder.de*[192]

Aktien, Gold, Staubsauger oder Bitcoin? Was machen wir damit? Wir legen als Erstes einmal die Zeitung auf die Seite, schalten das Radio und den Fernseher aus und stellen das Internet ab. Und beschäftigen uns mal ganz in Ruhe mit dem wichtigsten Faktor für jede gute Geldanlage: dem Anleger, also mit Ihnen und Ihrem Leben.

Es gibt viele gute Gründe, Geld zu sparen: Die private Altersvorsorge ist einer der wichtigsten. Aber vielleicht treibt Sie der Gedanke um, später in den eigenen vier Wänden zu leben? Oder Sie wollen irgendwann Ihr eigenes Unternehmen gründen oder Ihren Kindern eine Starthilfe geben können? Oder es ist andersherum, Sie haben Vermögen, das Sie nicht jetzt, sondern erst in ferner Zukunft aufbrauchen wollen. Aus einer Erbschaft vielleicht oder weil eine Lebensversicherung ausgezahlt wurde. Für all das gibt es gute Strategien bei der Geldanlage.

Falls Sie allerdings einfach nur davon träumen, ohne Aufwand und ganz schnell Millionär zu werden, sollten Sie vielleicht doch lieber Lotto spielen. Denn eines ist wichtig: realistische Erwartungen. Schnell reich werden an den Finanzmärkten ist ein Glücksgriff. Ein Spruch wie »So gut kann mein Bankberater ja nicht sein, sonst wäre er so reich, dass er nicht mehr arbeiten müsste«, wie ich ihn nach einem Vortrag mal gehört habe, drückt einen großen Irrtum über die Mechanismen der Geldanlage aus. Wir sind da besser. Wir suchen eine solide Strategie, die uns finanzielle Sicherheit gibt.

Um es vorwegzunehmen: Alles, was Sie über Geldanlage wissen müssen, werden Sie hier nicht finden. Wir beschäftigen uns weder damit, wo, wie und welches ETF Sie günstig kaufen können, und schon gar nicht damit, wie Sie das leidige Thema Steuern einbeziehen. Steuern können den einen oder anderen schönen Plan aber ganz schön auf den Kopf stellen. Dafür gibt es ganze Bücher – auch ein paar sehr gute (und »Geldanlage endlich verstehen« wäre tatsächlich ein wesentlich sinnvolleres Buch als »Derivate endlich verstehen«). Das hier ist also alles andere als eine Anlageberatung.

Aber ein paar grundlegende Gedanken können wir auf den paar Seiten hier schon unterbringen, die Sie auf die richtige Spur bringen könnten.

Drei zentrale Fragen sollten Sie sich stellen:

1. Was kann ich?
2. Wie viel brauche ich?
3. Wie erreiche ich es?

Was kann ich?

Im Prinzip hatten Sie das schon lange vor. Und hatten auch ständig ein schlechtes Gewissen, weil Sie es doch immer wieder aufgeschoben haben – Ihre Altersvorsorge zu regeln. Doch irgendwie kam das immer wieder unter die Räder. Denn die Beschäftigung mit den eigenen Finanzen war Ihnen schon immer ein Graus – da haben Sie schon lieber mal gründlich die Wohnung geputzt (es sah bei Ihnen daheim übrigens ganz gut aus in der Zeit). Doch vor einem Jahr haben Sie sich endlich einen Schubs gegeben und eine »Zusatzrente plus Comfort Extra Super«-Versicherung abgeschlossen – mit einer Kapitalgarantie und einer voraussichtlichen Rendite von 0,5 Prozent.

Das Problem ist jetzt aber: Weil Sie die 100 Euro im Monat für die Versicherung nicht wirklich übrig haben, rutschen Sie jetzt regelmäßig in den Dispokredit. Und der kostet Sie nun mal irgendwas von knapp unter 10 Prozent Zinsen im Jahr. Ein richtig dickes Verlustgeschäft also, das Sie unter dem Strich da gemacht haben.

Oder besser, gemacht hätten – denn das sollte nicht passieren. Eine ganz wichtige Regel ist also: In die längerfristige Geldanlage gehören nur die Beträge, die Sie finanziell stemmen können. Also nur Mittel, die tatsächlich übrig sind. Und daher auch keine Reserven, die Sie unbedingt haben sollten, falls doch einmal die Waschmaschine oder das Auto kaputtgeht. (Ich arbeite übrigens an einer ganz neuen Verschwörungstheorie, die lautet: Böse Finanzmagnaten, Haushaltstechnikkonzerne und die Autoindustrie haben sich zusammengeschlossen und teure Gebrauchsgegenstände gechipt. Ist der Kontostand niedrig, löst sich dadurch automatisch ein Selbstzerstörungsmechanismus aus, der uns in teure Dispokredite zwingt und damit letztendlich in die Sklaverei. Falls Sie Hinweise haben ...)

Bevor Sie also Ihre Geldanlage anpacken, sollten Sie sich ein finanzielles Reservepolster aufbauen. Sie können sich dabei schön an dem sogenannten Terrassenmodell orientieren, das Sparen in verschiedene Stufen einteilt. Drei Töpfe sollten Sie danach aufgefüllt haben, bevor Sie zum Thema Geldanlage kommen. Schön der Reihe nach, die nächste Stufe ist erst dran, wenn die vorherige voll ist:

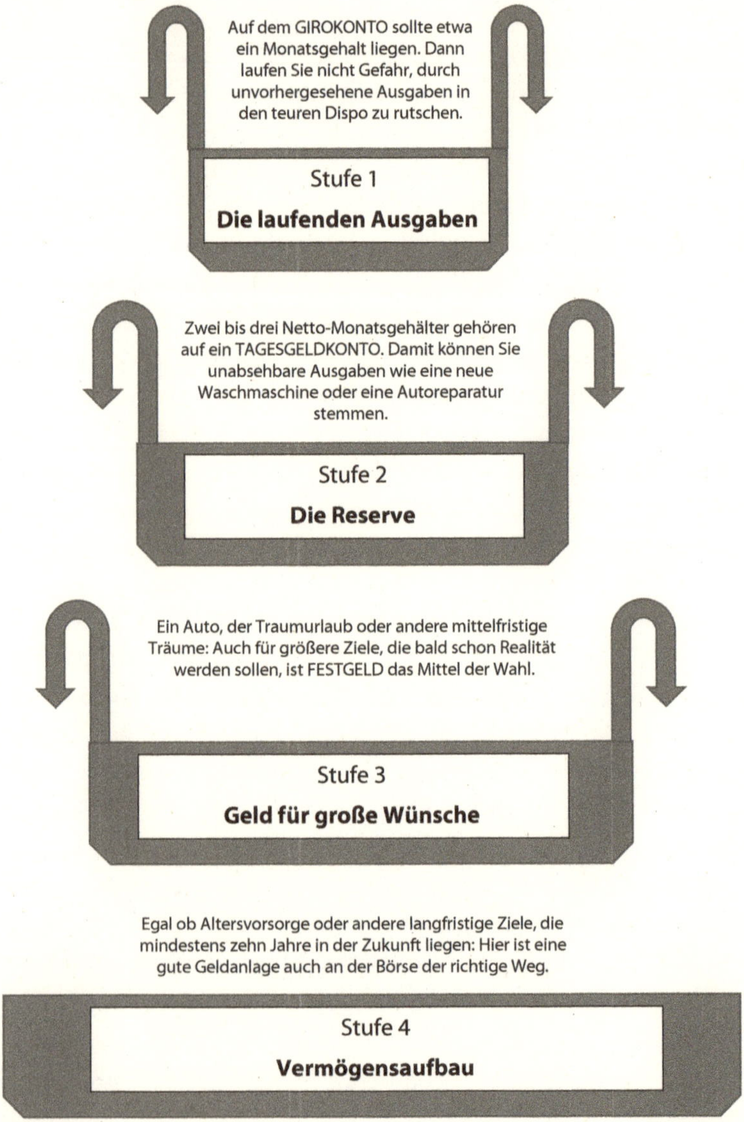

Natürlich müssen Sie Ihre Töpfe immer wieder nachfüllen, wenn Sie sie tatsächlich für irgendetwas brauchen. Das klingt nicht sehr vergnüglich, aber es kommt noch dicker: Wenn Sie nämlich feststellen, dass Sie für die Geldanlage gar nichts übrig haben, sollten Sie sich mit einer alten Kulturtechnik näher befassen: dem Sparen.

Wofür gebe ich mein Geld aus, und muss das wirklich sein?, ist hier die Frage. Entweder Sie kommen von selber darauf, weil Sie bemerken, dass das eine oder andere nicht nur verzichtbar ist, sondern auch richtig viel Geld kostet. Der tägliche *Coffee to go* zum Beispiel oder die monatlichen Klamotten, die letztendlich doch nur hinten im Schrank landen. Oder Sie gehen systematisch ran und prüfen erst einmal, ob es bei den Verträgen für Handy, Strom oder Versicherungen günstigere Alternativen gibt. Oder Sie führen eine Weile ein Haushaltsbuch, in das Sie alle Ausgaben reinschreiben, und suchen dann nach Einsparpotenzial. Denken Sie dran: Jede spaßarme Minute hierfür holen Sie sich später mehrfach zurück. Weil Sie es sich als Rentner dann doch leisten können, mit Ihren Freunden ein Wochenende zur Weinprobe wegzufahren, oder Sie irgendwann eine eigene Immobilie beziehen können. Und jeder Euro ist gut – vor allem wenn Sie noch Zeit haben, um Ihr Vermögen aufzubauen.

Wie viel brauche ich?

Das sollten Sie ausrechnen: Wie hoch ist die Summe, die Sie am Ende haben wollen? Überschlagen Sie, was zum Beispiel 20 Prozent Eigenkapital für Ihre Traumimmobilie wären. Oder ermitteln Sie den Betrag x für die Altersvorsorge. Auch das kann man zumindest annäherungsweise ausrechnen – und ja, hier kommt ein weiteres eher mäßig unterhaltsames Wochenende auf Sie zu. Erst einmal müssen Sie nämlich Ihre Rentenlücke ausrechnen. Das ist der Betrag, der Ihnen jeden Monat fehlen wird, wenn Sie in Ruhestand gehen.

Wir alle wissen es ja: Ohne private Vorsorge wird der Ruhestand eher sparsam ausfallen müssen. Denn die Gesetzliche Rente alleine wird für ein sorgenfreies Alter vermutlich nicht ausreichen. Derzeit liegt das Rentenniveau – also das Verhältnis zwischen Durchschnittsverdienst und Rentenhöhe – bei knapp 49 Prozent. Und das auch nur für diejenigen, die 45 Jahre durchweg gearbeitet und Einzahlungen in die Rentenkasse getätigt haben. Sollten Sie Phasen von Teilzeit, Arbeitslosigkeit oder Familienzeiten in Ihrer Biografie haben, fällt die Zahlung noch magerer aus. Und mehr noch: In den kommenden Jahren soll das Rentenniveau weiter sinken. 2030 wird es vermutlich bei rund 43 Prozent liegen.

Damit könnte es aber eng werden mit dem sorglosen Alter: Rund 80 Prozent seines Verdienstes sollte ein Rentner für einen finanziell abgesicherten Ruhestand schon haben, schätzen Experten.

Nun haben Sie aber vielleicht noch andere Einnahmequellen als die aus der Gesetzlichen Rentenversicherung. Setzen Sie sich also hin und rechnen Sie alles zusammen: die gesetzliche Rente, eventuelle Zahlungen aus einer betrieblichen Altersvorsorge und gegebenenfalls irgendwelche Mieteinnahmen, die Sie haben, und alles andere. Und dann schauen Sie, ob das 80 Prozent Ihres Einkommens wären. Das können Sie übrigens auch mithilfe von Rentenrechnern im Internet tun.

Am Ende haben Sie vielleicht einen Betrag x herausbekommen, der Ihnen voraussichtlich monatlich fehlen wird. Und jetzt rechnen wir grob über den Daumen: Sagen wir mal, es fehlen 200 Euro im Monat, also im Jahr 2.400 Euro. Die durchschnittliche Rentendauer in Deutschland liegt derzeit bei 19,6 Jahren,[193] wir nehmen den Jahresbedarf also mal 20, weil das leichter zu rechnen ist. Und kommen auf 48.000 Euro.

Was aber, wenn Sie länger leben? Das wäre auf jeden Fall erfreulich. Und in der Regel würden Sie aus den 48.000 Euro auch länger als 20 Jahre eine Zusatzrente von 200 Euro finanzieren können. Denn Sie brauchen das Geld über die Zeit ja nur Stück für Stück auf, und der Rest wird – wenn er gut angelegt ist – mehr, weil er ja weiter Rendite abwirft. Wenn Sie wollen und können, dürfen Sie aber natürlich auch vorsichtshalber mehr zur Seite legen.

Stellt sich natürlich jetzt die Frage: Wie können wir das hinkriegen, unser Geld so anzulegen, dass es sich tatsächlich vermehrt?

Wie erreiche ich es?

Wie viel Vermögen Sie zusammensparen können, hängt von drei Faktoren ab: Welche Beträge Sie hineinstecken, wie lange Ihr Geld sich vermehren kann und welche Rendite Sie erreichen.

Letzteres, die Rendite, ist ein wichtiger Verbündeter beim Vermögensaufbau. Allerdings haben Sie auch einen mächtigen Feind: die Inflation. Schauen wir doch mal den beiden beim Kämpfen zu: Die Rendite startet nicht schlecht und legt eine Zahl von einem Prozent im Jahr vor, doch was passiert? Die Inflation steht besser im Training, sie schafft 2 Prozent. Die reale Rendite (wird als Rendite minus Inflation gerechnet) liegt also bei minus eins. Wenn Sie solch ein Geschäft machen, wird die Kaufkraft Ihres Vermögens also sinken. Konkret bekommen Sie nach einem Jahr für Ihr angelegtes Geld ein Prozent weniger Waren, wenn Sie damit in den Supermarkt gehen.

Gerade in den aktuellen Nullzinszeiten rutschen Geldanlagen mit jedem Prozentpünktchen Inflation ganz schnell in den negativen Bereich. Auch wenn die Realrendite gerade jetzt (also im Herbst 2020) positiv ist, weil die Inflation mit der Corona-Krise und den staatlichen Gegenmaßnahmen derzeit negativ ist.[194] Die Rechnung heißt aktuell:

(0 Prozent Zinsen) minus (minus 0,5 Prozent Inflation)
= plus 0,5 Prozent Realzins

Dass ich so was auf meine alten Tage noch ausrechnen muss, hätte ich vor 20 Jahren auch nicht vermutet …

Mit der Erhöhung der Mehrwertsteuer am 01.01.2021 auf die alten Sätze und spätestens langfristig, wenn wir nach der Corona-Krise wieder Richtung kräftiges Wachstum drehen, dürfte das aber Geschichte sein. Und wir wollten ja langfristig zum Beispiel für die Altersvorsorge sparen, also brauchen wir definitiv eine besser verzinste Anlage.

Neben der Rendite ist die Zeit ein wichtiger Faktor. Die ist allerdings ein wankelmütiger Gesell: Denn sie arbeitet immer für den Gewinner im Wettrennen zwischen Rendite und Inflation: Ist die reale Rendite positiv, unterstützt sie uns und hilft kräftig dabei, dass Ihr Vermögen wächst. Ist die reale Rendite negativ, fällt sie uns in den Rücken und lässt es schrumpfen.

Verantwortlich dafür ist der Zinseszinseffekt. Der funktioniert bei positiven Renditen im Prinzip wie das Züchten von Karnickeln. Die Jungen der ersten Generation werden später selber Nachwuchs haben, der wieder Nachwuchs hat, und damit erhöht sich die Population schnell. Negative Realzinsen sind aber so etwas wie ein Fuchs im Käfig, der nicht nur den Nachwuchs, sondern auch ab und zu eines von den Zuchtpärchen auffrisst.

Geldanlagen waren zwar immer schon weniger vermehrungsfreundlich als Karnickel. Wie viel der Realzins – also der Zins nach Bereinigung um die Inflationsrate – dennoch ausmacht, zeigt die Tabelle auf Seite 266.

Angenommen, Sie haben 100.000 Euro geerbt und legen sie an. Sie sind jung und wollen das Geld erst in 40 Jahren für Ihren Ruhestand nutzen. Wenn Sie eine Geldanlage wählen, die nach Inflation 6 Prozent Rendite bringt, wird der Lebensabend wohl eher sorglos verlaufen. Ohne dass Sie einen Cent zusätzlich eingezahlt haben, besitzen Sie dann den inflationsbereinigten Gegenwert von heute 970.000 Euro. Bei 2 Prozent Realzins sind es immerhin noch 216.000 Euro. Ganz anders sieht es aus, wenn der Zins nach Inflation bei minus 2 Prozent liegt. Dann müssen Sie mit der heutigen Kaufkraft von rund 45.000 Euro auskommen.

Und was sagt uns das? Ganz einfach eines, egal wie Sie anlegen:

Sie brauchen Rendite! (Und deshalb führt an der Börse kein Weg vorbei)

Das wird aus 100.000 Euro

Bei einem Zins von nach Inflationsbereinigung	6 %	4 %	2 %	minus 2 %
Jahr 1	100.000 €	100.000 €	100.000 €	100.000 €
Jahr 5	126.000 €	117.000 €	108.000 €	92.000 €
Jahr 10	169.000 €	142.000 €	120.000 €	83.000 €
Jahr 20	303.000 €	211.000 €	146.000 €	68.000 €
Jahr 30	542.000 €	312.000 €	178.000 €	56.000 €
Jahr 40	970.000 €	462.000 €	216.000 €	45.000 €

Aber der Reihe nach: Die Deutschen machen vieles richtig – außer der Geldanlage. Denn in Sachen Sparen sind wir nach wie vor eher mittelmäßig. Nicht weil der durchschnittliche Bundesbürger zu wenig zur Seite legt. Im Gegenteil: Rund 18,5 Prozent der Einkünfte wurden 2019 laut *Eurostat* hierzulande auf die hohe Kante gelegt (also wieder vor Corona). Das ist europaweit ein Spitzenwert – nur die Luxemburger sind noch ein bisschen eifriger.[195]

Kritisch ist also nicht, wie viel, sondern eher wie wir anlegen. Traditionell vertrauen die Deutschen ihr mühsam Erspartes am liebsten Banken oder Versicherungen an. Gut 75 Prozent des Geldvermögens lagen laut Bundesbank im Jahr 2019 auf Konten oder waren in Versicherungs- und Rentensysteme eingezahlt.[196]

Das ging viele Jahre mehr oder weniger gut, ist aber in Zeiten von Mini- bis Nullzinsen eine ganz schlechte Idee, wenn die Inflation (außer wie besprochen gerade jetzt im Corona-Jahr) eben doch zwischen einem und 2 Prozent liegt.

Mehr zu gewinnen gibt es mit Immobilien und an den Aktienmärkten. Doch im Vergleich zu unseren europäischen Nachbarn sind wir Immobilienmuffel. Kaum anderswo ist der Anteil derer, die zur Miete wohnen, so hoch wie hierzulande. Und Aktienmuffel sind wir sowieso, denn die sind dem deutschen Sparer nach wie vor vor allem eines: suspekt.

Nur 9,7 Millionen Deutsche besitzen laut Deutschem Aktieninstitut Aktien – direkt als Wertpapiere oder über Fonds und ETFs. Darunter sind mehr Männer als Frauen und mehr Westdeutsche als Ostdeutsche. Insgesamt sind das zwar mehr Menschen als vor zehn Jahren. Doch stabil ist die neue Liebe zur Aktie nicht: Obwohl die Aktienmärkte 2019 noch boomten, haben sich unter dem Strich mehr als eine halbe Million Bundesbürger von der Börse verabschiedet.[197]

Warum sich die Deutschen nicht mit der Börse anfreunden wollen – das haben Wissenschaftler der Frankfurt School of Finance & Management und der Goethe-Universität Frankfurt am Main im Auftrag der Deutsche Börse AG in einer groß angelegten Studie nachgefragt. Das Ergebnis heißt zusammengefasst: Angst und Unwissenheit.

67 Prozent derjenigen, die Aktien meiden, fürchten sich vor hohen Verlusten, 66 Prozent glauben, ihr Vermögen sei zu klein, 65 Prozent geben an, dass ihnen das Wissen fehle, und 64 Prozent haben kein Vertrauen in die Aktienmärkte. Die Turbulenzen rund um die Corona-Krise haben das sicher nicht besser gemacht.

Ganz offensichtlich hat es sich immer noch nicht herumgesprochen: Wer langfristig und breit gestreut investiert, hat an den Börsen bislang immer gute Renditen erwirtschaftet.

Um das zu verstehen, müssen wir noch einmal einen Schritt zurück und fragen uns: Was wäre die ideale Geldanlage? Sie wäre auf jeden Fall einfach zu verstehen und unkompliziert. Sie würde auf Dauer einen anständigen – realen – Ertrag abwerfen. Das Risiko, Geld zu verlieren, wäre überschaubar. Und sie wäre flexibel. Das heißt, sie wäre nicht nur für eine Einmalanlage geeignet, sondern auch als Sparprodukt mit regelmäßigen kleinen Einzahlungen. Und wenn das Geld mal knapp ist, könnte man sie ohne Probleme aussetzen oder auch einmal extra etwas dazulegen, wenn ein unerwarteter Geldsegen ins Haus kommt.

Gibt es nicht? Stimmt, wenn Sie das alles im Paket von einer Bank oder Versicherung kaufen wollen. Denn hier gilt: Anlagen sind entweder einfach und flexibel wie Tagesgeld, dann bringen sie aber kaum Ertrag. Andere Anlageformen versprechen zwar einen guten Ertrag, binden Ihr Erspartes aber über lange Zeit oder sind schwer zu verstehen. Oder es ist im schlimmsten Fall ganz und gar nicht sicher, ob Sie Ihr Geld wiedersehen.

Das liegt daran, dass jeder Anleger natürlich eine sichere Anlage bevorzugt. Das heißt aber umgekehrt, dass derjenige, der so etwas anbieten kann, wegen der lebhaften Nachfrage keine hohen Zinsen zahlen muss. Nur wenn die Rückzahlung unsicher ist oder das Geld sehr lange festliegt, muss er etwas drauflegen, um Anleger anzulocken, dann gibt es mehr Rendite.

Dieses Spannungsfeld beschreibt das magische Dreieck der Geldanlage. Im Wesentlichen gibt es drei Eigenschaften, die für ein Investment wünschenswert wären, die aber niemals alle gleichzeitig vorhanden sind. Jede Geldanlage hat einen gewissen Grad an Sicherheit. Bei Tagesgeld zum Beispiel ist so gut wie sicher, dass Sie Ihre Einlagen wiedersehen, sofern Sie ein Produkt mit Einlagensicherung wählen. Auch die Liquidität ist hier hoch: Sie können Ihr Geld jederzeit innerhalb eines Arbeitstages abheben. Dafür ist die dritte Eigenschaft, die Rendite – vor allem nach Berücksichtigung der Inflation –, miserabel.

Anders Aktien: Sie sind über die Zeit renditestark und auch börsentäglich zu Geld zu machen. Dafür ist die Sicherheit nicht garantiert, vor allem nicht, wenn Sie einzelne Unternehmensanteile kaufen. Eine Aktiengesellschaft kann pleitegehen, dann ist Ihr Geld weg. Breit gestreute Investmentfonds wie ETFs sind da zwar besser, weil Sie ja eine ganze Flotte an Aktien kaufen und damit das Risiko streuen. Allerdings werden auch Fonds in einem Crash abtauchen und an Wert verlieren. Was also tun? Tricksen Sie die Börsen aus – und tauschen Sie Sicherheit gegen ein Stück Verfügbarkeit. Wie das geht? Legen Sie langfristig an und sitzen Sie schlechte Zeiten einfach aus.

Sie brauchen breite Streuung und Zeit! (Zumindest für ein Börsenengagement)

Der grausige Verlust an den Aktienmärkten nach einem Crash schlägt sich in Ihrer Geldanlage nämlich erst einmal nur in Ihren Kontoauszügen nieder. Wenn Sie die Nerven behalten und nicht genau zu den schlechten Kursen verkaufen, ist das aber nur ein vorübergehendes Problem. Langfristig haben die Weltbörsen nämlich alle Kursrückschläge über die Zeit wieder aufgeholt. Und solange die Weltwirtschaft wächst, wird das auch immer so bleiben. (Erinnern Sie sich an die Aufzählungen von Crashs auf Seite 226? Und daran, dass die Kurve der Aktienmärkte über alle Aufs und Abs nach oben gekippt ist?)

Kurzfristig ist die Börse also eine Art Casino. Langfristig ist sie eine relativ sichere Sache. Das zeigen unter anderem Berechnungen des Deutschen Aktieninstituts DAI für den deutschen Leitindex DAX (und der ist mit seinen gerade mal 30 Aktien aus nur einem Land alles andere als wirklich breit gestreut – und das wird sich auch nicht ändern, wenn er ab September 2021 40 Aktien enthalten wird). In den vergangenen 50 Jahren lagen die Erträge aus Aktien weit auseinander, wenn Anleger ihre Aktien nach einem Jahr wiederverkauft haben – je nachdem, wann sie ein- und ausgestiegen sind. Die Glücklichen konnten Mitte der 1980er-Jahre sagenhafte plus 84,1 Prozent nach Hause bringen. Um die Jahrtausendwende gab es aber auch schon mal minus 43,9 Prozent.

Doch auf lange Frist fuhren alle Anleger ähnlich – und zwar ziemlich gut. Nach 15 Jahren waren alle im Plus, nach 30 Jahren liegen die jährlichen Renditen in einer Bandbreite zwischen 6,8 und 10,9 Prozent (okay, das sind alles Renditen vor Inflation, aber auch real sind sie recht ansehnlich). Wir verschieben die Aktien also im magischen Dreieck der Geldanlage und tauschen die Verfügbarkeit gegen Sicherheit:

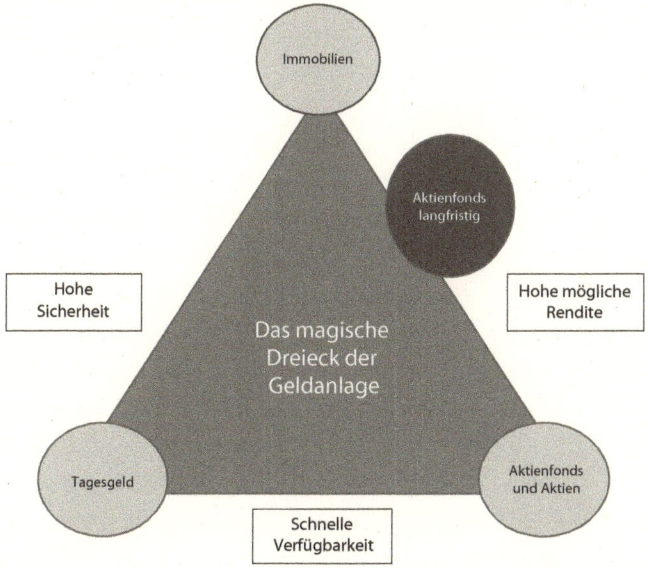

Das magische Dreieck der Geldanlage ordnet einzelne Investments im Spannungsfeld zwischen Verfügbarkeit, Sicherheit und Rendite ein. Von den drei Eigenschaften haben Investments immer nur zwei auf einmal. Tagesgeld ist zum Beispiel sicher und verfügbar, aber eben schlecht in Sachen Rendite. Aktien versprechen hohe Renditen und sind ebenfalls sehr liquide, bieten dafür aber keine Garantie auf den Kapitaleinsatz oder gar Gewinne. Wer allerdings langfristig in breit streuende Aktienfonds investiert, kann zwar nicht jederzeit an sein Geld (jedenfalls nicht, wenn er nicht bereit ist, zu schlechten Kursen zu verkaufen), macht also Kompromisse in Sachen Verfügbarkeit, hat dafür aber wesentlich mehr Sicherheit.

Und hier kommen wir zur 08/15-Anlagestrategie für alle und jeden (ja, sie ist ein bisschen langweilig, aber einfach sinnvoll). Sie tun also Folgendes: Sie streuen Ihre Geldanlage erst einmal über die Assetklassen, legen also ein bisschen was in Zinsanlagen, ein Stückchen Gold schadet auch nicht. Vielleicht können Sie sich eine Immobilie leisten, allerdings sollten Sie darauf achten, dass das nicht der einzige Vermögenswert ist, den Sie haben. Und dann stecken Sie den Rest in den allerbreitesten Aktienindex der Welt, den Sie finden können. Zum Beispiel den MSCI World Index. Und das machen Sie natürlich mit einem ETF, wie wir auf Seite 234 besprochen haben, weil er anders als aktive Fonds nicht wieder über Managementgebühren Rendite abknabbert. Vorausgesetzt, Sie sind sicher, dass Sie Zeit haben, ihn liegen zu lassen, falls es mal wieder rumst an den Weltbörsen. Zehn Jahre sollten Sie schon investieren wollen, sonst sind Börsen zu riskant.

Je nachdem, wie alt Sie sind und wie viel Zeit Sie bis zu Ihrem Sparziel haben, darf es mehr oder weniger Aktien-ETFs im Verhältnis zu Zinsanlagen oder anderen Vermögenswerten sein. Dabei gilt: Je länger Sie investieren wollen, desto börsenlastiger darf Ihre Geldanlage ausfallen. Ein Jungspund, der noch 40 Jahre bis zur Rente hat, kann so gut wie alles in ETFs stecken. Und natürlich kommt es auch darauf an, wie gut Sie anderweitig abgesichert sind. Ein Leben als Beamter erlaubt mehr Risiko bei der Geldanlage als das eines Selbstständigen, klar.

Das beste an der Sache ist aber: Sie brauchen nicht schon ein Vermögen haben, um so anzulegen (schließlich wollen Sie das ja erst aufbauen).

Sie können die Strategie auch mit monatlichen Sparraten von ein paar Euro durchführen – denn viele Banken bieten sogenannte ETF-Sparpläne an, bei denen Sie monatlich 25, 50 oder 100 Euro in einen ETF Ihrer Wahl stecken können. Und damit kommen Sie schon ganz schön weit. Wenn Sie den Betrag von 48.000 Euro für Ihre Altersvorsorge ansparen wollen und 30 Jahre Zeit haben, müssen Sie bei einer Rendite von 4 Prozent etwa 75 Euro im Monat zur Seite legen.

Wie gesagt, dies war keine umfassende Anlageberatung, und bevor Sie aktiv werden, gibt es noch viel zu lernen. Fangen Sie aber möglichst bald damit an. Wenn Sie dieselbe Summe von 48.000 Euro nämlich mit 4 Prozent Rendite in nur zehn Jahren zusammensparen wollen, müssten Sie monatlich schon rund 325 Euro aufbringen.

So, nun dürfen Sie die Zeitung wieder holen und das Radio und das Internet wieder anmachen. Denn Sie werden jetzt so schnell nicht mehr den Verlockungen von Bitcoin oder Gold-Hebel-Papieren oder sonst etwas nachgeben.

Oder haben Sie zwischendurch sowieso heimlich geguckt, weil Sie einfach Spaß gefunden haben an Wirtschaftsnachrichten?

Das würde mich total freuen. Bleiben Sie dran!

Danksagung

2020 war wirklich ein komisches Jahr. Corona-Jahr eben. Erst hatte ich auf einen Schlag keine Aufträge mehr, dann plötzlich viel zu viele. Dieses Buch ist also unter hohem Zeitdruck entstanden, und mehr denn je war ich auf fremde Hilfe angewiesen. Und es ist ganz unglaublich, wie viele mich unterstützt haben:

Danke also erst einmal an den FinanzBuch Verlag und besonders Georg Hodolitsch für die lässige, gute Zusammenarbeit. Weil meine Gedanken meine Finger auf der Tastatur regelmäßig überholen, wenn ich in den Schreibfluss verfalle, bin ich für das Lektorat vermutlich alles andere als ein Wunschautor. Meine Texte strotzen nur so vor Tipp- und Flüchtigkeitsfehlern. Mit Friederike Thompson vom Lektorat zusammenzuarbeiten, war dennoch wieder ein pures Vergnügen. Sie ist nicht nur nett, sondern vor allem hochprofessionell. Und mein Lektor Ulrich Wille ist mir ein Rätsel: Er hat es geschafft, hunderte von Fehlern zu finden und zudem wertvolle sprachliche und inhaltliche Anmerkungen zu machen. Ich kann bestenfalls eines von beidem gleichzeitig. Danke.

Danke (!) auch an meine Armee an freiwilligen Texthelfern. Da ist erst einmal Hans G. Linder, der alles gelesen und fachlich geprüft hat. Herr Linder ist nicht nur ein wandelndes Wirtschaftslexikon, sondern auch noch ein höfliches: Wenn er etwas entdeckt hat, das nicht richtig oder nicht vollständig war, hat er nicht von Fehlern, sondern von »kleinen Unsauberkeiten« gesprochen.

Meine Freundin Marion Herden hat viel Zeit investiert und tatsächlich jedes Wort gelesen. Sie ist blitzgescheit und interessiert und hatte darüber hinaus eine wichtige Eigenschaft: Bisher hat sie mit Wirtschaft nicht viel am Hut gehabt. Wenn Sie also in der Regel nachvollziehen konnten, was ich (also der Autor) damit sagen wollte, verdanken Sie das auch ihr. Sie hat einfach dicke Fragezeichen an den Rand gemacht, wenn ich in Fachsprache abgeglitten bin oder irgendwas nicht ausreichend erklärt habe. Und sie hält das Urheberrecht an der Tatsache, dass meine Wirtschaftsmaschine Lollies produziert. Auch Regina Albers hat sich tapfer durch einige Kapitel gewühlt und mir wertvolle Hinweise gegeben. Auch sie ist blitzgescheit und von Wirtschaftsthemen bisher eher unbelästigt durchs Leben gegangen. Als ehemalige Medizinjournalistin ist sie aber vom (Sprach-)Fach, und das hat man deutlich gemerkt.

Gefreut habe ich mich sehr, dass mir Ralf Müller vom *Straubinger Tagblatt* und Elisabeth Temper von der Chefredaktion des österreichischen *Kurier* ganz unkompliziert die Erlaubnis erteilt haben, Ausschnitte aus ihren Artikeln als Beispiele nachzudrucken. Das war, bevor mir Ulrich Lewandowski von der Rechtsabteilung des Bayerischen Journalisten Verbands (BJV) geduldig erklärt hat, wie ich fremde Texte zitieren kann, ohne das Urheberrecht zu verletzen. Dankeschön dafür.

Ja, und wieder einmal haben alle Freunde, Familienmitglieder und meine Kollegen von finanzjournalisten.de aushalten müssen, dass ich sie nicht nur regelmäßig am Telefon abgewürgt habe (»sorry, aber ich muss einfach weitermachen«), sondern auch alles, was Mühe oder Zeit kostet, einfach nicht gemacht habe. Sie haben es mit viel Geduld ertragen. Ganz besonders waren einmal mehr der beste Ehemann von allen und meine unglaublichen Mädels gefragt, die den Laden am Laufen gehalten haben. Ich bin ein echter Glückspilz, dass ich Euch alle habe!

Glossar

Abschreibung: planmäßige oder außerplanmäßige Wertberichtigung von Vermögensgegenständen in der Buchhaltung.

AG: Siehe Aktiengesellschaft.

Aktiengesellschaft (kurz »AG«): Rechtsform für ein Unternehmen, bei der das Aktienrecht greift. Die Anteile der Eigentümer werden als Aktien ausgegeben.

Aktienindex: Kennziffer, die die Kursentwicklung eines Aktienbündels darstellt. In der Regel werden die einzelnen Aktien nach der Bedeutung des Unternehmens gewichtet.

Aktienmärkte: Börsen für Aktien.

All-Time-High (Allzeithoch): höchster jemals ermittelter Kurs für einen Aktienindex, eine Aktie, einen Rohstoff oder ein anderes Vermögensgut.

Allokation (vom lateinischen »allocare«, »platzieren«): die Zuweisung knapper Ressourcen einer Volkswirtschaft wie Arbeitskräfte oder Kapital an potenzielle Verwendungszwecke.

Allzeithoch: siehe All-Time-High.

Anleger, institutioneller: ein Unternehmen aus dem Finanzmarkt-Universum.

Asset Allocation: Aufteilung eines Vermögens auf die einzelnen Assetklassen.

Asset Price Inflation: Tatsache, dass die Preise für Vermögenswerte wie Aktien oder Immobilien stark steigen.

Assetklasse (englisch »asset« – Vermögenswert): Gruppe von Anlageobjekten mit ähnlichen Merkmalen.

Außenbeitrag: Differenz zwischen Export und Import. Ist er positiv, bedeutet das mehr Wachstum, ein negativer Außenbeitrag verringert es.

Bär: pessimistischer Anleger, der seine Aktien verkaufen oder keine Aktien kaufen will.

Baisse: allgemeiner Abschwung aller Kurse an einer Börse.

Bankenrun: Ansturm aller Einleger einer Bank, die ihre Guthaben als Bargeld abheben wollen. Führt in der Regel zur Schließung der betroffenen Filialen und zu Zahlungsproblemen oder auch der Pleite der Bank.

Benchmark: Maßstab zum Vergleich der Performance für ähnliche Geldanlagen in derselben Assetklasse. Bei Aktienfonds ist das meist ein Aktienindex.

Bereinigung, arbeitstägliche: Die BIP-Zahlen werden so umgerechnet, als hätte es eine gewöhnliche Anzahl von Arbeitstagen gegeben.

BIP: siehe Bruttoinlandsprodukt.

BIP-Berechnung: Das BIP kann im Prinzip auf drei Arten berechnet werden, und das Ergebnis sollte immer dasselbe sein:

- Nach Entstehung: also die Summe der Leistungen der Wirtschaft.
- Nach Verteilung: also die Summe der Einkommen der Wirtschaft.
- Nach Verwendung: also die Summe der Nachfrage aus den verschiedenen Bereichen.

BIP, preisbereinigtes: siehe BIP, reales.

BIP, reales: auch »preisbereinigtes BIP« genannt: Aus den Daten werden die Effekte von reinen Preissteigerungen herausgerechnet. Wird das nicht gemacht, spricht man vom nominalen BIP.

Börse: regelmäßiger Markt für Wertpapiere, Devisen oder Rohstoffe.

Börsensegment: Teilbereich der Börse. In Deutschland der Regulierte Markt mit strengen gesetzlichen Zulassungskriterien und der *Open Market* (Freiverkehr) mit Regeln, die die Börsen selber setzen.

Bonität: Kreditwürdigkeit und Zahlungsfähigkeit einer Person oder Firma.

Brutto: die Summe einer Zahlung ohne Abzug verschiedener Größen, wie Steuern und Sozialabgaben beim Lohneinkommen oder Abschreibungen bei Investitionen.

Bruttoinlandsprodukt (abgekürzt »BIP«): der Wert aller Güter und Dienstleistungen, die in einem festgelegten Zeitraum innerhalb der Grenzen eines Landes erwirtschaftet werden. Vorleistungen, die in fertigen Waren enthalten sind, zählen nicht mit.

Bruttowertschöpfung: geschaffener Mehrwert nach Abzug aller Vorleistungen.

Buchgeld: Guthaben, die nur als Buchung bei einer Bank bestehen und nicht in Münzen oder Scheinen.

Buchgeldschöpfung: Vermehrung der Geldmenge durch Kredite von Geschäftsbanken.

Bulle: Anleger, der die Situation optimistisch einschätzt und Aktien kauft.

Ceteris paribus: Lateinisch; bedeutet »unter sonst gleichen Bedingungen«. Wissenschaftlicher Ansatz, einen Effekt zu untersuchen, indem man alle anderen Umstände unverändert lässt.

Crash: plötzlicher und sehr kräftiger Absturz aller Kurse an einer Börse um mindestens 20 Prozent.

Credit Crunch (oder Kreditklemme): Tatsache, dass mehr Zentralbankgeld nicht zu einer Ausweitung von Krediten an Unternehmen oder Verbraucher führt.

Deficit Spending: Einsatz von mit Schulden finanzierten Staatsausgaben als Nachfrageschub in der Wirtschaft, um die Konjunktur anzukurbeln.

Deflation: allgemeiner Preisverfall in einer Volkswirtschaft. Wird als Deflationsrate angegeben (die Veränderung gegenüber dem Vorjahr in Prozent).

Deglobalisierung: Gegenteil von Globalisierung. Verflechtungen werden aufgelöst.

Depression: lang anhaltende Rezession.

Derivat (von lateinisch »derivare«, ableiten): ein Termingeschäft, dessen Wert sich auf die Entwicklung eines anderen Vermögenswertes (Basisinstrument) wie eine Aktie oder Devise bezieht.

Devisen: ausländische Währungen, die entweder als Bargeld gehalten werden oder als Anspruch auf Zahlung, zum Beispiel als Guthaben auf einem Konto.

Dividende: Gewinnanteile, die ein Unternehmen an seine Aktionäre auszahlt (ausschüttet).

Einkommen, verfügbares: der Teil des Einkommens, der privaten Haushalten nach Steuern und Sozialversicherungen für Konsumausgaben zur Verfügung steht.

Emerging Markets (englisch für »aufstrebende Märkte«): Der Begriff wurde ursprünglich für die Finanzmärkte und Börsen aufstrebender Länder geprägt, wird aber heute auch für die Volkswirtschaften dieser Länder verwendet. *Emerging Markets* zeichnen sich durch hohes Wirtschaftswachstum und eine schnelle Entwicklung der Einkommen aus.

Emission: Ausgabe eines neuen Wertpapiers.

Emissionsvolumen: Umfang der Wertpapieremission, der sich aus der Zahl der Papiere mal dem Kurs ergibt.

ETF (von englisch »exchange-traded fund«): ein Indexfonds, der an der Börse gehandelt wird.

Export: Güter und Leistungen, die von einem Ausländer gekauft werden.

Externer Effekt: ein Ereignis, das den Ablauf der Wirtschaft aus dem Tritt bringen kann. Zum Beispiel eine Naturkatastrophe, aber auch politische Entscheidungen, die die Bedingungen für Unternehmen und Verbraucher verändern.

Externer Schock: stark negativer Externer Effekt.

Fertigungstiefe: Anteil der eigenen Leistung eines Unternehmens an der Herstellung des Produkts.

Finanzintermediäre: Unternehmen auf den Finanzmärkten, die als Vermittler zwischen dem Anlagebedarf von Sparern und den Finanzierungsbedürfnissen von Unternehmen, Staaten oder Privaten auftreten.

Fonds, aktiver: Fonds, bei dem ein Fondsmanager festlegt, welche Vermögenswerte zu welchen Anteilen im Fondsvermögen liegen.

Fonds, passiver: Fonds, bei dem das Vermögen nach einer festen Formel zusammengestellt wird, meist analog zur Zusammensetzung eines Index (Indexfonds).

Fondsanteil: Wertpapier, das das Eigentumsrecht eines Anlegers auf einen Anteil am Vermögenspool verbrieft.

Freihandelszone: Zusammenschluss mehrerer Länder, die alle Zölle untereinander abschaffen und nichttarifäre Handelshemmnisse untereinander verbieten.

Future-Kontrakt: rechtlich verbindliche Verpflichtung zweier Kontrahenten, ein Gut oder Wertpapier zu einem festgelegten Zeitpunkt, in einer festgelegten Beschaffenheit und zu einem festgelegten Preis zu liefern beziehungsweise abzunehmen.

Geldmarkt: Markt für kurzfristige Kredite von bis zu zwei Jahren.

Geldmenge: Menge an verfügbarem Bar- und Buchgeld einer Volkswirtschaft. Die Geldmenge wird in drei Abgrenzungen ermittelt: M1 berücksichtigt nur Mittel, die tatsächlich jederzeit verfügbar sind, also Bargeld, Guthaben auf Giro- und Tagesgeldkonten und Ähnliches. M2 und M3 beziehen auch kurz- und mittelfristig angelegte Gelder wie Monats- und Jahresgeld mit ein.

Geldpolitik: alle Aktionen einer Zentralbank, die die Geldmenge einer Volkswirtschaft beeinflussen.

Geldpolitik, expansive: auch »lockere Geldpolitik« genannt. Alle Maßnahmen einer Zentralbank, die eine Ausweitung der Geldmenge in der Wirtschaft zum Ziel haben.

Geldpolitik, lockere: siehe Geldpolitik, expansive.

Geldpolitik, restriktive: alle Maßnahmen einer Zentralbank, die eine Verknappung der Geldmenge zum Ziel haben. Wird auch »straffe Geldpolitik« genannt.

Geldpolitik, straffe: siehe Geldpolitik, restriktive.

Gläubiger: Kreditgeber.

Globalisierung: zunehmende internationale Verflechtung zwischen Kulturen, Individuen, den Gesellschaften, aber auch der Wirtschaft. Wirtschaftlich sind vor allem ein stark steigender Handel und eine zunehmende Eigentumsverflechtung typisch.

Gut, öffentliches: ein Gut, von dessen Nutzung niemand ausgeschlossen werden kann oder soll. Etwas, das in einer reinen Marktwirtschaft nicht hergestellt werden würde, weil vermutlich niemand dafür bezahlen würde. Denn der Nutzen daraus besteht für alle, egal ob sie Geld dafür geben oder nicht.

Handelsbilanz: Aufstellung aller Exporte und Importe eines Landes.

Handelshemmnis: Maßnahme eines Staates, die den freien Warenverkehr einschränkt. Man unterscheidet Zölle (tarifäre Handelshemmnisse) und andere Maßnahmen wie Verbote, Quoten und anderes (nichttarifäre Handelshemmnisse).

Handelskrieg: eine Folge von Maßnahmen und Gegenmaßnahmen mehrerer Länder, die darauf abzielen, dem jeweiligen Gegner durch Einschränkung seiner Handelsströme wirtschaftlich zu schaden.

Hausse: allgemeiner Aufschwung aller Kurse an einer Börse.

Hebelwirkung: wenn sich der Wert eines Derivats bei Schwankungen des Basisinstruments überproportional verändert.

Hyperinflation: unkontrollierbare Preissteigerungen von 50 Prozent gegenüber dem Vorjahr und mehr.

Hypothek: Absicherung eines Immobilienkredits mit einem Grundpfandrecht an der Immobilie.

Import: Güter und Dienstleistungen, die ein Inländer vom Ausland kauft.

Indexfonds: ein Fonds, der alle Vermögensgegenstände eines Index zu den jeweiligen Gewichten in sein Fondsvermögen aufnimmt.

Indikatoren-Systematik: Konjunkturindikatoren werden auf verschiedene Weise unterschieden:

- **Nach dem zeitlichen Bezug zum Konjunkturverlauf.** Hier gibt es Früh-, gleichlaufende und Spät-Indikatoren.
- **Nach der Erhebungsmethode.** Man unterscheidet Stimmungsindikatoren aus Umfragen und Fundamentaldaten, also tatsächliche Zahlenerhebungen.

Inflation: Tatsache, dass die Preise einer Volkswirtschaft im Schnitt steigen. Wird in der Regel als Inflationsrate angegeben, also die Veränderung gegenüber dem Vorjahr in Prozent.

Investition: (volkswirtschaftlich) langfristige Anlage von Kapital in Produktionskapazitäten. Man kann sie unterteilen nach dem Motiv der Investition:

- **Ersatzinvestitionen** ersetzen alte oder kaputte Anlagen.
- **Modernisierungsinvestitionen** bringen die Anlagen auf den neuesten Stand der Technik.
- **Rationalisierungsinvestitionen** ermöglichen eine sparsamere Produktion.
- **Erweiterungsinvestitionen** schaffen neue Produktionskapazitäten.

Investmentfonds: Portfolio von Vermögenswerten aus einer Anlageklasse, das dem Anteilseigner eines Fonds gehört, aber von einer Fondsgesellschaft verwaltet wird.

Investmentgrade: Eigenschaft von Anleihen mit sehr guten oder guten Noten der Ratingagenturen.

Investor: Anleger, der längerfristig Gewinn damit erzielen will, dass das von ihm gekaufte Gut selber Gewinne abwirft.

IPO (Abkürzung für englisch: »Initial Public Offer«; auf Deutsch: »Börsengang«): Die Aktien einer AG werden erstmals öffentlich (meist an der Börse) zum Kauf angeboten.

Junk Bonds (Ramsch-Anleihen): Anleihen mit mäßigen bis schlechten Noten.

Kapazitätsauslastung: setzt die tatsächliche Produktion mit der maximal möglichen Produktion mit bestehenden Mitteln ins Verhältnis. Wird in Prozent angegeben.

Kapitalflucht: ein umfangreicher und plötzlicher Transfer von Geld ins Ausland.

Kapitalismus: eine Marktwirtschaft, in der das Eigentum an Unternehmen überwiegend in privater Hand liegt.

Kapitalmarkt: Markt für mittelfristige (von etwa zwei bis sieben Jahren) und langfristige (ab acht Jahren) Kredite.

Kommunismus: eine Planwirtschaft, in der das Eigentum an den Unternehmen vollständig in staatlicher Hand liegt.

Konjunktur: die Entwicklung der gesamtwirtschaftlichen Lage in einem Land.

Konjunkturindikator: statistische Zahl, die einen Hinweis auf die Lage der Konjunktur in einem Teilbereich oder in der gesamten Wirtschaft gibt.

Konjunkturzyklus: das Auf und Ab der Wirtschaftsleistung. Wird in vier Phasen eingeteilt: Aufschwung, Hochkonjunktur (Boom), Abschwung, Tiefphase (Rezession oder Depression).

Konsumnachfrage oder Privater Verbrauch: der Einsatz von Geld für Gegenstände, die nicht der Produktion dienen.

Kredit, fauler: Kredit, bei dem der Kreditnehmer mit dem Schuldendienst in Rückstand gerät.

Kreditklemme: siehe Credit Crunch.

Kryptowährung: digitales Zahlungsmittel, das mithilfe von kryptografischen Technologien wie der Blockchain geschaffen wird.

Leistungsbilanz: Saldo aller Waren, Dienstleistungen, Arbeitsentgelte und sonstiger Transferleistungen in das und aus dem Ausland.
Die Leistungsbilanz ist untergliedert in:

- Handelsbilanz,
- Dienstleistungsbilanz,

- Bilanz der Erwerbs- und Vermögenseinkommen,
- Transferbilanz.

Leitzins: Zinssatz, zu dem sich Geschäftsbanken Geld von den Zentralbanken leihen können.

Lieferkette (oder englisch: »*supply chain*«): beschreibt die Reihenfolge von Verarbeitungsschritten durch eine Reihe von verschiedenen Unternehmen aus dem In- und Ausland, die notwendig sind, um aus Rohstoffen ein fertiges Produkt herzustellen.

Liquidität: beschreibt die Eigenschaft eines Vermögenswertes, schnell in Bargeld umgewandelt werden zu können.

Marktkapitalisierung: rechnerischer Gesamtwert aller frei verkäuflichen Aktien eines Unternehmens, einer Börse, eines Landes oder auch der gesamten Welt.

Marktwirtschaft: ein Wirtschaftssystem, in dem die Produktion und Verteilung von Gütern dezentral durch Geldströme gelenkt wird. Diese werden durch Angebot und Nachfrage bestimmt.

Mindestreserve: Prozentsatz der Einlagen einer Geschäftsbank, der als Sicherheit bei der Zentralbank hinterlegt werden muss. Damit wird die Schöpfung von Buchgeld verlangsamt oder beschleunigt.

Mining: Schaffung eines neuen Coins einer Kryptowährung durch Berechnung.

Monopol: Existenz eines einzelnen Anbieters (oder auch Nachfragers) für ein Gut oder eine Dienstleistung.

Nationalbank: siehe Zentralbank.

Neoliberalismus: Denkrichtung der Wirtschaftswissenschaften, die nur wenige Eingriffe des Staates in die Wirtschaftsordnung und den Konjunkturverlauf gutheißt.

Netto: Gegenteil von Brutto, also die Summe einer Zahlung nach Abzug verschiedener Größen, wie Steuern und Sozialabgaben beim Lohneinkommen oder Abschreibungen bei Investitionen. Das Netto ist für viele Fragen eine relevante Größe: Wie viel verfügbares Einkommen hat ein Arbeitnehmer nach allen Abzügen, oder wie hat das Anlagevermögen der Unternehmen sich vergrößert oder wurden nur alte Investitionen ersetzt? Für die Volkswirtschaftliche Gesamtrechnung werden Bruttosummen verwendet.

Nichtbank: Akteur an den Finanzmärkten, der bankähnliche Funktionen übernimmt, aber nicht als Bank firmiert und deshalb nicht den entsprechenden Regulierungen unterliegt.

Notenbank: siehe Zentralbank.

Offenmarktpolitik: Die Zentralbank kauft oder verkauft Wertpapiere an den Finanzmärkten und steuert so die Geldmenge.

Option: Future-Kontrakt, der dem Käufer eine Wahlmöglichkeit einräumt, sein Recht auszuüben. Calls setzen auf steigende Kurse; Puts auf fallende.

OTC-Handel (englisch »over the counter« – über den Ladentisch): Wertpapierhandel außerhalb der Börse, etwa bei Banken.

Papiergeld: eigentlich wertarme Papierscheine, die aber allgemein als Zahlungsmittel akzeptiert werden.

Performance: Anlageerfolg eines Investments, wird an Kurssteigerungen plus Einnahmen wie Dividenden oder Zinsen gemessen.

Planwirtschaft: Hier wird die Produktion durch Entschlüsse eines Komitees gelenkt.

Quantitative Easing: massiver Kauf von Wertpapieren wie Staatsanleihen, mit denen die Geldmenge erhöht wird.

Ramsch-Anleihen: siehe Junk Bonds.

Rating: Einstufung der wirtschaftlichen Lage eines Unternehmens, Staates oder anderer Organisationen in ein Notensystem.

Rendite: Ertrag, den eine Geldanlage in einem bestimmten Zeitraum dem Investor bringt. Wird in der Regel in Prozent angegeben.

Rendite, reale: Ertrag einer Anlage nach Berücksichtigung der Entwertung des Vermögens durch Inflation.

Rezession: Rückgang der Wirtschaftsleistung in mindestens zwei aufeinanderfolgenden Quartalen.

Rohstoff: Stoff aus der Natur, der zur Produktion von Gütern notwendig ist.

Saldo: Differenz in einer Bilanz zwischen Einnahmen (Zuflüssen) und Ausgaben (Abflüssen). Gibt es in der Handelsbilanz zum Beispiel mehr Exporte, ist der Saldo positiv und man spricht von einem Überschuss. Eine Handelsbilanz, in der die Importe höher sind als die Exporte, zeigt einen negativen Saldo, also ein Defizit, auf.

Schattenbank: in der weiteren Definition ein Synonym zu »Nichtbank«. In der engeren Definition alle Nichtbanken außer Zentralbanken, öffentlichen Finanzinstituten, Versicherungen und Pensionsfonds.

Schuldenbremse: eine verfassungsrechtliche Regelung, die seit 2011 in Kraft ist und die Möglichkeiten für Bund und Länder einschränkt, beliebig viele Schulden aufzunehmen.

Schuldendienst: im Kreditvertrag vereinbarte Zins- und Rückzahlungsleistungen (Tilgungsraten).

Schuldenkrise: Ein Land kann die Verpflichtungen aus seiner Verschuldung (also Zinsen und Rückzahlungsraten pünktlich zu bezahlen) nicht mehr erfüllen. Eine Schuldenkrise führt oft zu Verwerfungen im internationalen Finanzsystem.

Schuldner: Kreditnehmer.

»Schwarze Null«: politischer Slogan für das Ziel, einen ausgeglichenen Staatshaushalt zu erreichen, in dem die Einnahmen die Ausgaben decken und keine neuen Staatsschulden notwendig sind.

Sicherheit einer Geldanlage: Wahrscheinlichkeit, dass der eingesetzte Kapitalbetrag plus eine Rendite zurückfließt.

Sozialismus: Vorstufe des Kommunismus; politische Strömung, die eine überwiegend staatliche oder kollektive Kontrolle der Produktion von Gütern und überwiegend staatlichen oder kollektiven Besitz von Unternehmen anstrebt. Zudem soll eine möglichst gerechte Verteilung von Einkommen erreicht werden.

Spekulant: Anleger, der einen Gewinn vor allem aus Preisänderungen in der näheren Zukunft erzielen will.

Spotmarkt: Handel gegen sofortige Bezahlung und zeitnahe Lieferung.

Staatsquote: Verhältnis der Ausgaben eines Staates zum Bruttoinlandsprodukt.

Staatswirtschaft: ein System mit hohen Zwangsabgaben, in dem der Staat die Entscheidungen über Produktion und Verteilung von Gütern trifft, unter anderem indem er hohe Beteiligungen an wichtigen Unternehmen hält.

Stable Coin: Kryptowährung, deren Preis mithilfe eines Bezugs zu einer stabilen Währung (oder auch einem Rohstoff wie Gold) gesteuert wird.

Subprime-Kredit: Kredit an einen Schuldner mit niedrigem Vermögen und unsicherer Einkommenssituation.

Subvention: finanzielle Förderung des Staates für ein Unternehmen oder eine Branche, die zweckgebunden verwendet werden muss.

Supply Chain: siehe Lieferkette.

Terminmarkt: Handel von Gütern mit Futures und Optionen.

Transformationsfunktion: Umwandlung von Finanzflüssen, mit deren Hilfe Angebot und Nachfrage angeglichen werden. Es gibt verschiedene Arten der Finanztransformation:

- **Nach Losgrößen**: Hier werden kleine Einlagen in große Kredite umgewandelt oder umgekehrt.
- **Nach Fristen**: Hier werden kurzfristige Einlagen in langfristige Kredite verwandelt oder umgekehrt.
- **Nach Risiko**: Hier werden zum Beispiel sichere Einlagen in riskantere Kredite umgewandelt.

Umlaufgeschwindigkeit: Häufigkeit, mit der Geld innerhalb einer Periode für Umsätze verwendet wird.

Umsatz: Summe der erbrachten Leistungen und verkauften Waren.

Verbriefung: Zusicherung eines Rechts in einem Schriftstück, zum Beispiel das Recht auf Eigentum oder eine Forderung.

Währungsverlust: wechselkursbedingter Abzug von der Rendite eines Investments nach Umtausch in die heimische Währung.

Wechselkurs: Preis einer Währung in einer anderen Währung.

Wertpapier: hält Beteiligungen oder Schuldverhältnisse in Schriftform fest.

Wirtschaftspolitik: alle Maßnahmen, die auf die Wirtschaftsstruktur und -ordnung eines Landes oder deren Abläufe abzielen:

- **Ordnungspolitik** kümmert sich um alle Gesetze und Regeln für die Wirtschaft,
- **Strukturpolitik** beeinflusst die Branchen- und Regionalstruktur, in der Regel mit Fördermaßnahmen,
- **Ablaufpolitik** versucht, den Verlauf der Konjunktur zu verändern.

Xetra (Abkürzung für »Exchange Electronic Trading«): vollelektronisches Handelssystem der Börse in Frankfurt für verschiedene Wertpapiere.

Zeichnungsfrist: Zeitraum, in dem Interessenten eine Bestellung für ein neues Wertpapier abgeben können.

Zentralbank: eine staatliche und in der Regel unabhängige Institution, die zur Schaffung und zum Druck von heimischem Geld berechtigt ist. Zentralbanken werden auch »Notenbanken« oder »Nationalbanken« genannt.

Zinseszinseffekt: überproportionales Wachstum von Vermögen, wenn bereits angefallene

Stichwortverzeichnis

Anmerkungen

1 Riedel, Donata (2020): »IWF fürchtet eine Dauerkrise der Weltwirtschaft«, *Handelsblatt* online, 24.06.2020, https://www.handelsblatt.com/politik/konjunktur/nachrichten/konjunktur-iwf-fuerchtet-eine-dauerkrise-der-weltwirtschaft/25945912.html?ticket=ST-15442139-tvd9VH7gpMDT-L01u5ffD-ap5; abgerufen am 25.08.2020.

2 *Zeit Online* (2020): »Ifo-Institut erwartet starkes Wirtschaftswachstum«, *Zeit Online*, 01.07.2020, https://www.zeit.de/wirtschaft/2020-07/ifo-institut-konjunkturprognose-rezession-wirtschaftswachstum-corona-krise; abgerufen am 25.08.2020.

3 Straubhaar, Thomas (2020): »Willkommen in der sozialen Staatswirtschaft!«, Welt, 25.06.2020, https://www.welt.de/wirtschaft/article210138329/Corona-Hilfen-Jetzt-regiert-die-soziale-Staatswirtschaft.html; abgerufen am 08.09.2020.

4 *Bofinger, Peter (2013): »Der Segen des Egoismus«,* Frankfurter Allgemeine, *24.08.2013, https://www.faz.net/aktuell/wirtschaft/wirtschaftswissen/die-weltverbesserer/adam-smith-der-segen-des-egoismus-12536505.html?printPagedArticle=true#pageIndex_2; abgerufen am 08.09.2020.*

5 Bundesministerium für Wirtschaft und Energie: »Wohlstand für alle: Wirtschaftliche Dynamik und sozialen Ausgleich verbinden«, https://www.bmwi.de/Redaktion/DE/Dossier/soziale-marktwirtschaft.html; abgerufen am 09.09.2020.

6 Sauga, Michael (2020): »›Es gab kein Wirtschaftswunder‹«, Interview mit Werner Abelshauser, *Spiegel Online*, 23.09.2020, https://www.spiegel.de/geschichte/historiker-werner-abelshauser-ueber-ludwig-erhard-es-gab-kein-wirtschaftswunder-a-00000000-0002-0001-0000-000173049377; abgerufen am 23.09.2020.

7 Bundeszentrale für politische Bildung (2016): »soziale Marktwirtschaft«, *https://www.bpb.de/nachschlagen/lexika/lexikon-der-wirtschaft/20642/soziale-marktwirtschaft; abgerufen am 09.09.2020.*

8 Bok, Wolfgang (2019): »Deutschland: Die neue CSU ist grün und geschmeidig«, Neue Zürcher Zeitung online, 26.04.2019, https://www.nzz.ch/meinung/die-neue-csu-gruen-und-geschmeidig-ld.1472977?reduced=true; abgerufen am 10.09.2020.

9 Waschinski, Gregor (2020): »Lindner genießt den Rückhalt der FDP – doch es stehen schwere Richtungsdebatten bevor«, Handelsblatt online, 26.02.2020, https://www.handelsblatt.com/politik/deutschland/alternativloser-parteichef-lindner-geniesst-den-rueckhalt-der-fdp-doch-es-stehen-schwere-richtungsdebatten-bevor/25580778.html; abgerufen am 10.09.2020.

10 Braune, Tim (2020): »SPD will Ende von Hartz IV – und Sozialstaat ausbauen«, Berliner Morgenpost online, 08.09.2020, https://www.morgenpost.de/politik/inland/article230321754/SPD-Hartz-4-Wahl-Jobcenter-Kinder-Plaene-2021.html?bot-access=true&bot-access=true&bot-access=true; abgerufen am 10.09.2020.

11 Zeit Online (2020): »Söder fordert schnelle Förderungen von Bund und Ländern«, Zeit Online, 06.09.2020, https://www.zeit.de/mobilitaet/2020-09/autoindustrie-corona-krise-markus-soeder-staatliche-hilfe; abgerufen am 13.09.2020.

12 Schupelius, Gunnar (2020): »Müller ignoriert den Hilferuf der Kultur-Wirtschaft«, B.Z. online, 19.08.2020, https://www.bz-berlin.de/berlin/kolumne/mueller-ignoriert-den-hilferuf-der-kultur-wirtschaft; abgerufen am 13.09.2020.

13 Bundesministerium für Wirtschaft und Energie (2020): »Fakten zum deutschen Außenhandel«, https://www.bmwi.de/Redaktion/DE/Publikationen/Aussenwirtschaft/fakten-zum-deuschen-aussenhandel.pdf?__blob=publicationFile&v=20; abgerufen am 14.09.2020.

14 finanzen.net (2020): »Defizit in der US-Leistungsbilanz im zweiten Quartal kräftig gestiegen«, finanzen.net, 18.09.2020, https://www.finanzen.net/nachricht/aktien/defizit-in-der-us-leistungsbilanz-im-zweiten-quartal-kraeftig-gestiegen-9309929; abgerufen am 23.09.2020.

15 tagesschau.de (2014): »Touristen bringen Griechen Überschuss«, 19.02.2014, https://www.tagesschau.de/wirtschaft/griechenland-leistungsbilanz100.html; abgerufen am 23.09.2020.

16 OECD (2020): »Current account balance (indicator)«, doi: 10.1787/b2f74f3a-en, https://data.oecd.org/trade/current-account-balance.htm; abgerufen am 23.09.2020.

17 Höhler, Gerd (2009): »Griechenland droht die Schuldenfalle«, Spiegel Online, 28.01.2009, https://www.spiegel.de/wirtschaft/folgen-der-finanz-krise-griechenland-droht-die-schuldenfalle-a-603593.html; abgerufen am 23.09.2020.

18 OECD (2020): »Current account balance (indicator)«, doi: 10.1787/b2f-74f3a-en, https://data.oecd.org/trade/current-account-balance.htm; abgerufen am 24.09.2020.

19 Neubrand, Andreas (2020): »Defizit beim türkischen Leistungsbilanzsaldo«, Hürriyet.de, 11.09.2020, https://www.hurriyet.de/news_defizit-beim-tuerkischen-leistungsbilanzsaldo106666_143540518.html; abgerufen am 24.09.2020.

20 Bundesministerium für wirtschaftliche Zusammenarbeit und Entwicklung: »Internationaler Währungsfonds«, https://www.bmz.de/de/ministerium/wege/multilaterale_ez/akteure/iwf/index.html; abgerufen am 17.09.2020.

21 Hecking, Claus (2020): »Kapitalflucht aus Schwellenländern stärker als zur Weltfinanzkrise 2008«, Spiegel Online, 16.04.2020, https://www.spiegel.de/wirtschaft/soziales/corona-krise-kapitalflucht-aus-schwellenlaendern-staerker-als-zur-weltfinanzkrise-2008-a-42132876-7473-4dba-94de-5306e8a60809; abgerufen am 15.09.2020.

22 Bundesministerium für wirtschaftliche Zusammenarbeit und Entwicklung: »Weltbank«, https://www.bmz.de/de/service/glossar/W/weltbank.html; abgerufen am 18.09.2020.

23 Bundesregierung (2013): »Welthandelsorganisation (WTO)«, https://www.bundesregierung.de/breg-de/service/welthandelsorganisation-wto--615792; abgerufen am 17.09.2020.

24 *tagesschau.de* (2020): »WTO erklärt US-Zölle für illegal«, *tagesschau.de*, 15.09.2020, https://www.tagesschau.de/wirtschaft/usa-china-handelsstreit-119.html; abgerufen am 22.11.2020.

25 *Wirtschaftswoche* (2020): »USA legen Berufung gegen WTO-Entscheidung zu China-Strafzöllen ein«, *Wirtschaftswoche* online, 26.10.2020, https://www.wiwo.de/politik/ausland/handelskonflikt-usa-legen-berufung-gegen-wto-entscheidung-zu-china-strafzoellen-ein/26310590.html; abgerufen am 22.11.2020.

26 Gruber, Georg (2016): »Bier und die Grenzen seiner Reinheit«, *Deutschlandfunk Kultur*, 19.04.2016, https://www.deutschlandfunkkultur.de/500-jahre-reinheitsgebot-bier-und-die-grenzen-seiner.976.de.html?dram:article_id=351667; abgerufen am 17.09.2020.

27 Bundeszentrale für politische Bildung (2019): »Nettozahler und Nettoempfänger in der EU«, https://www.bpb.de/nachschlagen/zahlen-und-fakten/europa/70580/nettozahler-und-nettoempfaenger; abgerufen am 29.09.2020.

28 Statistisches Bundesamt: »Europa in Zahlen: Außenhandel«, https://www.destatis.de/Europa/DE/Thema/Aussenhandel/_inhalt.html; abgerufen am 29.09.2020.

29 Bundesfinanzministerium (2019): »BMF-Monatsbericht Februar 2019: Statistiken und Dokumentationen: Übersichten zur finanzwirtschaftlichen Entwicklung«, https://www.bundesfinanzministerium.de/Monatsberichte/2019/02/Inhalte/Kapitel-6-Statistiken/6-1-19-staatsquoten-im-internationalen-vergleich.html; abgerufen am 29.09.2020.

30 Kurier (2020): »Freihandelsabkommen USMCA ersetzt NAFTA«, Kurier online, 01.07.2020, https://kurier.at/wirtschaft/freihandelsabkommen-usmca-ersetzt-nafta/400958789; abgerufen am 20.09.2020.

31 Bundesverband der Deutschen Industrie e.V.: »USMCA: Freihandelsabkommen mit Abstrichen«, https://bdi.eu/artikel/news/usmca-freihandelsabkommen-mit-abstrichen/; abgerufen am 22.09.2020.

32 Spiegel Online (2020): »Neues Freihandelsabkommen für Nordamerika in Kraft getreten«, Spiegel Online, 01.07.2020, https://www.spiegel.de/wirtschaft/usmca-neues-freihandelsabkommen-fuer-nordamerika-in-kraft-getreten-a-e7c2ce46-e30a-4562-b59f-15159ed72b11; abgerufen am 22.09.2020.

33 wlw inside business: »USMCA: Das neue nordamerikanische Freihandelsabkommen«, https://www.wlw.de/de/inside-business/aktuelles/usmca-das-neue-nordamerikanischen-freihandelsabkommen; abgerufen am 22.09.2020.

34 Bundesministerium für Wirtschaft und Energie: »Transatlantische Handels- und Investitionspartnerschaft (TTIP)«, https://www.bmwi.de/Redaktion/DE/Dossier/ttip.html; abgerufen am 22.09.2020.

35 Ziemiak, Paul (2020): »Vergesst die Chlorhühner, werden wir kühner!«, *Der Tagesspiegel* online, 21.11.2020, https://www.tagesspiegel.de/politik/die-usa-und-europa-ein-neues-ttip-vergesst-die-chlorhuehner-werden-wir-kuehner/26645478.html; abgerufen am 21.11.2020.

36 *Spiegel Online* (2020): »China schmiedet weltgrößte Freihandelszone«, *Spiegel Online,* 15.11.2020, https://www.spiegel.de/wirtschaft/soziales/china-schmiedet-weltgroesste-freihandelszone-a-4c58ac56-1342-4947-828b-8e74d7b51566; abgerufen am 15.11.2020.

37 Die Bundesregierung: »Die G20«, https://www.bundesregierung.de/breg-de/themen/g7-g20/die-g20-387324; abgerufen am 19.09.2020.

38 Die Bundesregierung: »Die G20«, https://www.bundesregierung.de/breg-de/themen/g7-g20/die-g20-387324; abgerufen am 19.09.2020.

39 Müller, Ralf (2020): »Chefvolkswirte verkünden Ende der Globalisierung«, idowa, 10.09.2020, https://www.idowa.de/inhalt.deutsche-wirtschaft-chefvolkswirte-verkuenden-ende-der-globalisierung.c224a817-ade6-4d62-9ab6-427bca782d84.html; abgerufen am 14.09.2020.

40 Fischermann, Thomas; Pinzler, Petra; Schieritz, Mark; Randow, Gero von; Sieren, Frank & Tatje, Claas (2010): »Prügel für den Streber«, Zeit Online, 25.03.2010, https://www.zeit.de/2010/13/Wirtschaftspolitik; abgerufen am 14.09.2020.

41 *Handelsblatt* (2017): »Erneute Kritik am deutschen Exportüberschuss«, *Handelsblatt,* 22.05.2017, https://www.handelsblatt.com/politik/international/eu-kommission-erneute-kritik-am-deutschen-exportueberschuss/19836928.html?ticket=ST-3769732-XmMSrQIgVAuAsVCHqRxs-ap6; abgerufen am 14.09.2020.

42 Gürne, Markus (2018): »›Deutschland soll Teamplayer sein‹«, Interview mit Christine Lagarde, tagesschau.de, 19.01.2018, https://www.tagesschau.de/wirtschaft/lagarde-interview-101.html; abgerufen am 14.09. 2020.

43 Hoefer, Carsten & Rührmair, Christof (2020): »Folge des Coronavirus: Lieferengpässe in Industrie und Handel«, Automobilwoche online, 12.03.2020, https://www.automobilwoche.de/article/20200312/AGENTURMELDUNGEN/303129981/folge-des-coronavirus-lieferengpaesse-in-industrie-und-handel; abgerufen am 14.09.2020.

44 Lehming, Malte (2019): »Die Trümmer der alten Weltordnung«, Der Tagesspiegel online, 06.08.2019, https://www.tagesspiegel.de/politik/donald-trump-und-die-krisen-die-truemmer-der-alten-weltordnung/24877102.html; abgerufen am 18.09.2020.

45 Der Tagesspiegel (2019): »Tesla will bis zu vier Milliarden Euro in E-Autowerk investieren«, Der Tagesspiegel, 17.11.2019, https://www.tagesspiegel.de/wirtschaft/musks-plaene-in-gruenheide-tesla-will-bis-zu-vier-milliarden-euro-in-e-autowerk-investieren/25237622.html; abgerufen am 30.09.2020.

46 Wittich, Holger; Baumann, Uli; Harloff, Thomas; Hebermehl, Gregor & Sommer, Marcel (2020): »Elon Musk sucht bis zu 40 000 Mitarbeiter«, auto, motor und sport online, https://www.auto-motor-und-sport.de/verkehr/tesla-fabrik-deutschland-brandenburg-gruenheide-gigfactory-batteriezellen-model-y/; abgerufen am 30.09.2020.

47 Spiegel Online (2020): »Kabinett bringt Kinderbonus und Mehrwertsteuersenkung auf den Weg«, Spiegel Online, 12.06.2020, https://www.spiegel.de/politik/deutschland/kabinett-bringt-kinderbonus-und-mehrwertsteuersenkung-auf-den-weg-a-df5644c5-36c4-4677-bcbc-cca9b5809771; abgerufen am 30.09.2020.

48 *Lebensmittel Praxis* (2020): »29 Prozent planen, größere Anschaffungen vorzuziehen«, *Lebensmittel Praxis* online, 30.06.2020, https://lebensmittelpraxis.de/handel-aktuell/27739-mehrwertsteuersenkung-29-prozent-planen-groessere-anschaffungen-vorzuziehen-2020-06-30-09-48-36.html; abgerufen am 30.09.2020.

49 Kuck, Britta (2020): »Entscheidung gefallen: Continental schließt Werk in Aachen«, WDR online, https://www1.wdr.de/nachrichten/rheinland/continental-aachen-schliessung-entscheidung-100.html; abgerufen am 30.09.2020.

50 Lachmann, Kai (2019): »Personalmangel bremst Busse aus«, Ostsee-Zeitung online, 09.07.2019, https://www.ostsee-zeitung.de/Vorpommern/Stralsund/Personalmangel-bremst-Busse-in-Stralsund-und-auf-Ruegen-aus; abgerufen am 30.09.2020.

51 Welt (2019): »Ökonom warnt vor Arbeitskräftemangel in Ostdeutschland«, Welt online, 03.08.2019, https://www.welt.de/regionales/sachsen-anhalt/article197904795/Oekonom-warnt-vor-Arbeitskraeftemangel-in-Ostdeutschland.html; abgerufen am 30.09.2020.

52 Klatt, Jörg-Dieter (2020): »Arbeitskräfte fehlen: Initiative sieht Bedarf an einer Million Zuwanderer pro Jahr«, Südkurier online, 17.01.2020, https://www.suedkurier.de/region/schwarzwald/villingen-schwenningen/Arbeitskraefte-fehlen-Initiative-sieht-Bedarf-an-einer-Million-Zuwanderer-pro-Jahr;art372541,10410169; abgerufen am 30.09.2020.

53 Heunemann, Falk (2020): »60 Prozent der Firmen fehlen Fachkräfte«, Frankfurter Allgemeine online, 05.0.2020, https://www.faz.net/aktuell/rhein-main/betriebe-beklagen-fachkraeftemangel-16619065.html; abgerufen am 30.09.2020.

54 DW (2020): »IWF senkt Prognosen wie noch nie – Weltwirtschaft vor dramatischer Rezession«, DW online, 14.04.2020, https://www.dw.com/de/iwf-senkt-prognosen-wie-noch-nie-weltwirtschaft-vor-dramatischer-rezession/a-53117910; abgerufen am 30.09.2020.

55 SRF (2020): »Lufthansa legt noch mehr Flugzeuge still – auch alle A380«, SRF online, 21.09.2020, https://www.srf.ch/news/international/defizitae-

rer-flugverkehr-lufthansa-legt-noch-mehr-flugzeuge-still-auch-alle-a380; abgerufen am 12.10.2020.

56 Hegmann, Gerhard (2020): »Der atemberaubende Stellenabbau bei Osram geht weiter«, *Welt* online, 27.09.2020, https://www.welt.de/wirtschaft/article216663000/Ex-Siemens-Tochter-Osram-streicht-noch-einmal-1200-Stellen.html; abgerufen am 12.10.2020.

57 ntv (2020): »Autoindustrie warnt vor Stellenabbau«, ntv online, 03.07.2020, https://www.n-tv.de/wirtschaft/Autoindustrie-warnt-vor-Stellenabbau-article21889494.html; abgerufen am 12.10.2020.

58 *tagesschau.de* (2014): »Drogen für die Konjunktur«, *tagesschau.de*, 01.09.2014, https://www.tagesschau.de/wirtschaft/bip-faq-101.html; abgerufen am 03.10.2020.

59 Statistisches Bundesamt (2020): »Bruttoinlandsprodukt für Deutschland 2019«, https://www.destatis.de/DE/Presse/Pressekonferenzen/2020/BIP2019/pressebroschuere-bip.pdf?__blob=publicationFile; abgerufen am 04.10.2020.

60 Gries, Lothar (2020): »Droht der Rückfall in die Rezession?«, *tagesschau.de*, 08.10.2020, https://www.tagesschau.de/wirtschaft/boerse/corona-wirtschaft-konjunktur-101.html; abgerufen am 08.10.2020.

61 Statistisches Bundesamt (2020): »Exporte im Juli 2020: +4,7 % zum Juni 2020«, Pressemitteilung Nr. 341 vom 8. September 2020, https://www.destatis.de/DE/Presse/Pressemitteilungen/2020/09/PD20_341_51.html#highcharts-data-table-0; abgerufen am 05.10.2020.

62 Bundesministerium für Wirtschaft und Energie (2020): »Fakten zum deutschen Außenhandel«, https://www.bmwi.de/Redaktion/DE/Publikationen/Aussenwirtschaft/fakten-zum-deuschen-aussenhandel.pdf?__blob=publicationFile&v=20; abgerufen am 04.10.2020.

63 Statistisches Bundesamt (2020): »Außenhandel: Zusammenfassende Übersichten für den Außenhandel (vorläufige Ergebnisse) 2019«, https://www.destatis.de/DE/Themen/Wirtschaft/Aussenhandel/Publikationen/Downloads-Aussenhandel/zusammenfassende-uebersichten-jahr-vorlaeufig-pdf-2070100.pdf?__blob=publicationFile; abgerufen am 06.10.2020.

64 OECD (2020): »Quarterly GDP (indicator)«, doi: 10.1787/b86d1fc8-en, https://data.oecd.org/gdp/quarterly-gdp.htm; abgerufen am 08.10.2020.

65 Meier, Albrecht (2020): »Polen und Ungarn blockieren Corona-Hilfsmilliarden«, *Der Tagesspiegel* online, 16.11.2020, https://www.tagesspiegel.de/

politik/showdown-in-bruessel-polen-und-ungarn-blockieren-corona-hilfs-milliarden/26626712.html; abgerufen am 22.11.2020.

66 Statistisches Bundesamt (2020): »Außenhandel: Zusammenfassende Übersichten für den Außenhandel (vorläufige Ergebnisse) 2019«, https://www.destatis.de/DE/Themen/Wirtschaft/Aussenhandel/Publikationen/Downloads-Aussenhandel/zusammenfassende-uebersichten-jahr-vorlaeufig-pdf-2070100.pdf?__blob=publicationFile; abgerufen am 06.10.2020.

67 Grimm, Andreas (2020): »Europäische Neuzulassungen gehen wieder auf Talfahrt«, *kfz-betrieb* online, https://www.kfz-betrieb.vogel.de/europaeische-neuzulassungen-gehen-wieder-auf-talfahrt-a-964734/; abgerufen am 05.10.2020.

68 Hagelüken, Alexander (2020): »Exporte nehmen erneut zu«, *Süddeutsche Zeitung* online, 08.09.2020, https://www.sueddeutsche.de/wirtschaft/konjunktur-exporte-nehmen-erneut-zu-1.5024637; abgerufen am 14.09.2020.

69 Statistisches Bundesamt (2020): »Exporte im Juli 2020: +4,7 % zum Juni 2020«, Pressemitteilung Nr. 341 vom 8. September 2020, https://www.destatis.de/DE/Presse/Pressemitteilungen/2020/09/PD20_341_51.html#highcharts-data-table-0; abgerufen am 05.10.2020.

70 Hagelüken, Alexander (2020): »Exporte nehmen erneut zu«, *Süddeutsche Zeitung* online, 08.09.2020, https://www.sueddeutsche.de/wirtschaft/konjunktur-exporte-nehmen-erneut-zu-1.5024637; abgerufen am 14.09.2020.

71 Statistisches Bundesamt (2020): »Exporte im Juli 2020: +4,7 % zum Juni 2020«, Pressemitteilung Nr. 341 vom 8. September 2020, https://www.destatis.de/DE/Presse/Pressemitteilungen/2020/09/PD20_341_51.html; abgerufen am 05.10.2020.

72 Statistisches Bundesamt (2020): »Außenhandel: Zusammenfassende Übersichten für den Außenhandel (vorläufige Ergebnisse) 2019«, https://www.destatis.de/DE/Themen/Wirtschaft/Aussenhandel/Publikationen/Downloads-Aussenhandel/zusammenfassende-uebersichten-jahr-vorlaeufig-pdf-2070100.pdf?__blob=publicationFile; abgerufen am 06.10.2020.

73 *eurostat* (2020): »Current level of capacity utilization in manufacturing industry«, https://ec.europa.eu/eurostat/tgm/table.do?tab=table&plugin=1&language=en&pcode=teibs070; abgerufen am 05.10.2020.

74 Fiedler, Oliver (2020): »Kfz-Handel sitzt auf Halden unverkaufter Autos«, *Wochenblatt.net*, 26.05.2020, https://www.wochenblatt.net/heute/nachrichten/article/kfz-handel-sitzt-auf-halden-unverkaufter-autos/; abgerufen am 09.10.2020.

75 Statistisches Bundesamt (2020): »2. Quartal 2020: Reallöhne um 4,7 % niedriger als im Vorjahresquartal«, Pressemitteilung Nr. 366 vom 22. September 2020, https://www.destatis.de/DE/Presse/Pressemitteilungen/2020/09/PD20_366_623.html; abgerufen am 05.10.2020.

76 Statistisches Bundesamt (2020): »Volkswirtschaftliche Gesamtrechnungen: Private Konsumausgaben und Verfügbares Einkommen 2. Vierteljahr 2020«, https://www.destatis.de/DE/Themen/Wirtschaft/Volkswirtschaftliche-Gesamtrechnungen-Inlandsprodukt/Publikationen/Downloads-Inlandsprodukt/konsumausgaben-pdf-5811109.pdf?__blob=publicationFile; abgerufen am 09.10.2020.

77 Statistisches Bundesamt: »Volkswirtschaftliche Gesamtrechnungen: Verwendung des Bruttoinlandsprodukts«, https://www.destatis.de/DE/Themen/Wirtschaft/Volkswirtschaftliche-Gesamtrechnungen-Inlandsprodukt/Tabellen/bruttoinlandsprodukIt-verwendung-viertel-jahre.html; abgerufen am 06.10.2020.

78 *finanzen.net*: Wirtschaftsdaten, https://www.finanzen.net/termine/wirtschaftsdaten/; abgerufen am 30.09.2020.

79 *statista*: »Sind Ihnen die folgenden Politikerinnen und Politiker bekannt? (im März 2020)«, https://de.statista.com/statistik/daten/studie/1080613/umfrage/bekanntheit-ausgewaehlter-politiker-in-deutschland/; abgerufen am 20.10.2020.

80 Dapp, Theresa (2020): »Altmaier will die Innenstädte retten«, ntv online, 20.10.2020, https://www.n-tv.de/wirtschaft/Altmaier-will-die-Innenstaedte-retten-article22113493.html; abgerufen am 20.10.2020.

81 Hoppe, Till & Specht, Frank (2020): »Altmaier will Überbrückungshilfen für Unternehmen und Selbstständige ausweiten«, *Handelsblatt* online, 14.10.2020, https://www.handelsblatt.com/politik/deutschland/coronakrise-altmaier-will-ueberbrueckungshilfen-fuer-unternehmen-und-selbststaendige-ausweiten/26274350.html; abgerufen am 20.10.2020.

82 Bundesministerium für Wirtschaft und Energie: »Aufgaben und Struktur des Bundesministeriums für Wirtschaft und Energie«, https://www.bmwi.de/Redaktion/DE/Artikel/Ministerium/aufgaben-und-struktur.html; abgerufen am 21.10.2020.

83 Berschens, Ruth (2018): »EU verhängt Rekordstrafe von 4,3 Milliarden Euro gegen Google«, *Handelsblatt* online, 18.07.2018, https://www.handelsblatt.com/unternehmen/it-medien/android-kartellverfahren-eu-verhaengt-rekordstrafe-von-4-3-milliarden-euro-gegen-google/22811118.

html?ticket=ST-448248-XmOJ5EsMHsyqDqyvXVjc-ap5; abgerufen am 21.10.2020.

84 *stern* (2020): »EU genehmigt Übernahme von Bombardier-Zugsparte durch Alstom unter Auflagen«, *stern* online, 31.07.2020, http://unternehmen-heute.de/news.php?newsid=657361; abgerufen am 18.12.2020.

85 *Welt*: »Spektakuläre Kartelle der vergangenen Jahre«, *Welt* online, https://www.welt.de/wirtschaft/gallery130169567/Spektakulaere-Kartelle-der-vergangenen-Jahre.html; abgerufen am 21.10.2020.

86 *heise online* (2020): »Altmaier ruft ›Batteriestandort Deutschland‹ aus: 300 Millionen Euro für Varta«, *heise online*, 30.06.2020, https://www.heise.de/news/Bund-foerdert-Batteriezellfertigung-bei-Varta-mit-300-Millionen-Euro-4799778.html; abgerufen am 22.10.2020.

87 Kennedy, Scott (2015): »Made in China 2025«, CSIS, Center for Strategic and International Studies, 01.06.2015, https://www.csis.org/analysis/made-china-2025; abgerufen am 18.12.2020.

88 *tagesschau.de* (2020): »Altmaier überrascht mit Klima-Vorstoß«, *tagesschau.de*, 11.09.2020, https://www.tagesschau.de/inland/altmaier-klimawandel-103.html; abgerufen am 23.10.2020.

89 *Spiegel Online* (2020): »Daimler rechnet trotz Corona wieder mit Gewinn wie 2019«, *Spiegel Online*, 23.10.2020, https://www.spiegel.de/wirtschaft/unternehmen/corona-erholung-daimler-kuendigt-ueberraschend-gewinn-wie-2019-a-7a97a28b-5a29-4e55-86bb-d664a5dbb90d; abgerufen am 24.10.2020.

90 Jungblut, Peter (2020): »Nach Förder-Flop: Neustart bei Künstler-Hilfen angekündigt«, *BR24*, 21.10.2020, https://www.br.de/nachrichten/kultur/kuenstler-hilfen-bayern-markus-soeder-stipendien,SE3PAGm; abgerufen am 24.10.2020.

91 Bertschek, Irene; Ohnemus, Jörg; Erdsiek, Daniel; Andres, Raphaela; Viete, Steffen; Rammer, Christian; Kimpeler, Simone & Meißner, Lia (2019): »Monitoringbericht Kultur- und Kreativwirtschaft 2019«, ZEW – Leibniz-Zentrum für Europäische Wirtschaftsforschung GmbH Mannheim; Fraunhofer-Institut für System- und Innovationsforschung ISI, https://www.bmwi.de/Redaktion/DE/Publikationen/Studien/monitoringbericht-kultur-und-kreativwirtschaft-2019.pdf?__blob=publicationFile&v=4; abgerufen am 24.10.2020.

92 *Frankfurter Allgemeine* (2020): »Union und SPD uneins über Lobbyregister«, *Frankfurter Allgemeine*, 23.10.2020, https://www.faz.net/aktuell/poli-

tik/inland/union-und-spd-uneins-ueber-lobbyregister-17016531.html; abgerufen am 24.10.2020.

93 OECD (2020): »General government spending (indicator)«, doi: 10.1787/a31cbf4d-en, https://data.oecd.org/gga/general-government-spending.htm#indicator-chart; abgerufen am 24.10. 2020.

94 Döhrn, Roland & Gebhardt, Heinz (2013): »Die fiskalischen Kosten der Finanz- und Wirtschaftskrise«, Institut für Betriebswirtschaft und Volkswirtschaft, Universität Duisburg-Essen, IBES Diskussionsbeitrag Nr. 198, März 2013, https://www.researchgate.net/publication/256395533_Die_fiskalischen_Kosten_der_Finanz-und_Wirtschaftskrise; abgerufen am 18.12.2020; siehe auch Greive, Martin (2013): »Finanzkrise kostet Deutschland 187 Milliarden«, *Welt* online, 03.04.2013, https://www.welt.de/wirtschaft/article114944193/Finanzkrise-kostet-Deutschland-187-Milliarden.html; abgerufen am 24.10.2020.

95 Niesmann, Andreas (2018): »3.000 Euro pro Familie«, *Hannoversche Allgemeine*, 15.09.2018, https://www.haz.de/Nachrichten/Wirtschaft/Deutschland-Welt/So-viel-kostete-die-Finanzkrise-die-Steuerzahler; abgerufen am 24.10.2020.

96 Bundesministerium der Finanzen (2020): »Kampf gegen Corona: Größtes Hilfspaket in der Geschichte Deutschlands«, https://www.bundesfinanzministerium.de/Content/DE/Standardartikel/Themen/Schlaglichter/Corona-Schutzschild/2020-03-13-Milliarden-Schutzschild-fuer-Deutschland.html; abgerufen am 24.10.2020.

97 Keynes, John Maynard (1936): *Allgemeine Theorie der Beschäftigung, des Zinses und des Geldes*, Berlin: Duncker & Humblot 2017.

98 Weiterführende Artikel zu Keynes: Buomberger, Thomas (2006): »Serie: Ökonomen: John M. Keynes«, *HZ* online, 31.01.2006, https://www.handelszeitung.ch/unternehmen/serie-okonomen-john-m-keynes; Weizsäcker, Carl Christian von (2013): »Der Bezwinger der Weltwirtschaftkrisen«, *Frankfurter Allgemeine* online, 20.07.2013, https://www.faz.net/aktuell/wirtschaft/wirtschaftswissen/die-weltverbesserer/john-maynard-keynes-der-bezwinger-der-weltwirtschaftkrisen-12288956.html?printPagedArticle=true#pageIndex_2; Piper, Nikolaus (2010): »Wie der Weltökonom Millionen machte«, *Süddeutsche Zeitung* online, 17.05.2010, https://www.sueddeutsche.de/geld/sz-serie-die-grossen-spekulanten-6-wie-der-weltoekonom-millionen-machte-1.597965-0#seite-2; alle abgerufen am 24.10.2020.

99 Gill, Constantin (2020): »Wann werden die Corona-Schulden zurückgezahlt?«, NDR online, 03.09.2020, https://www.ndr.de/nachrichten/schles-

wig-holstein/Finanzausschuss-hoert-Experten-zu-Haushaltspolitik-in-Corona-Zeiten,finanzausschuss104.html; abgerufen am 25.10.2020.

100 *Welt* (2020): »Scholz schließt Reichensteuer zur Überwindung der Corona-Krise nicht aus«, *Welt* online, 16.04.2020, https://www.welt.de/politik/deutschland/article207311919/Corona-Krise-Olaf-Scholz-schliesst-Reichensteuer-nicht-aus.html; abgerufen am 25.10.2020.

101 Statistisches Bundesamt (2020): »Vierteljährliche Kassenergebnisse des Öffentlichen Gesamthaushalts – Fachserie 14 Reihe 2 – 1. Vierteljahr 2020«, 2. Juli 2020; https://www.destatis.de/DE/Themen/Staat/Oeffentliche-Finanzen/Ausgaben-Einnahmen/Publikationen/Downloads-Ausgaben-und-Einnahmen/kassenergebnis-oeffentlicher-haushalt-2140200203214.html; abgerufen am 25.10.2020.

102 Eubel, Cordula (2020): »Ohne Steuerzuschuss wird es 2020 für die Sozialversicherungen wohl nicht gehen«, *Der Tagesspiegel* online, 26.05.2020, https://www.tagesspiegel.de/politik/milliardenloecher-durch-corona-krise-ohne-steuerzuschuss-wird-es-2020-fuer-die-sozialversicherungen-wohl-nicht-gehen/25861476.html; abgerufen am 25.10.2020.

103 Bundesministerium der Finanzen: »Steuern allgemein – Steuerspirale 2020«, https://www.bundesfinanzministerium.de/Content/DE/Bilderstrecken/Infografiken/Infografiken-Steuern-Allgemein/Infografiken-Steuern-Allgemein.html?notFirst=true&docId=7b448c87-2bd3-4c4b-a178-743b1a446192#photogallery; abgerufen am 25.10.2020.

104 https://www.bundesfinanzministerium.de/Datenportal/Daten/frei-nutzbare-produkte/Bilder/Infografiken/Entwurf-der-Ausgaben-Bundeshaushalt-2019.jpg?__blob=poster&v=3; abgerufen am 25.10.2020.

105 Braune, Tim (2020): »Nach der Corona-Krise – spart das Land nicht kaputt!«, *WAZ* online, 14.05.2020, https://www.waz.de/politik/nach-der-corona-krise-spart-das-land-nicht-kaputt-id229121496.html; abgerufen am 01.11.2020.

106 Beutelsbacher, Stefan & Zschäpitz, Holger (2019): »›Keine Eier, keinen Verstand, keine Vision‹, wütet Trump«, *Welt* online, 18.09.2019, https://www.welt.de/finanzen/article200551458/Fed-Entscheid-Keine-Eier-keinen-Verstand-keine-Vision-wuetet-Trump.html; abgerufen am 20.08.2020.

107 Braunberger, Gerald (2011): »Kleine Geschichte der Zentralbank«, *Frankfurter Allgemeine* online, 08.03.2011, https://www.faz.net/aktuell/wirtschaft/wirtschaftswissen/wirtschaftswissen-kleine-geschichte-der-zentralbank-1606276.html; abgerufen am 30.08.2020.

108 Braunberger, Gerald (2011), a.a.O.

109 Europäische Zentralbank: »Statistical Data Warehouse«, https://sdw.ecb.europa.eu/reports.do?node=1000003490; abgerufen am 21.08.2020.

110 Heise online: »Digitalwährung Libra heißt jetzt Diem« heise.de, 01.12.2020, https://www.heise.de/news/Digitalwaehrung-Libra-heisst-jetzt-Diem-4976925.html, abgerufen am 31.12.2020

111 Franz, Angelika (2020): »Dieser Mann war der reichste Mensch aller Zeiten«, *t-online*, 23.02.2020, https://www.t-online.de/nachrichten/wissen/geschichte/id_87376284/mansa-musa-der-koenig-von-mali-war-der-reichste-mensch-aller-zeiten.html; abgerufen am 21.08.2020.

112 https://www.federalreserve.gov/aboutthefed/pf.htm; abgerufen am 18.12.2020.

113 Wissenschaftliche Dienste des Deutschen Bundestags (2013): »Sachstand: Geldpolitische Instrumente der EZB, Fed, BoE und BoJ«, https://www.bundestag.de/resource/blob/405484/74ca46e9ee834ea93ced183211e44e72/WD-4-155-13-pdf-data.pdf; abgerufen am 26.08.2020.

114 *boerse.ARD.de* (2020): »Fed wird jetzt zum Job-Retter«, *boerse.ARD.de*, 27.08.2020, https://boerse.ard.de/aktien/fed-wird-jetzt-zum-jobretter100.html; abgerufen am 28.08.2020.

115 *Tageblatt Lëtzebuerg* (2018): »Türkische Notenbank hört nicht auf Erdogan – Leitzins stark angehoben«, *Tageblatt Lëtzebuerg* online, 13.09.2018, https://www.tageblatt.lu/wirtschaft/tuerkische-notenbank-hoert-nicht-auf-erdogan-leitzins-stark-angehoben/; abgerufen am 21.08.2020.

116 *Augsburger Allgemeine* (2018): »Erdogan: Geduld mit Zentralbank ist begrenzt«, *Augsburger Allgemeine* online, 14.09.2018, https://www.augsburger-allgemeine.de/wirtschaft/Erdogan-Geduld-mit-Zentralbank-ist-begrenzt-id52176711.html; abgerufen am 21.08.2020.

117 Mattheis, Philipp (2019): »Kein Wachstum, viel Inflation: Türkei hält Zinsen auf hohem Niveau«, *Der Standard* online, 12.06.2019, https://www.derstandard.at/story/2000104766189/kein-wachstum-viel-inflation-tuerkei-haelt-zinsen-auf-hohem-niveau; abgerufen am 21.08.2020.

118 Demircan, Ozan (2019): »Erdoğan fordert niedrigere Leitzinsen – Lira gibt nach«, *Handelsblatt* online, 20.06.2019, https://www.handelsblatt.com/finanzen/maerkte/devisen-rohstoffe/tuerkei-erdoan-fordert-niedrigere-leitzinsen-lira-gibt-nach/24477248.html; abgerufen am 21.08.2020.

119 *Der Spiegel* (2019): »Erdogan feuert Chef der türkischen Notenbank«, *Spiegel Online*, 06.07.2019, https://www.spiegel.de/wirtschaft/tuerkei-recep-tayyip-erdogan-feuert-chef-der-notenbank-a-1276090.html; abgerufen am 21.08.2020.

120 *manager magazin* (2019): »Türkische Notenbank buckelt vor Erdogan, senkt Leitzins kräftig«, *manager magazin* online, 25.07.2019, https://www.manager-magazin.de/politik/weltwirtschaft/zinspolitik-notenbank-der-tuerkei-senkt-leitzins-erfuellt-erdogan-forderung-a-1278998.html; abgerufen am 21.08.2020.

121 *Handelsblatt* (2019): »Erdogan fordert von Zentralbank weitere Zinssenkungen«, *Handelsblatt* online, 07.09.2019, https://www.handelsblatt.com/finanzen/geldpolitik/tuerkei-erdogan-fordert-von-zentralbank-weitere-zinssenkungen/24991692.html; abgerufen am 21.08.2020.

122 Bauer, Isabella-Alessa (2020): »Wegen Erdogans Zins-Diktat droht Türkei eine neue Lira-Krise«, *Focus Online*, 21.01.2020, https://www.focus.de/finanzen/boerse/truebe-aussichten-fuer-lira-erdogans-diktat-bringt-tuerkische-wirtschaft-an-den-abgrund_id_11564564.html; abgerufen am 21.08.2020.

123 Gänger, Jan (2020): »Türkische Lira im freien Fall«, n-tv online, 07.08.2020, https://www.n-tv.de/wirtschaft/Tuerkische-Lira-im-freien-Fall-article21958919.html; abgerufen am 21.08.2020.

124 *Handelsblatt* (2019): »Weder Taube noch Falke: Die neue EZB-Chefin will eine Eule sein«, https://www.handelsblatt.com/finanzen/geldpolitik/europaeische-zentralbank-weder-taube-noch-falke-die-neue-ezb-chefin-will-eine-eule-sein/25197330.html?ticket=ST-706052-jZZtFancGxQdH0obhKAi-ap6; *Handelsblatt* online, 06.11.2019, abgerufen am 22.08.2020.

125 *Frankfurter Allgemeine* (2020): »Amerikas Wirtschaftsleistung sinkt um bis zu 30 Prozent«, *Frankfurter Allgemeine* online, 18.05.2020, https://www.faz.net/aktuell/wirtschaft/usa-notenbank-fed-erwartet-dramatischen-einbruch-der-wirtschaft-16774864.html; abgerufen am 30.08.2020.

126 Reuters (2020): »Fed-Vize sagt USA langen Weg zu alter wirtschaftlicher Stärke voraus«, https://de.reuters.com/article/usa-fed-konjunktur-idDEKCN2511XD; abgerufen am 30.08.2020.

127 Einecke, Helga (2011): »Wenn der letzte Falke geht«, Süddeutsche Zeitung online, 13.09.2011, https://www.sueddeutsche.de/wirtschaft/ezb-chef-volkswirt-stark-tritt-zurueck-wenn-der-letzte-falke-geht-1.1141354; abgerufen am 22.08.2020.

128 Spinnler, Thomas (2020): »Argentinien – Tod mit Ansage?«, *tagesschau.de*, 06.07.2020, https://www.tagesschau.de/wirtschaft/boerse/argentinien-verschuldung-101.html; abgerufen am 23.08.2020.

129 *finanzen.net* (2020): »EZB-Ratsmitglied Rehn sieht Deflationsgefahr in der Eurozone«, *finanzen.net*, 02.07.2020, https://www.finanzen.net/nachricht/aktien/corona-krise-ezb-ratsmitglied-rehn-sieht-deflationsgefahr-in-der-eurozone-9033077; abgerufen am 25.08.2020.

130 Siedenbiedel, Christian (2020): »Die Geldmenge in Europa steigt um zehn Prozent«, *Frankfurter Allgemeine* online, 28.08.2020, https://www.faz.net/aktuell/wirtschaft/die-geldmenge-in-europa-steigt-um-zehn-prozent-16926452.html; abgerufen am 25.11.2020.

131 Statistisches Bundesamt (2020): »Inflationsrate im August 2020 bei 0,0 %«, Pressemitteilung Nr. 350 vom 11. September 2020, https://www.destatis.de/DE/Presse/Pressemitteilungen/2020/09/PD20_350_611.html; abgerufen am 25.11.2020.

132 *Zeit Online* (2020): »EZB stemmt sich mit Billionenpaket gegen Konjunkturabsturz«, *Zeit Online*, 04.06.2020, https://www.zeit.de/news/2020-06/04/ezb-stemmt-sich-mit-weiteren-milliarden-gegen-corona-krise; abgerufen am 29.08.2020.

133 Bangert, Heike (2020): »Finanz-Profi warnt: ›Ich rechne mit zweistelligen Inflationsraten‹«, Interview mit Hendrik Leber, *Focus Online*, 20.11.2020, https://www.focus.de/finanzen/boerse/interview-mit-hendrik-leber-finanz-profi-ich-rechne-mit-zweistelligen-inflationsraten_id_12647760.html; abgerufen am 25.11.2020.

134 Damm, Christoph (2020): »›Irgendwann kippt die Situation‹: Die Inflation war nie verschwunden und könnte Verbraucher bald hart treffen«, *Business Insider* online, 28.11.2020, https://www.businessinsider.de/wirtschaft/finanzen/experte-warnt-vor-inflation-irgendwann-wird-die-situation-kippen-a/; abgerufen am 25.11.2020.

135 *Zeit-Fragen*: »Memorandum zur Geldpolitik der EZB«, https://www.zeit-fragen.ch/archiv/2019/nr-23-22-oktober-2019/memorandum-zur-geldpolitik-der-ezb.html; abgerufen am 25.11.2020.

136 dpa (2020): »EZB-Direktorin: Bei Bedarf neue geldpolitische Instrumente«, *Westfälische Nachrichten* online, 21.07.2020, https://www.wn.de/Welt/Wirtschaft/4238479-Werkzeugkasten-erweitert-EZB-Direktorin-Bei-Bedarf-neue-geldpolitische-Instrumente; abgerufen am 25.08.2020.

137 Brzoska, Maike (2008): »Das Monster soll ein Teddy werden«, *taz*, 03.06.2008, https://taz.de/Attac-zur-Finanzmarkt-Regulierung/!5181232/; abgerufen am 26.10.2020.

138 Walter, Norbert (2009): »Vom Segen der Finanzmärkte«, *Die Politische Meinung* 471, Konrad-Adenauer-Stiftung, 03.02.2009, https://www.kas.de/documents/252038/253252/7_dokument_dok_pdf_15560_1.pdf/5f6f5888-98f0-c2bf-4449-09f5cdf89bdb; abgerufen am 26.10.2020.

139 Obertreis, Rolf (2020): »›Das Bankensystem in Deutschland ist stabil‹«, *Mannheimer Morgen* online, 16.10.2020, https://www.morgenweb.de/mannheimer-morgen_artikel,-wirtschaft-das-bankensystem-in-deutschland-ist-stabil-_arid,1703267.html; abgerufen am 26.10.2020.

140 Siedenbiedel, Christian (2020): »Die Zahl der Pleiten wird steigen – und auch die Banken treffen«, *Frankfurter Allgemeine*, 13.10.2020, https://www.faz.net/aktuell/finanzen/bundesbank-anstieg-der-zahl-der-pleiten-wird-banken-treffen-17000120.html; abgerufen am 26.10.2020.

141 Bundesfinanzministerium (2019): »Zehn Jahre nach der Finanzkrise: Haben die Reformen der Finanzmarktregulierung den Finanzsektor krisenfester gemacht?«, Monatsbericht des BMF, März 2019, https://www.bundesfinanzministerium.de/Monatsberichte/2019/03/Inhalte/Kapitel-3-Analysen/3-2-finanzmarktregulierung_pdf.pdf?__blob=publicationFile&v=3; abgerufen am 30.10.2020.

142 *Cash.online* (2019): »Bankenstresstest 2019 erstaunlich positiv«, *Cash.online*, 08.10.2019, https://www.cash-online.de/investmentfonds/2019/bankenstresstest-2019-erstaunlich-positiv/485042; abgerufen am 30.10.2020.

143 Europäische Zentralbank: »Stresstests«, https://www.bankingsupervision.europa.eu/banking/tasks/stresstests/html/index.de.html; abgerufen am 30.10.2020.

144 BaFin (2016): »Kapitalanlagen«, 01.01.2016, https://www.bafin.de/DE/Aufsicht/VersichererPensionsfonds/Kapitalanlagen/kapitalanlagen_node.html; abgerufen am 31.10.2020.

145 Financial Stability Board (2020): »Global Monitoring Report on Non-Bank Financial Intermediation 2019«, 19.01.2020, https://www.fsb.org/2020/01/global-monitoring-report-on-non-bank-financial-intermediation-2019/; abgerufen am 31.10.2020.

146 Financial Stability Board (2020), a.a.O.

147 Financial Stability Board (2020): »Global Monitoring Report on Non-Bank Financial Intermediation 2019«, 19.01.2020, https://www.fsb.

org/2020/01/global-monitoring-report-on-non-bank-financial-intermediation-2019/; abgerufen am 31.10.2020.

148 Fehr, Markus (2020): »Blackrock, die heimliche Weltmacht«, *boerse.ARD.de*, 07.12.2018, https://boerse.ard.de/multimedia/audios-und-videos/erklaerstuecke/blackrock-die-heimliche-weltmacht100.html; abgerufen am 02.01.2021.

149 Spinnler, Thomas (2018): »Blackrock verwaltet so viel Vermögen wie nie«, *faz.net*, 14.10.2020, https://www.faz.net/aktuell/finanzen/vermoegensverwaltung-blackrock-verwaltet-so-viel-vermoegen-wie-nie-17001575.html; abgerufen am 02.11.2020.

150 Afhüppe, Sven (2019): »Blackrock-Chef fordert von Deutschland: ›Der Staat muss mehr investieren‹«, *Handelsblatt* online, 04.09.2019, https://www.handelsblatt.com/finanzen/banken-versicherungen/larry-fink-im-interview-blackrock-chef-fordert-von-deutschland-der-staat-muss-mehr-investieren/24974786.html; abgerufen am 02.11.2020.

151 de Masio, Fabio (2020): »Studie: Der Dax in Steueroasen«, *Fabio de Masio*, 28.05.2020, https://www.fabio-de-masi.de/de/article/2757.studie-der-dax-in-steueroasen.html; abgerufen am 02.11.2020.

152 Hage, Simon; Hesse, Martin & Zgaga, Blaz (2017): »Wie VW am deutschen Finanzamt vorbeifährt«, *Spiegel Online*, 28.10.2017, https://www.spiegel.de/spiegel/der-vw-konzern-nutzt-ein-fragwuerdiges-steuersparmodell-in-luxemburg-a-1175059.html; abgerufen am 02.11.2020.

153 Eckstein, Philipp; Strozyk, Jan Lukas & Strunz, Benedikt (2020): »Deutschland verhindert EU-Initiative«, *tagesschau.de*, 19.08.2020, https://www.tagesschau.de/investigativ/ndr/eu-steuertransparenz-103.html; abgerufen am 02.11.2020.

154 Redaktion Finanzen.net (2020): »Deutsche Börse Aktie aktuell: Deutsche Börse kaum verändert«, *Finanzen.net*, 31.12.2020, https://www.finanzen.net/nachricht/aktien/deutsche_boerse-aktie-kursbewegung-12-02-2021-8109099; abgerufen am 02.01.2021

155 Bundesanstalt für Finanzdienstleistungsaufsicht: »Unternehmensgründer und Fintechs«, https://www.bafin.de/DE/Aufsicht/FinTech/fintech_node.html; abgerufen am 06.11.2020.

156 Hübner, Gerd (2015): »So teilt sich der weltweite Finanzmarkt auf«, *Finanzen100*, 23.02.2015, https://www.finanzen100.de/finanznachrichten/wirtschaft/statistik-so-teilt-sich-der-weltweite-finanzmarkt-auf_H778376918_77478/; abgerufen am 03.11.2020.

157 https://www.bis.org/publ/qtrpdf/r_qt2009.htm; abgerufen am 03.11.2020

158 *Focus Online* (2019): »Ratingagentur senkt Kreditwürdigkeit: Türkei rutscht immer tiefer in den ›Ramschbereich‹«, *Focus Online*, 15.07.2019, https://www.focus.de/finanzen/boerse/kreditwuerdigkeit-fitch-senkt-kreditwuerdigkeit-tuerkei-rutscht-immer-tiefer-in-den-ramschbereich_id_10922965.html; abgerufen am 26.11.2020.

159 *Süddeutsche.de, »Thema/Libor-Skandal«*, https://www.sueddeutsche.de/thema/Libor-Skandal; abgerufen am 02.01.2021.

160 *boerse.ARD.de* (2020): »Erste Corona-Anleihe heiß begehrt«, *boerse.ARD.de*, 20.10.2020, https://boerse.ard.de/anlageformen/anleihen/erste-eu-anleihe-heiss-begehrt100.html; abgerufen am 03.11.2020.

161 *onvista.de* (2020): »Deutsche Anleihen legen zu – Wahlausgang in den USA weier unklar«, 04.11.2020, https://www.onvista.de/news/deutsche-anleihen-legen-zu-wahlausgang-in-den-usa-weiter-unklar-409040697; abgerufen am 02.01.2021

162 *boerse.ARD.de* (2020): »Lira springt nach Zinserhöhung nach oben«, *boerse.ARD.de*, 24.09.2020, https://boerse.ard.de/anlageformen/devisen/lira-springt-nach-zinserhoehung-nach-oben100.html; abgerufen am 27.09.2020.

163 ntv (2020): »Erdogan feuert erneut Zentralbank-Chef«, ntv online, 07.11.2020, https://www.n-tv.de/wirtschaft/Erdogan-feuert-erneut-Zentralbank-Chef-article22153266.html; abgerufen am 08.11.2020.

164 *boerse.ARD.de* (2020): »Türkische Lira springt an –vorerst?«, *boerse.ARD.de*, 09.11.2020, https://boerse.ard.de/anlageformen/devisen/notenbankchefwechsel-tuerkische-lira-legt-zu100.html; abgerufen am 09.11.2020.

165 *finanzen.net* (2020): »Führungsrolle in Gefahr? US-Dollar dürfte durch Corona-Krise an Beliebtheit verlieren«, *finanzen.net*, https://www.n-tv.de/wirtschaft/Erdogan-feuert-erneut-Zentralbank-Chef-article22153266.html; abgerufen am 18.12.2020.

166 Mallien, Jan (2019): »Droht ein Währungskrieg zwischen China und den USA?«, *Handelsblatt* online, 24.05.2019, https://www.handelsblatt.com/finanzen/maerkte/devisen-rohstoffe/devisenmarkt-droht-ein-waehrungskrieg-zwischen-china-und-den-usa/24379530.html?ticket=ST-1071703-H9OcvJF1dMqdY1G9NG0q-ap4; abgerufen am 26.11.2020.

167 Breithut, Jörg (2020): »US-Ermittler beschlagnahmen Bitcoin-Vermögen«, *Spiegel Online*, 07.11.2020, https://www.spiegel.de/netzwelt/web/us-ermittler-beschlagnahmen-fast-eine-milliarde-bitcoin-a-5742719a-4e40-4689-a834-1a080b49d4d6; abgerufen am 11.11.2020.

168 Holtermann, Felix & Müller, Mareike (2020): »Kursziel 100.000 Dollar? Die Profis steigen am Bitcoin-Markt ein«, *Handelsblatt* online, 10.11.2020, https://www.handelsblatt.com/finanzen/maerkte/devisen-rohstoffe/kryptowaehrungen-kursziel-100-000-dollar-die-profis-steigen-am-bitcoin-markt-ein/26604514.html?ticket=ST-9303993-KlZlFd5ByGlWFaH53f4x-ap4; abgerufen am 11.11.2020.

169 Van de Poppe, Michaël (2020): »30 Prozent Bitcoin-Rückgang möglich: Kein Grund zur Sorge«, *Cointelegraph*, 09.11.2020, https://de.cointelegraph.com/news/why-a-30-bitcoin-price-crash-should-not-catch-you-off-guard-right-now; abgerufen am 11.11.2020.

170 Bonnet, Pierre (2020): »Zentralbanken treiben Arbeit an Krypto-Euro, Cyber-Franken & Co. voran«, 14.03.2020, https://www.finanzen.ch/nachrichten/devisen/zentralbanken-treiben-arbeit-an-krypto-euro-cyber-franken-&-co-voran-1028979292; abgerufen am 11.11.2020.

171 *Zeit Online* (2020): »Großvermieter dominieren in Berlin«, *Zeit Online*, 10.11.2020, https://www.zeit.de/news/2020-11/10/studie-grossvermieter-dominieren-in-berlin; abgerufen am 12.11.2020

172 *Focus Online* (2020): »Preise weiter hoch: Immobilien-Käufer geben Hoffnung auf Corona-Schnäppchen auf«, *Focus Online*, 03.11.2020, https://www.focus.de/immobilien/kaufen/preise-immobilien-kaeufer-geben-hoffnung-auf-schnaeppchen-auf_id_12587933.html; abgerufen am 12.11.2020.

173 Bundeszentrale für politische Bildung: »Prospekt«, https://www.bpb.de/nachschlagen/lexika/lexikon-der-wirtschaft/20385/prospekt; abgerufen am 04.11.2020.

174 Jauernig, Henning & Stotz, Patrick (2020): »Der schnellste Börsencrash der Geschichte«, *Spiegel Online*, 20.03.2020, https://www.spiegel.de/wirtschaft/unternehmen/corona-krise-der-schnellste-boersencrash-aller-zeiten-a-2b6cde01-966d-4aa4-b7b9-90f2c4886415; abgerufen am 05.11.2020

175 Bülow, Iris (2020): »Nachhaltige Fonds erleben Mega-Zuflüsse«, *DasInvestment*, 14.09.2020, https://www.dasinvestment.com/laut-bvi-nachhaltige-fonds-erleben-mega-zufluesse/; abgerufen am 07.11.2020.

176 Narat, Ingo (2020): »Bis zu 73 Prozent: Gold- und Tech-Aktien haben Anlegern die größten Renditen beschert«, *Handelsblatt* online, 18.10.2020, https://www.handelsblatt.com/finanzen/anlagestrategie/trends/investmentfonds-bilanz-bis-zu-73-prozent-gold-und-tech-aktien-haben-anlegern-die-groessten-renditen-beschert/26281090.html?ticket=ST-6896343-W9DMt5hsMOvOusuwLu12-ap4; abgerufen am 07.11.2020.

177 Wachtendorf, Egon (2020): »Die besten europäischen Aktien-Strategiefonds«, *Das Investment*, https://www.dasinvestment.com/22-fonds-im-crashtest-die-besten-europaeischen-aktien-strategiefonds/; abgerufen am 07.11.2020.

178 *e-fundresearch.com* (2020): »Ranking: Die (bislang) besten Aktienfonds 2020«, *e-fundresearch.com*, 01.12.2020, https://e-fundresearch.com/funds/artikel/28893-ranking-die-bislang-besten-aktienfonds-2020; abgerufen am 07.11.2020.

179 Billina, Jörg; Ferken, Ralf; Haberer, Stephan; Pfanner, Julia & Rullkötter, Stefan (2020): »Die besten Deutschland-Fonds: Besser als ihr Ruf«, *Börse Online*, 25.02.2020, https://www.boerse-online.de/nachrichten/fonds/die-besten-deutschland-fonds-besser-als-ihr-ruf-1028930480; abgerufen am 07.11.2020.

180 *tagesschau.de* (2020): »Britische Finanzaufsicht will Krypto-Derivate verbieten«, *tagessschau.de*, 06.10.2020, https://boerse.ard.de/anlageformen/kryptowaehrungen/britische-finanzaufsicht-verbietet-krypto-derivate100.html; abgerufen am 09.11.2020.

181 Schlandt, Jakob (2012): »China sichert sich Macht über Rohstoffe«, *Frankfurter Rundschau* online, 06.08.2012, https://www.fr.de/wirtschaft/china-sichert-sich-macht-ueber-rohstoffe-11335817.html; abgerufen am 09.11.2020.

182 Blume, Jakob (2020): »Ungewöhnliche Preisentwicklung bei Kupfer und Öl: Was sagt das über die globale Wirtschaft?«, *Handelsblatt* online, 23.10.2020, https://www.handelsblatt.com/finanzen/maerkte/devisen-rohstoffe/rohstoffe-ungewoehnliche-preisentwicklung-bei-kupfer-und-oel-was-sagt-das-ueber-die-globale-wirtschaft/26303756.html?ticket=ST-10267641-SS-m7AHc4hWrmG4lb41zf-ap6; abgerufen am 09.11.2020.

183 *Focus Online* (2020): »Anleger stoßen Krisenwährung ab: Goldpreis fällt um über vier Prozent«, *Focus Online*, 09.11.2020, https://www.focus.de/finanzen/boerse/gold/auch-silber-massiv-getroffen-anleger-stossen-krisenwaehrung-ab-goldpreis-faellt-um-ueber-vier-prozent_id_12639570.html; abgerufen am 09.11.2020.

184 Rotenberger, Julia (2018): »USA sind Öl-Exporteur –zum ersten Mal seit mehr als 70 Jahren«, *Handelsblatt* online, 07.12.2018, https://www.handelsblatt.com/finanzen/maerkte/devisen-rohstoffe/oelmarkt-usa-sind-oel-exporteur-zum-ersten-mal-seit-mehr-als-70-jahren/23731184.html?ticket=ST-8329289-RBMTOYqbZVCPnSAb3kXD-ap4; abgerufen am 09.11.2020.

185 Mortsiefer, Henrik (2015): »Gestatten: Öl. Barrel Öl«, *Der Tagesspiegel* online, 22.12.2015, https://www.tagesspiegel.de/wirtschaft/159-liter-und-ihre-geschichte-gestatten-oel-barrel-oel/12752710.html; abgerufen am 09.11.2020.

186 Duca, John V. (2013): »Subprime Mortgage Crisis«, *Federal Reserve History*, 22.11.2013, https://www.federalreservehistory.org/essays/subprime_mortgage_crisis; abgerufen am 29.10.2020.

187 OECD (2020): »Quarterly GDP (indicator)«, doi: 10.1787/b86d1fc8-en, https://data.oecd.org/gdp/quarterly-gdp.htm#indicator-chart; abgerufen am 29.10.2020.

188 Mayriedl, Stefan (2020): »Die Gold-Strategie zum 150-Prozent-Gewinn«, *Börse Online*, 13.11.2020, https://www.boerse-online.de/nachrichten/rohstoffe/die-gold-strategie-zum-150-prozent-gewinn-1029791438; abgerufen am 14.11.2020.

189 *Fool.de* (2020): »Millionär mit 40: Mit diesen Aktien kannst du früh und reich aussteigen«, *onvista*, 03.11.2020, https://www.onvista.de/news/millionaer-mit-40-mit-diesen-aktien-kannst-du-frueh-und-reich-aussteigen-408765045; abgerufen am 14.11.2020.

190 Beile, Mirjam (2020): »›Das kann jeder schaffen‹: Millionär verrät Tipps, wie man reich wird«, *Bild der Frau* online, 02.11.2020, https://www.bildderfrau.de/familie-leben/article230780940/Das-kann-jeder-schaffen-Millionaer-verraet-Tipps-wie-man-reich-wird.html; abgerufen am 14.11.2020.

191 Link-Arad, Carlos (2020): »Mit 204 Euro zur Million – dieser Sparplan macht Ihre Kinder reich«, *extraETF*, 08.09.2020, https://de.extraetf.com/news/etf-news/mit-kindergeld-zum-millionar-dieser-etf-sparplan-macht-ihre-kinder-reich; abgerufen am 14.11.2020.

192 Mezrich, Ben (2020): »Bitcoin Millionär werden: Reich wie Zuckerberg und Co«, *Best of HR*, 26.05.2020, https://berufebilder.de/bitcoin-millionaer-reich-zuckerberg/; abgerufen am 14.11.2020.

193 *Frankfurter Allgemeine* (2017): »Deutsche bekommen heute doppelt so lange Rente wie 1960«, *FAZ online*, 07.12.2017, https://www.faz.net/aktuell/wirtschaft/rente-dauer-des-ruhestands-in-deutschland-hat-sich-verdoppelt-15328722.html; abgerufen am 03.01.2021.

194 Statistisches Bundesamt (2020): »Verbraucherpreisindex für Deutschland, Veränderungsraten zum Vorjahresmonat in %«, https://www.destatis.de/DE/Themen/Wirtschaft/Preise/Verbraucherpreisindex/Tabellen/Ver-

braucherpreise-12Kategorien.html;jsessionid=38130F5F57E2D25D1C654D64CFE9EBEB.internet8742?nn=214056; abgerufen am 03.01.2021.

195 *eurostat* (2020): »Sparquote privater Haushalte«, *eurostat*, 29.10.2020, https://ec.europa.eu/eurostat/databrowser/view/tec00131/default/table?lang=de; abgerufen am 28.11.2020.

196 Deutsche Bundesbank: »Geldvermögen und Verbindlichkeiten (unkonsolidiert)«, https://www.bundesbank.de/resource/blob/836914/41f2263660e5803bd6a20d562130d1e9/mL/2020-07-15-geldvermoegen-anlage-data.pdf; abgerufen am 28.11.2020.

197 Deutsches Aktieninstitut (2020): »Aktionärszahlen des Deutschen Aktieninstituts 2019«, 28.02.2020, https://www.dai.de/files/dai_usercontent/dokumente/Statistiken/Deutsches%20Aktieninstitut_Aktionaerszahlen%202019.pdf; abgerufen am 28.11.2020.